À BEIRA DO ABISMO

À BEIRA DO ABISMO

Encontrando liberdade onde
o medo e a coragem se cruzam

JOAN HALIFAX

Tradução de Jeanne Pilli

Lúcida Letra

Todos os direitos desta edição são reservados.
© 2021 Editora Lúcida Letra

STANDING AT THE EDGE
Copyright © 2018 by Joan Halifax
Published by arrangement with Flatiron Books. All rights reserved.

Coordenação editorial: Vítor Barreto
Tradução: Jeanne Pilli
Revisão: Heloísa Pupatto Fiuza de Andrade,
Projeto gráfico: Mariana Erthal (www.eehdesign.com)

1ª edição 05/2021, 2ª tiragem 01/2022

Dados Internacionais de Catalogação na Publicação (CIP)

H173b   Halifax, Joan.
      À beira do abismo : encontrando liberdade onde o medo e a coragem se cruzam / Joan Halifax ; [tradução: Jeanne Pilli]. – Teresópolis, RJ : Lúcida Letra, 2021.

      288 p. ; 23 cm.

      Inclui bibliografia.
      ISBN 978-65-86133-24-0

      1. Budismo - Conduta de vida. 2. Sofrimento. 3. Compaixão. 4. Altruísmo. 5. Empatia. 6. Integridade. 7. Respeito. 8. Engajamento (Psicologia). I. Pilli, Jeanne. II. Título.

      CDU 294.3:13

Índice para catálogo sistemático:
1. Budismo : Conduta de vida 294.3:13
(Bibliotecária responsável: Sabrina Leal Araujo – CRB 8/10213)

Para Eve Marko e Bernie Glassman
Mayumi Oda e Kazuaki Tanahashi
com infinita gratidão

SUMÁRIO

PREFÁCIO 11

A VISÃO QUE SE TEM À BEIRA DO ABISMO 14
    Estados Limite..16
    Sem Lodo não há Lótus..18
    Visão Vasta..20
    Interdependência...22
    Falta de Significado e Coragem..24

1. ALTRUÍSMO 28
    I. À BEIRA MAIS ELEVADA DO ABISMO DO ALTRUÍSMO.................30
        Ego, egoísmo ou altruísmo?...32
        Esquecendo-se de si mesmo..36
    II. CAINDO DA BEIRA DO ABISMO DO ALTRUÍSMO: O ALTRUÍSMO PATOLÓGICO....38
        A Ajuda que Prejudica...39
        Saudável ou não?..43
        O Lótus de Fogo..44
        O Viés do Altruísmo..47
    III. O ALTRUÍSMO E OS OUTROS ESTADOS LIMITE........................53
    IV. PRÁTICAS QUE APOIAM O ALTRUÍSMO..................................56
        Praticando o Não-Saber...60
        Praticando o Dar Testemunho..61
        Ação Compassiva..63
    V. AS DESCOBERTAS NO LIMITE DO ALTRUÍSMO.........................64
        A Marionete de Madeira e o Curador Ferido..................68
        Amor...70

2. EMPATIA 73
I. À BEIRA MAIS ELEVADA DO ABISMO DA EMPATIA 77
- Empatia Somática 78
- Empatia Emocional 80
- Empatia Cognitiva 83
- Ajoelhem-se 85
- Todo o Corpo - Mãos e Olhos 87

II. CAINDO DA BEIRA DO ABISMO DA EMPATIA: A ANGÚSTIA EMPÁTICA 89
- Empatia Não é Compaixão 93
- Estimulação Empática 95
- Embotamento e Cegueira Emocional 97
- Entre o Presente e a Invasão 99

III. A EMPATIA E OS OUTROS ESTADOS LIMITE 102
IV. AS PRÁTICAS QUE APOIAM A EMPATIA 104
- A Escuta Profunda 105
- Como Administrar a Empatia 106
- A Prática da Reumanização 107

V. AS DESCOBERTAS NO LIMITE DA EMPATIA 109

3. INTEGRIDADE 113
I. À BEIRA MAIS ELEVADA DO ABISMO DA INTEGRIDADE 115
- Fibra Moral e Realismo Radical 116
- Vivendo de acordo com os Votos 119

II. CAINDO NO ABISMO DA INTEGRIDADE: O SOFRIMENTO MORAL 123
- Angústia moral 126
- A Dor da Lesão Moral 129
- Indignação Moral e a Aderência da Raiva e da Aversão 133
- Apatia Moral e a Morte do Coração 139

III. A INTEGRIDADE E OS OUTROS ESTADOS LIMITE 143
IV. PRÁTICAS QUE APOIAM A INTEGRIDADE 148
- Expandindo o Círculo de Investigação 148

Votos para Serem Vividos..150
Praticando a Gratidão...152
V. AS DESCOBERTAS NO LIMITE DA INTEGRIDADE 154

4. RESPEITO 156

I. À BEIRA MAIS ELEVADA DO ABISMO DO RESPEITO.................................. 158
Respeito pelos outros, pelos princípios e por nós mesmos.........................159
Duas Mãos Unidas..161
Lavar os Pés dos Outros...162
Água é Vida..164

II. CAINDO NO ABISMO DO RESPEITO: O DESRESPEITO 168
Bullying 169
Hostilidade Horizontal..171
Opressão Internalizada..174
Violência Vertical...176
Poder com e Poder sobre...179
Privados de Dignidade...181
Angulimala...183
Causas e Efeitos..186

III. O RESPEITO E OS OUTROS ESTADOS LIMITE 187

IV. PRÁTICAS QUE APOIAM O RESPEITO... 192
O Triângulo Dramático...192
Os Cinco Guardiões da Fala..194
Trocando de Lugar com os Outros...195

V. AS DESCOBERTAS NO LIMITE DO RESPEITO..196

5. ENGAJAMENTO 199

I. À BEIRA DO ABISMO DO ENGAJAMENTO..201
Energia, Envolvimento, Eficácia...202
A Bênção de se Ocupar..205

II. CAINDO DO ABISMO DO ENGAJAMENTO: O BURNOUT 208
Quem entra em Burnout?...210

Viciados em se Ocupar 212
Bebendo o Veneno do Estresse no Trabalho 215
III. O ENGAJAMENTO E OS OUTROS ESTADOS LIMITE 217
IV. PRÁTICAS QUE APOIAM O ENGAJAMENTO 221
A Prática do Trabalho 222
Praticando um Modo de Vida Correto 224
A Prática do Não Trabalhar 225
V. AS DESCOBERTAS NO LIMITE DO ENGAJAMENTO 228
Brincar 231
Conexão 232

6. À BEIRA DO ABISMO DA COMPAIXÃO 235
I. A SOBREVIVÊNCIA DOS MAIS BONDOSOS 237
Ciência e Compaixão 240
II. AS TRÊS FACES DA COMPAIXÃO 245
Compaixão Referencial 246
Compaixão Baseada no Insight 248
Compaixão Não-Referencial 249
Asanga e o Cão Vermelho 252
III. AS SEIS PERFEIÇÕES 255
IV. OS INIMIGOS DA COMPAIXÃO 261
A Aritmética da Compaixão 264
Dentro e Fora da Compaixão 267
V. O MAPEAMENTO DA COMPAIXÃO 269
A Compaixão é Feita de Elementos de Não-Compaixão 271
VI. A PRÁTICA DA COMPAIXÃO 273
Praticando o GRACE 274
VII. A COMPAIXÃO NO TERRENO DE CREMAÇÃO 277
Resgatados dos Infernos 280
O Espelho Mágico 281

7. AGRADECIMENTOS 284

PREFÁCIO

Caminhei com Roshi Joan Halifax nas trilhas dos antigos comerciantes pelo platô tibetano e subi as encostas sem trilhas das montanhas do Novo México até o alto país de riachos claros e tempestades de verão. Sei que ela circulou muitas vezes a grande montanha de peregrinação de Kailash, vagou sozinha pelos desertos do norte da África e norte do México, caminhou por Manhattan, fez meditação andando em seu próprio centro zen e em muitos templos dos dois lados da América do Norte e por toda a Ásia. Quebrou os tetos de vidro em sua jornada como antropóloga médica, professora budista e ativista social, trazendo muitos com ela. É uma viajante de cabeça clara e destemida e, neste livro, relata o que aprendeu em viagens por áreas que, muitos de nós, estamos apenas começando a mapear, perceber ou admirar no horizonte das mudanças individuais e sociais.

Passamos por uma revolução em nossa compreensão da natureza humana nas últimas décadas. Ela derrubou suposições estabelecidas, em muitos campos, de que os seres humanos são essencialmente egoístas e nossas necessidades são essencialmente privadas – de bens materiais, alegrias eróticas e relacionamentos familiares. Em disciplinas tão diversas quanto economia, sociologia, neurociência e psicologia, a pesquisa contemporânea revela que os seres humanos se originam como criaturas compassivas, sintonizadas com as necessidades e o sofrimento dos outros. Ao contrário do argumento da "tragédia dos bens comuns" dos anos 60, de que éramos egoístas demais para cuidar de sistemas, terras e bens possuídos em comum, variações em tais sistemas – desde direitos de pastagens em sociedades pastoris até previdência social nos EUA – poderiam funcionar e, em muitos lugares, funcionam muito bem. (Elinor Ostrom, cujo trabalho explorou uma cooperação econômica bem-sucedida, tornou-se a única mulher até hoje a ganhar um Prêmio Nobel de economia.)

Os sociólogos que se dedicam ao estudo de desastres também documentaram e demonstraram que durante catástrofes repentinas, como terremotos e furacões, os seres humanos comuns são corajosos, adeptos do improviso, profundamente altruístas e, com frequência, encontram alegria e significado no trabalho de resgate e reconstrução que fazem como voluntários inspirados e organizados. Os dados também mostram que é difícil treinar soldados para matar; muitos deles resistem de maneira sutil ou aberta ou são profundamente prejudicados pela experiência. Existem evidências na biologia evolutiva, sociologia, neurociência e em muitos outros campos de que precisamos abandonar nossas antigas noções misantrópicas (e misóginas) em favor de uma nova e abrangente visão da natureza humana.

Os argumentos para esse outro sentido de quem realmente somos têm sido construídos e acumulados, e as implicações são enormes e tremendamente encorajadoras. A partir desse conjunto diferente de suposições sobre quem somos ou quem somos capazes de ser, podemos fazer planos mais generosos para nós mesmos, nossas sociedades e para a Terra. É como se tivéssemos feito um novo mapa da natureza humana, ou mapeado partes conhecidas através de experiências vividas e ensinamentos espirituais, mas apagadas pelas ideias ocidentais da natureza humana como insensíveis, egoístas e não cooperativas, e de sobrevivência como uma questão amplamente baseada em competição em vez de colaboração. Este mapa emergente é extraordinário. Estabelece as bases para imaginar nós mesmos e nossas possibilidades de maneiras novas e esperançosas; e sugere que grande parte de nossa venalidade e miséria é instilada, mas não inerente ou inevitável. Mas este mapa tem sido, em sua maior parte, um esboço preliminar ou uma visão geral, não um guia do viajante, passo a passo.

Ou seja, a maior parte desse trabalho aponta para uma terra prometida de um eu melhor, mais idealista, mais generoso, mais compassivo e mais corajoso. No entanto, a esperança de apenas nos tornarmos esse eu melhor seja suficiente, pode ser ingênua. Em nossa melhor versão, mesmo em nossos melhores dias, encontramos obstáculos, incluindo angústia empática, dano moral e uma série de outros desafios psíquicos que Joan Halifax registra tão habilmente em À Beira do Abismo. Ela nos mostra que ser bom não é um estado beatífico, mas um projeto complexo. Este projeto abrange todo o território de nossas vidas, incluindo nossas faltas e falhas.

Ela nos oferece algo de valor extraordinário. Viajando por esses reinos, aprendeu profundamente com suas próprias experiências e com as dos outros, incluindo aqueles que sofrem e aqueles que se esforçam para aliviar o sofrimento, reconhecendo como a tentativa de aliviar o sofrimento pode trazer consigo nossa própria dor e como evitar essa angústia e essa perda de vitalidade. Ela foi muito longe nessas paisagens humanas complexas e sabe que elas são mais do que terras de virtude que brilham ao longe. Ela viu de perto o que muitos apontam de longe – os perigos, as armadilhas e os desânimos, assim como os picos e as possibilidades. E, neste livro, ela nos oferece um mapa de como viajar de forma corajosa e proveitosa para nosso próprio benefício e para o benefício de todos os seres.

Rebecca Solnit

A VISÃO QUE SE TEM À BEIRA DO ABISMO

Há uma pequena cabana nas montanhas do Novo México onde passo algum tempo sempre que posso. Está localizada em um vale profundo no coração da cordilheira Sangre de Cristo. É uma caminhada extenuante da minha cabine até a cordilheira, a mais de 12 mil pés acima do nível do mar, de onde posso ver o corte profundo do Rio Grande, a borda do antigo vulcão Valles Caldera e a distinta meseta de Pedernal onde, segundo os Dinés, nasceram o primeiro homem e a primeira mulher.

Sempre que ando pela cordilheira, me pego pensando sobre as beiras e limites. Há lugares ao longo da cordilheira onde preciso ter um cuidado especial com o solo onde piso. A oeste, há um declive vertiginoso que leva à bacia hidrográfica exuberante e estreita do rio San Leonardo; a leste, uma descida íngreme e rochosa em direção à densa floresta que ladeia o rio Trampas. Tenho consciência de que, na cordilheira, um passo em falso pode mudar minha vida. Dessa crista, vejo que abaixo e a distância há uma paisagem assolada pelo fogo e fileiras de árvores que morrem por falta de sol. Esses habitats danificados encontram-se com partes saudáveis da floresta em fronteiras que são nítidas em alguns lugares, difusas em outras. Ouvi dizer que as coisas crescem a partir de suas bordas. Por exemplo, os ecossistemas se expandem a partir de suas fronteiras, onde hospedam uma maior diversidade de vida.

Minha cabana fica na fronteira entre um pântano alimentado pela neve do inverno e uma densa floresta de abetos que não vê fogo há cem anos. Ao longo dessa fronteira, há uma abundância de vida, incluindo álamos de casca branca, violetas selvagens e aquilégias roxas, bem como o audaz gaio de Steller, a coruja boreal, o lagópode dos Alpes e o peru selvagem. No verão, os altos capins e juncas dos pântanos abrigam ratos do campo, ratos de matilha e ratazanas cegas que são presas de raptores e linces. O capim também alimenta os alces e veados que pastam nos prados ao amanhecer e ao anoitecer. Framboesas suculentas, minúsculos morangos silvestres e saborosas amoras roxas recobrem as encostas que sustentam nosso vale, e que os ursos e eu devoramos sem pudor no final de julho.

Cheguei à conclusão de que os estados mentais também são ecossistemas. Esses terrenos, às vezes amistosos e às vezes perigosos, são ambientes naturais incrustrados no sistema mais amplo do nosso caráter. Acredito que é importante estudar nossa ecologia interna para que possamos reconhecer quando estamos no limite, correndo o risco de deslizar da saúde para a patologia. E quando caímos nas regiões menos habitáveis de nossas mentes, podemos aprender com esses territórios perigosos. As bordas são lugares onde os opostos se encontram. Onde o medo encontra a coragem e o sofrimento encontra a liberdade. Onde o terreno sólido termina em um penhasco. Onde podemos obter uma visão que absorve muito mais do nosso mundo. E onde precisamos nos manter muito atentos, evitando tropeçar e cair.

Nossa jornada pela vida é cheia de perigos e possibilidades – e, às vezes, os dois ao mesmo tempo. Como podemos permanecer no limiar entre sofrimento e liberdade, sendo informados pelos dois mundos? Com nossa propensão a dualidades, os humanos tendem a se identificar com a terrível verdade do sofrimento ou com a liberação do sofrimento. Mas acredito que excluir qualquer parte do cenário maior de nossas vidas reduz o território de nosso entendimento.

A vida me levou a geografias emocional, social e geograficamente complexas. Militei em movimentos de Direitos Civis e Antiguerra dos anos sessenta, trabalhei em um grande hospital público como antropóloga médica, fundei e lidero duas comunidades educacionais de práticas espirituais, sentei-me ao lado de pessoas moribundas, fui voluntária em uma prisão de segurança máxima, meditei por longos períodos, colaborei com neurocientistas e psicólogos sociais em projetos baseados em compaixão e administrei clínicas médicas nas áreas mais remotas do Himalaia – tudo isso me apresentou desafios complexos, incluindo períodos de opressão. A aprendizagem adquirida com essas experiências – especialmente com minhas lutas e fracassos – me deu uma perspectiva nunca antes imaginada. Enxerguei o profundo valor de absorver todo o panorama da vida sem rejeitar ou negar o que nos é dado. Também aprendi que nossa desobediência, dificuldades e "crises" podem não ser obstáculos intransponíveis. Na verdade, podem ser portas de entrada para paisagens internas e externas mais amplas e mais ricas. Se estivermos dispostos a investigar nossas dificuldades, conseguiremos convertê-las em uma visão da realidade mais corajosa, inclusiva, nova e sábia – como muitas outras pessoas que caíram no abismo.

ESTADOS LIMITE

Ao longo dos anos, fui tomando consciência, lentamente, de cinco qualidades internas e interpessoais que são chaves para uma vida compassiva e corajosa e, sem as quais, não podemos estar a serviço, nem tampouco sobreviver. No entanto, se esses preciosos recursos se deteriorarem, poderão se manifestar como paisagens perigosas que causam danos. Chamo essas qualidades bivalentes de *Estados Limite*.

Os Estados Limite são o altruísmo, a empatia, a integridade, o respeito e o engajamento, valores de uma mente e um coração que exemplificam o cuidado, a conexão, a virtude e a força. No entanto, também podemos perder o equilíbrio firme frente aos elevados riscos de qualquer uma dessas qualidades e mergulhar em um lodo de sofrimento, onde nos veremos presos nas águas tóxicas e caóticas dos aspectos nocivos de um Estado Limite.

O *altruísmo* pode se transformar em *altruísmo patológico*. As ações desinteressadas a serviço dos outros são essenciais para o bem-estar da sociedade e do mundo natural. Mas, às vezes, nossos atos, aparentemente altruístas, nos prejudicam, prejudicam aqueles a quem estamos tentando servir ou prejudicam as instituições às quais servimos.

A *empatia* pode deslizar para a *angústia empática*. Quando somos capazes de sentir o sofrimento de outra pessoa, a empatia nos aproxima uns dos outros, pode nos inspirar a servir e a expandir nossa compreensão do mundo. Mas se assumirmos demasiadamente o sofrimento do outro e se nos identificarmos intensamente com ele, poderemos acabar prejudicados e incapazes de agir.

A *integridade* refere-se a termos fortes princípios morais. Mas, quando praticamos ou testemunhamos atos que violam nosso senso de integridade, de justiça ou de bondade, o resultado poderá ser o *sofrimento moral*.

O *respeito* é uma maneira de termos consideração e estima pelos seres e pelas coisas. O respeito pode naufragar nas águas pantanosas do *desrespeito tóxico* quando vamos contra a corrente de valores e princípios da civilidade e depreciamos os outros ou a nós mesmos.

O *engajamento* em nosso trabalho pode trazer um senso de propósito e significado às nossas vidas, principalmente se nosso trabalho serve a outros. Mas o excesso de trabalho, um local de trabalho tóxico e a experiência de falta de eficácia podem levar ao esgotamento (*burnout*), o que pode causar colapso físico e psicológico.

Como um médico que diagnostica uma doença antes de recomendar um tratamento, me senti compelida a explorar o lado destrutivo dessas cinco qualidades humanas virtuosas. Ao longo do caminho, me surpreendi ao descobrir que, mesmo em suas formas degradadas, os Estados Limite podem nos ensinar e nos fortalecer, assim como ossos e músculos são fortalecidos quando expostos ao estresse ou, se quebrados ou rompidos, nas circunstâncias adequadas, podem se curar e se tornar mais fortes por terem sido feridos.

Em outras palavras, perder o equilíbrio e escorregar para o aspecto nocivo não precisa ser uma catástrofe definitiva. Nossas maiores dificuldades podem nos trazer humildade, perspectiva e sabedoria. Em seu livro *The Sovereignty of Good*[1] (1970), Iris Murdoch definiu humildade como sendo um "respeito altruísta pela realidade". Ela escreve que "nossa imagem de nós mesmos se tornou grande demais". Descobri isso ao me sentar ao lado de pessoas moribundas e estando junto dos cuidadores. Fazer esse trabalho íntimo com aqueles que estavam morrendo e com os que estavam cuidando me mostrou como os custos do sofrimento podem ser graves tanto para o paciente quanto para o cuidador. Desde então, aprendi com professores, advogados, diretores de empresas, defensores de direitos humanos e pais que eles podem passar pela mesma experiência. Lembrei-me então de algo profundamente importante e, no entanto, completamente óbvio: que o caminho para sair da tempestade e do lodo do sofrimento, o caminho de volta à liberdade, no limite mais elevado da força e da coragem, é através do poder da compaixão. Foi por isso que mergulhei profundamente na tentativa de compreender o que são os Estados Limite e como eles podem moldar nossas vidas e a vida do mundo.

SEM LODO NÃO HÁ LÓTUS

Quando penso no lado destrutivo dos Estados Limite, lembro-me do trabalho de Kazimierz Dąbrowski, psiquiatra e psicólogo polonês que propôs uma teoria do desenvolvimento da personalidade chamada *desintegração positiva*. Essa é uma abordagem transformadora do crescimento psicológico, baseada na ideia de que as crises são importantes para o nosso amadurecimento pessoal. O conceito de Dabrowski é semelhante a um princípio da teoria de sistemas: sistemas vivos que se desintegram podem se reorganizar em um nível mais elevado e mais robusto – se aprenderem

---

[1] A Soberania do Bem.

com a experiência de desintegração.

Em meu trabalho como antropóloga em Mali e no México, também observei que a desintegração positiva é uma dinâmica fundamental nos "ritos de passagem". São cerimônias de iniciação que marcam importantes transições de vida e têm o objetivo de aprofundar e fortalecer o processo de amadurecimento. Essa noção de desintegração positiva também se refletia no trabalho que realizei como coterapeuta com o psiquiatra Stanislav Grof, usando o LSD como complemento da psicoterapia em pacientes terminais com câncer. No processo desse rito de passagem contemporâneo, aprendi muito sobre o valor de enfrentar diretamente nosso próprio sofrimento como meio de transformação psicológica.

Anos mais tarde, ouvi o professor vietnamita Thích Nhât Hạnh – ou Thây (como seus alunos o chamam) – ressoando essa sabedoria ao falar do sofrimento que experienciou em meio à guerra no Vietnã e, mais tarde, como refugiado. Calmamente, ele dizia: "Sem lodo não há lotus".

Refletindo sobre as dificuldades que podemos ter em servir aos outros, do altruísmo patológico ao burnout, o lado tóxico dos Estados Limite pode ser visto da perspectiva da desintegração positiva. O lodo pútrido no fundo de um velho lago também serve de alimento para o lótus. Dąbrowski, Grof e Thây nos lembram que nosso sofrimento pode alimentar nossa compreensão e ser um dos grandes recursos de nossa sabedoria e de nossa compaixão.

Outra metáfora para a desintegração positiva relaciona-se a tempestades. Cresci no sul da Flórida. Em todos os anos da minha infância, furacões viravam nosso bairro de cabeça para baixo. Linhas elétricas estalavam nas ruas molhadas, velhas figueiras eram arrancadas do solo firme, e os telhados de terracota das casas de estuque de estilo espanhol do bairro eram soprados pelo ar. Às vezes, meus pais levavam minha irmã e eu à praia para assistirmos os furacões chegando. Ficávamos à beira do mar, sentindo a força do vento e as bofetadas da chuva. E, então, voltávamos para casa rapidamente, abríamos todas as janelas e portas e deixávamos a tempestade soprar sem impedimentos.

Uma vez li sobre um geólogo que pesquisava e estudava especialmente as praias. Ele estava sendo entrevistado durante um enorme furacão que atingia os Bancos Externos na Carolina do Norte. O geólogo disse ao jornalista: "Sabe, não vejo a hora de ir até a praia."

Depois de uma pausa, o jornalista perguntou: "O que você espera ver por lá?"

Ao ler isso, minha atenção ficou ainda mais aguçada. Esperava que o geólogo descrevesse uma cena de completa destruição. Mas ele simplesmente disse: "Provavelmente haverá uma nova praia".

Uma nova praia, um novo litoral: presentes da tempestade. Aqui, no limite, existe a possibilidade de destruição, de sofrimento – e uma promessa ilimitada.

Nos Estados Limite reside um grande potencial e, se trabalharmos nesses estados com habilidade, a compreensão pode ser acelerada. No entanto, os Estados Limite são um território instável, e as coisas podem seguir em qualquer direção. Queda livre ou terra firme. Água ou areia. Lodo ou lótus. Se ficarmos presos pelo vento forte em uma praia ou em uma cordilheira, podemos tentar permanecer firmes e apreciar a vista. Se cairmos para além da margem de nossa compreensão, talvez a queda possa nos ensinar o quanto é importante manter a vida em equilíbrio. Se nos encontrarmos em meio ao lodo do sofrimento, podemos lembrar que a matéria em decomposição alimenta o lótus. Se formos arrastados para o mar, talvez possamos aprender a nadar no meio do oceano, até mesmo em plena tempestade. E, enquanto estivermos lá, podemos até descobrir como nos entregarmos ao balanço das ondas de nascimento e morte, ao lado do compassivo bodhisattva Avalokiteśvara.

VISÃO VASTA

Às vezes, imagino o Estado Limite como uma meseta de pedra vermelha. Seu topo é sólido e nos oferece uma visão ampla, mas nas beiradas existe um grande precipício, sem pedras e nem árvores para amortecer a queda. A beirada em si é um local exposto onde um pequeno lapso de concentração pode nos levar a perder o equilíbrio. Lá abaixo, no fundo, está o duro terreno da realidade, e a queda pode nos destroçar. Ou, às vezes, imagino que caímos em um pântano escuro, onde ficamos presos por um longo tempo. Sempre que tentamos nos desvencilhar, acabamos nos afundando ainda mais no lodo do sofrimento. Mas quer a nossa queda termine em rocha sólida ou em uma fossa desagradável, estamos muito longe da beira mais elevada do nosso melhor eu; dessa forma, a queda e a aterrissagem cobram seu preço.

Quando nos encontramos no precipício, na beirada mais alta do altruísmo, da empatia, da integridade, do respeito e do engajamento, podemos permanecer ali firmes, especialmente se tivermos consciência do que poderia acontecer se perdêssemos o equilíbrio. Esse reconhecimento pode alimentar nossa determinação de agir com base em nossos valores, bem como nossa humildade de saber como é fácil cometer erros. E, se tropeçarmos e cairmos, ou se a terra desmoronar sob nossos pés, de alguma maneira teremos que encontrar o caminho de volta para a beirada mais elevada, onde nosso equilíbrio e lastro nos manterão firmemente enraizados e de onde podemos avistar toda a paisagem. Idealmente, podemos aprender a evitar cair das beiradas – na maioria das vezes. No entanto, o itinerário está sujeito à realidade e, mais cedo ou mais tarde, a maioria de nós cairá no abismo. É importante que não haja julgamento nisso. O que realmente importa é o que fazemos com essa experiência, é usar a queda como um espaço de transformação.

Acredito que temos que trabalhar as beiradas do abismo, expandir nossos limites e encontrar o dom do equilíbrio entre os diversos ecossistemas dos Estados Limite para que possamos ter à nossa disposição uma variedade maior de experiências humanas. É à beira do abismo que podemos descobrir a coragem e a liberdade. Quer estejamos enfrentando a angústia e a dor de outras pessoas ou as nossas próprias dificuldades, somos convidados a enfrentar o sofrimento de frente para que, com sorte, possamos aprender com ele – cultivando perspectiva e resiliência, além de abrir o grande presente da compaixão.

Em certo sentido, os Estados Limite dizem respeito ao modo como vemos as coisas. Eles são uma nova maneira de enxergar e interpretar as experiências de altruísmo, empatia, integridade, respeito e engajamento – bem como seus lados sombrios. Quando nutrimos uma visão mais ampla, inclusiva e interconectada dessas qualidades humanas poderosas e ricas, podemos aprender a reconhecer quando estamos no limite, quando corremos o risco de ultrapassar o limite, quando passamos do limite, e como fazer para retornarmos ao melhor de nós mesmos.

Desse lugar, podemos descobrir como cultivar uma visão que abarque tudo – uma visão interna que desenvolvemos nutrindo uma profunda consciência de como nossos corações e mentes operam em meio às grandes dificuldades da vida. E também enxergando a verdade da impermanência, da interconexão, da ausência de referencial.

A visão pode se abrir quando conversamos com uma pessoa, que está morrendo, sobre seus desejos, quando ouvimos a porta da prisão bater e quando escutamos nossos filhos profundamente. Pode se abrir quando nos conectamos nas ruas com uma pessoa sem-teto, quando visitamos a tenda molhada de um refugiado sírio preso na Grécia e quando nos sentamos com uma vítima de tortura. Pode se abrir também através de nossa própria experiência de angústia. A visão pode se abrir em quase qualquer lugar; sem ela, não conseguimos enxergar a beira do abismo diante de nós, o pântano abaixo de nós e o espaço ao nosso redor e dentro de nós. A visão também nos lembra que o sofrimento pode ser nosso maior professor.

INTERDEPENDÊNCIA

Muitas influências moldaram minha maneira de ver o mundo e contribuíram para minha perspectiva sobre os Estados Limite. Nos anos sessenta, eu era jovem e idealista; eram tempos difíceis e emocionantes para muitos de nós. Estávamos indignados com a opressão sistêmica em nossa sociedade: racismo, sexismo, classismo, discriminação com os mais velhos. Podíamos ver como essa opressão alimentava a violência da guerra, a marginalização econômica e o consumismo, bem como a destruição do meio ambiente.

Queríamos mudar o mundo. E queríamos ter uma maneira de trabalhar com as nossas boas aspirações, de não as perder e nem nos perdermos nelas. Nesse ambiente de conflito social e político, comecei a ler livros sobre budismo e aprendi a meditar por minha própria conta. Conheci o jovem mestre zen vietnamita Thích Nhất Hạnh nos meados dos anos sessenta e, graças ao seu exemplo, me senti atraída pelo budismo porque aborda diretamente as causas do sofrimento individual e social, e porque seu principal ensinamento diz que transformar a angústia é o caminho para a liberdade e para o bem-estar do nosso mundo. Também gostei de saber que o Buddha enfatizava o questionamento, a curiosidade e a investigação como ferramentas do caminho e que ele não recomendava que evitássemos, negássemos ou valorizássemos o sofrimento.

O conceito budista de cooriginação interdependente também me trouxe uma nova maneira de ver o mundo, de ver as intrincadas conexões entre coisas aparentemente separadas. O Buddha explicou esse conceito desta maneira, "Isto é, porque aquilo é. Isto não é, porque aquilo não é. Isto acontece, porque aquilo acontece. Isto deixa de existir, porque aquilo deixa de existir." Ao olhar para uma tigela de arroz, vejo sol e chuva, fazendeiros e caminhões dirigindo nas estradas.

Em certo sentido, uma tigela de arroz é um sistema. Logo depois de iniciar meus estudos sobre o budismo, comecei a explorar a teoria dos sistemas, que é uma maneira de ver o mundo como uma coleção de sistemas inter-relacionados. Cada sistema tem um propósito; por exemplo, um corpo humano é um sistema cujo propósito (no nível mais básico) é permanecer vivo. Todas as partes do sistema devem estar presentes para que ele funcione da melhor maneira possível – sem que um coração, cérebro ou pulmões funcionem, morreremos. A ordem na qual as peças são organizadas é importante; não se pode trocar os órgãos de lugar.

Os sistemas variam do micro ao macro, do simples ao complexo. Existem sistemas biológicos (o sistema circulatório), sistemas mecânicos (uma bicicleta), ecossistemas (um recife de coral), sistemas sociais (amizades, famílias, sociedades), sistemas institucionais (locais de trabalho, organizações religiosas, governos), sistemas astronômicos (nosso sistema solar) e muitos outros. Sistemas complexos são tipicamente compostos por vários subsistemas. Os sistemas atingem um pico, avançam em direção ao declínio e, finalmente, entram em colapso, dando espaço para sistemas alternativos surgirem.

Menciono isso porque, em conjunto, os Estados Limite são um sistema interdependente, influenciando um ao outro e formando nosso caráter. E os sistemas são a base sobre a qual os Estados Limite se desenvolvem – relacionamentos interpessoais, locais de trabalho, instituições, sociedade e nossos próprios corpos e mentes. À medida que os sistemas declinam, também podemos desmoronar. No entanto, muitas vezes, do colapso, pode surgir uma perspectiva nova e mais robusta da realidade.

FALTA DE SIGNIFICADO E CORAGEM

Tenho um amigo que era um psicólogo dedicado e hábil, mas depois de anos de prática, ele sucumbiu à falta de significado. Em uma conversa comigo, ele confessou: "Eu, simplesmente, não aguento mais ouvir meus pacientes". Explicou que em um determinado momento de sua carreira, começou a sentir todas as emoções que seus pacientes sentiam, ficando completamente inundado por suas experiências de sofrimento. A exposição constante acabou por esgotá-lo. A certa altura, ele não conseguia dormir e começou a comer demais para aliviar o estresse. Gradualmente, passou para um estado de desamparo e de fechamento emocional. "Eu, simplesmente, não me importo", disse ele. "Sinto-me raso e cinza por dentro." E o pior, ele começou a se ressentir de seus clientes, entendendo que isso significava o dever de abandonar sua profissão.

Essa história exemplifica os resultados negativos de uma combinação de todos os Estados Limite: quando o altruísmo se torna tóxico, a empatia leva à angústia empática, o respeito entra em colapso sob o peso da sensibilidade e da falta de significado e se transforma em desrespeito com a perda da integridade; por fim, o envolvimento leva ao burnout. O sofrimento se esgueirou e foi tomando conta do psicólogo, e ele começou então a morrer por dentro. Ele não conseguia mais absorver e transformar a dor para encontrar significado em seu trabalho e em seu mundo.

Meu amigo está bem longe de estar sozinho em seu sofrimento. Muitos cuidadores, pais e professores me confidenciaram sentimentos semelhantes. Parte do meu trabalho tem sido tratar da devastadora epidemia de falta de significado, que leva a um déficit de compaixão nas pessoas que, supostamente, deveriam cuidar de outras.

Tenho outra amiga, uma jovem nepalesa que desafiou as probabilidades e transformou a adversidade em força. Pasang Lhamu Sherpa Akita, uma das maiores alpinistas do país, estava a uma hora de caminhada do acampamento base do Everest em abril de 2015, quando ocorreu o terremoto de 7,8. Ela ouviu a avalanche estrondosa que matou muitos no acampamento base. Imediatamente, partiu para ajudar, mas tremores subsequentes obrigaram-na a retornar.

A casa de Pasang em Katmandu havia sido destruída pelo terremoto, mas ela e o marido, Tora Akita, entenderam que tinham que responder às perdas de vidas, lares e meios de subsistência que muitos no Nepal estavam enfrentando. "Eu poderia ter sido morta no acampamento base do Everest", disse Pasang. "Mas eu estava segura. Sobrevivi. Tinha que haver alguma razão para eu ter sobrevivido. Disse ao meu marido: 'Temos que fazer algo pelas pessoas que estão com problemas.'"

Em Katmandu, Pasang e Tora começaram a organizar os jovens e contrataram caminhões para levar arroz, lentilha, óleo, sal e lonas para as pessoas em Sindhupal Chowk, região do epicentro do terremoto. Ela voltava todas as semanas à região de Gorkha com telhas de latão, tendas, remédios e mais lonas para os sobreviventes em várias aldeias. Contratou a população local para fazer novas trilhas por sobre e através dos deslizamentos de terra que haviam destruído os caminhos existentes. Empregou centenas de moradores para levar comida e suprimentos para pessoas completamente isoladas pelos danos causados pelo terremoto e que teriam que enfrentar a estação das monções sem comida e sem abrigo.

Pasang estava agindo por altruísmo, um Estado Limite que poderia facilmente se transformar em dor. Porém, ao falar com Pasang durante seus meses de serviço intensivo após o terremoto, nunca detectei nada em sua voz além de boa vontade, energia e dedicação ilimitadas. Ela também expressava uma tremenda sensação de alívio por ela e o marido terem sido capazes de ajudar.

Meu amigo psicólogo ultrapassou o limite e nunca encontrou o caminho de volta. Minha amiga nepalesa estava na melhor beirada de sua humanidade. Como é que algumas pessoas não são derrotadas pelo mundo e extraem ânimo do profundo desejo de servir?

Acho que a chave é a compaixão. O psicólogo havia perdido sua conexão com seu coração compassivo; o burnout havia amortecido seus sentimentos. O cinismo lançou uma profunda raiz. Pasang, no entanto, foi capaz de permanecer enraizada na compaixão e deixou que esses sentimentos orientassem suas ações. Cheguei à compreensão de que a compaixão é a maneira de permanecermos aterrados e firmes sem escorregarmos da beirada do abismo. E quando de fato caímos, a compaixão pode ser a saída do pântano.

Quando aprendemos a reconhecer os Estados Limite em nossas vidas, podemos nos sustentar no limiar da mudança e contemplar uma paisagem abundante em sabedoria, ternura e bondade humana básica. Ao mesmo tempo, podemos ver um terreno desolado de violência, fracasso e falta de sentido. Se tivermos força para permanecer nessa beirada, podemos tirar lições desses locais de total devastação – os terrenos de cremação – campos de refugiados, áreas destruídas por terremotos, prisões, centros de tratamento de câncer, acampamentos para desabrigados e zonas de guerra e, ao mesmo tempo, sermos nutridos por nossa bondade básica e pela bondade básica dos outros. Essa é a premissa fundamental para conhecermos intimamente os Estados Limite: como podemos desenvolver a força para nos mantermos na beira do abismo e, ao mesmo tempo, ter uma visão mais ampla, uma visão que inclua todos os lados da equação da vida. Como podemos encontrar um equilíbrio que sustente a vida entre forças opostas. Como podemos encontrar a liberdade no limite. E como podemos descobrir que a alquimia do sofrimento e da compaixão produz o ouro do nosso caráter, o ouro dos nossos corações.

1. ALTRUÍSMO

Que eu possa fazer o bem a muitos sem nem mesmo jamais saber.
– Wilbur Wilson Thoburn[2]

No início dos anos setenta, minha paixão pela biologia e pelo mar me levou a trabalhar como voluntária no Laboratório Marinho de Lerner nas Bahamas. Eu era assistente de um biólogo de Brandeis que pesquisava o ciclo de vida muito breve do inteligente e maravilhoso Octopus vulgaris, *que conhecemos como o polvo comum.*

Meu trabalho me presenteou com a rara oportunidade de testemunhar uma polvo fêmea em cativeiro desovando seus ovos depois de ser fertilizada. Centenas de milhares de ovos translúcidos em forma de lágrima, cada um do tamanho de um grão de arroz, foram saindo de seu manto em longos e rendados fios pendurados na água do aquário onde estava cativa. À medida que as semanas passavam, ela flutuava por sobre os ovos como uma nuvem, sem caçar e sem comer, apenas movendo suavemente a água ao redor do emaranhado de ovos que amadureciam lentamente. Ela pairava sobre seus

---

2 Wilbur W. Thoburn, *In Terms of Life: Sermons and Talks to College Students* (Stanford, CA: Stanford University Press, 1899).

ovos, mantendo-os arejados, quase sem se mover e, então, seu corpo lentamente começou a se desintegrar, transformando-se em alimento para os filhotes quando nasciam. A mãe polvo morreu para alimentar seus filhotes, sua carne se tornou a refeição em comunhão para seus filhotes.

Fiquei intrigada e comovida com a estranha visão dessa bela criatura se dissolvendo diante dos meus olhos. Embora o sacrifício dela não tenha sido altruísmo per se e sim parte do ciclo de vida natural de sua espécie, essa mãe polvo me trouxe muitos questionamentos sobre o comportamento humano – perguntas sobre altruísmo, sobre o autossacrifício e o dano. Quando o altruísmo humano é saudável? Quando dar tanto aos outros nos prejudica? Como podemos reconhecer quando nosso altruísmo é autocentrado e doentio? Como podemos nutrir as sementes do altruísmo saudável em um mundo onde ser apressado e indiferente é tão comum na ordem do dia? Como o altruísmo sai dos trilhos, vai além dos limites?

Em meu trabalho posterior com pessoas moribundas e encarceradas, e enquanto ouvia as histórias de pais, professores, advogados e cuidadores, na minha qualidade de professora budista, comecei a entender o altruísmo como um Estado Limite. É uma beirada estreita de um penhasco alto que nos permite ter uma visão ampla, mas que também pode erodir debaixo dos nossos pés.

Agir de maneira altruísta é tomar ações desinteressadas que melhoram o bem-estar de outras pessoas, geralmente com algum custo ou risco para o nosso próprio bem-estar. Quando somos capazes de permanecer firmes no altruísmo, nos encontramos com o outro sem a sombra da expectativa e sem que haja armadilhas entre nós e os outros. Aquele que recebe a nossa bondade pode descobrir a confiança na bondade humana, e nós mesmos somos enriquecidos pela bondade de dar.

No entanto, quando nossa segurança física e emocional está em risco, pode ser desafiador manter os pés plantados em terra firme; é muito fácil perder o equilíbrio e despencar nas formas prejudiciais do servir. Podemos ajudar de uma maneira que acaba minando as nossas próprias necessidades. Podemos prejudicar inadvertidamente aqueles que estamos tentando aju-

dar, desempoderando-os e privando-os de seu protagonismo. E podemos até "parecer" altruístas, mas nossa motivação não é bem fundamentada. Essas são formas de altruísmo patológico, como exploraremos a seguir.

Se permanecermos com os pés plantados na beirada do abismo do altruísmo, conseguiremos ter uma visão do vasto horizonte da bondade e da sabedoria humanas – desde que evitemos cair no pântano do egoísmo e da carência. E se, em algum momento, nos encontrarmos presos nesse pântano, nossa luta não precisa ser em vão. Se pudermos trabalhar com nossas dificuldades, nos sentirmos compelidos a descobrir como fomos parar lá e como podemos evitar cair de novo. Também podemos receber uma boa lição de humildade. É um trabalho árduo – mas é um bom trabalho que fortalece o caráter e nos ajuda a nos tornarmos mais sábios, mais humildes e mais resilientes.

I. À BEIRA MAIS ELEVADA DO ABISMO DO ALTRUÍSMO

A palavra altruísmo foi cunhada em 1830 pelo filósofo francês Auguste Comte, derivada de *vivre pour autrui*, ou "viver para os outros". O altruísmo, um antídoto para o egoísmo de viver para nós mesmos, tornou-se uma nova doutrina social baseada no humanismo, e não na religião. O altruísmo era um código ético para os que não têm crença, separado do dogma.

Aqueles que agem com base na forma mais pura do altruísmo não buscam aprovação ou reconhecimento social, e nem procuram sentir-se melhor consigo mesmos. Uma mulher vê uma criança que ela não conhece caminhando no meio de uma rua movimentada. Ela não pensa: salvar esta criança me faria uma boa pessoa – apenas corre para a rua e agarra a criança, colocando em risco sua própria vida. Depois, provavelmente, ela não se vangloria muito. Ela pensa, "fiz o que tinha que fazer. Qualquer outra pessoa teria feito o mesmo." Sente-se aliviada porque a criança está viva e bem. Como este exemplo ilustra, o altruísmo é um passo além da generosidade comum; implica autossacrifício ou risco físico.

Em 2007, Wesley Autrey (não muito diferente de *autrui*), um trabalhador da construção civil, pulou nos trilhos do metrô de Manhattan para salvar Cameron Hollopeter, um estudante de cinema que estava tendo uma convulsão e caiu da plataforma nos trilhos. Autrey viu o trem se aproximando e saltou para tirar Hollopeter do caminho. Mas o trem estava chegando rápido demais e, portanto, Autrey se jogou sobre Hollopeter na vala de drenagem entre os trilhos, com profundidade de apenas trinta centímetros. Enquanto segurava o homem convulsionando, o trem passou por cima dos dois, roçando o topo da touca de tricô de Autrey. Nenhum pensamento a respeito de si mesmo, apenas um impulso imediato para salvar a vida de um ser humano.

Depois de todo o ocorrido, Autrey parecia aturdido com toda a atenção e elogios que recebeu. Ele disse ao The New York Times: "Não sinto que fiz algo espetacular. Apenas vi alguém que precisava de ajuda e fiz o que senti ser correto.[3]"

Vejo a história de Autrey como um exemplo do altruísmo puro. Todos temos impulsos altruístas, mas nem todos agimos com base neles o tempo todo. Outras pessoas, naquela plataforma do metrô, sem dúvida, viram Hollopeter tendo convulsões e reconheceram a necessidade de ajudar, mas também entenderam que poderiam acabar sendo mortas nesse processo. O altruísmo acontece quando nosso impulso de servir aos outros anula nosso medo e nossos instintos de autopreservação. Felizmente, Autrey foi engenhoso o suficiente para salvar uma vida e sobreviver também.

Em todo o planeta, todos os dias, as pessoas agem por altruísmo puro estando a serviço umas das outras. Como o manifestante chinês não identificado, que permaneceu decididamente no caminho dos tanques em direção à Praça da Paz Celestial. Como os médicos na África que trataram

---

[3] Cara Buckley, "Man Is Rescued by Stranger on Subway Tracks," *New York Times*, 3 de janeiro de 2007, acessado em 4 de janeiro de 2007, www.nytimes.com/2007/01/03/nyregion/03life.html.

corajosamente os pacientes infectados com Ebola. Como os parisienses que abriram suas casas para os que escaparam dos ataques terroristas de 2015. Como os três mil corajosos voluntários sírios que trabalham como socorristas resgatando sobreviventes dos ataques a bombas em bairros civis.[4] Como Adel Termos, que abordou um dos homens-bomba que se dirigia a uma mesquita lotada em Beirute no dia anterior aos ataques de Paris em 2015. Quando Termos fez com que a bomba fosse detonada longe da multidão, ele perdeu a própria vida, mas salvou a vida de inúmeros outros.[5] Como Ricky John Best, Taliesin Myrddin Namkai-Meche e Micah David-Cole Fletcher que, destemidamente, intervieram em um ataque racial contra duas adolescentes que estavam no trem VLT MAX em Portland em maio de 2017. Ricky e Taliesin perderam a vida; Micah sobreviveu.[6] Enquanto Taliesin sangrava, ele pronunciou as seguintes palavras: "Diga a todos que estão neste trem que eu os amo". Em nosso mundo tão conturbado, sinto que é importante ouvir histórias como estas para sustentarmos nossa fé na beleza e no poder do coração humano e para nos recordarmos de como o altruísmo é natural.

EGO, EGOÍSMO OU ALTRUÍSMO?

Vamos voltar por um momento à mulher que salva a criança em meio aos carros. Se mais tarde ela pensar, 'sou uma boa pessoa por ter feito isso', esse pensamento de autocongratulação anula o altruísmo de sua ação? As definições mais estritas do altruísmo não permitem o envolvimento do

---

[4] Jared Malsin, "The White Helmets of Syria" *Time*, http://time.com/syria-white-helmets/ retrieved 1 de março de 2017.
[5] Dave Burke, "Hero Tackled Suicide Bomber and Paid the Ultimate Price," *Metro*, 15 de novembro de 2015, http://metro.co.uk/2015/11/15/hero-who-stopped-a-terror-attack-fathers-split-second-decision-that-saved-many-lives-5502695/.
[6] Hal Bernton, "Mom of Portland Train Hero Taliesin Meche Says Her Son 'Had a Lot of Bravery in his Spirit,'" *Seattle Times*, 30 de maio de 2017, www.seattletimes.com/seattle-news/crime/mom-of-taliesin-meche-says-portland-train-victim-known-for-brave-spirit/.

ego, nem antes e nem depois da ação. O altruísmo é caracterizado como um ato livre de um 'eu' que visa beneficiar os outros, livre da expectativa de uma recompensa externa (como gratidão ou uma contrapartida) e livre de recompensas internas, como maior autoestima ou até melhor saúde emocional. Os altruístas puros "livres da ideia de ganhar", para citar o mestre zen Shunryū Suzuki-rōshi – não ganham nada com suas ações benéficas. São fundamentalmente altruístas.

Os grandes praticantes contemplativos e alguns seres humanos naturalmente compassivos têm esse tipo de coração sem limites, aberto para servir em todas as circunstâncias. Nem eu, nem outro; bondade imparcial para com todos. Mas a maioria de nós é meramente humana, sendo muito humano termos algum sentimento de satisfação ao servirmos aos outros.

Se o altruísmo puro existe mesmo ou não é um assunto de debate entre psicólogos e filósofos. De acordo com a teoria do egoísmo psicológico, nenhum ato de serviço ou sacrifício é puramente altruísta porque geralmente somos motivados por, pelo menos, algum pequeno sentimento de gratificação pessoal, ou sentimos um pequeno aprimoramento do ego depois de ajudarmos os outros. Essa teoria pode sustentar a premissa de que, no mundo real da psicologia e comportamento humanos, não existe altruísmo puro.

O budismo assume uma posição mais radical; diz que o altruísmo e sua irmã, a compaixão, podem ser totalmente livres do ego, do pequeno eu. O altruísmo pode surgir espontânea e incondicionalmente em resposta ao sofrimento dos outros, como ocorreu com Autrey. O budismo também sugere que a preocupação altruísta com o bem-estar dos outros faz parte da nossa verdadeira natureza. Através da prática contemplativa e da vida ética, podemos resistir à tirania do egoísmo e encontrar esse lugar dentro de nós que ama todos os seres e os têm em igual consideração; o lugar que, com destemor, aspira a acabar com o sofrimento, livre de qualquer parcialidade.

Thích Nhất Hạnh escreve: "Quando a mão esquerda é ferida, a mão direita cuida dela imediatamente. Ela não para e diz, 'estou cuidando de você'. Você está se beneficiando da minha compaixão." A mão direita sabe muito bem que a mão esquerda também é a mão direita. Não há distinção entre elas.[7] Esse é o tipo de altruísmo que é *não-referencial*, ou seja, não é tendencioso em relação a membros da família, amigos ou a quem pertence a determinado grupo.

Há um poema de Joseph Bruchac que transmite essa sensibilidade profunda e humilde de cuidar de todos os seres igualmente:

O Vovô Pés de Pássaro

O velho homem
deve ter nos feito parar o carro
umas duas dezenas de vezes para sair
e juntar em suas mãos
os sapos cegados
pelos nossos faróis que pululavam,
feito gotas vivas de chuva.

****

A chuva caía como uma névoa
sobre seus cabelos brancos
e eu continuava dizendo
'você não pode salvar todos eles
aceite, volte,
Temos muitos lugares para ir.'
Mas com as mãos enluvadas em couro
Cheias de vidas marrons molhadas,
Joelhos afundados na grama de verão
na beira da estrada,

---

[7] Thích Nhất Hạnh, *Awakening of the Heart: Essential Buddhist Sutras and Commentaries* (Berkeley, CA: Parallax Press, 2011).

ele apenas sorria e dizia,
'eles têm lugares para ir
também.'⁸

No budismo, o vovô é um bom exemplo de um *bodhisattva* vivo, alguém que salva livremente todos os seres do sofrimento. O vovô continua parando para resgatar aqueles sapos, embora isso signifique caminhar pela estrada chuvosa e escura. Sorrindo, ele parece estar sentindo o que os budistas chamam de "alegria altruísta", alegrando-se pela boa sorte dos outros.

A alegria altruísta é considerada uma qualidade da mente verdadeiramente nutritiva. Nesse sentido, o budismo concorda com a psicologia ocidental quando diz que sentir alegria pela boa sorte dos outros é o que nos faz bem. Sei que me sinto melhor mental e fisicamente quando estou fazendo coisas boas para os outros, embora me sentir melhor não seja o que me motiva. Estudos recentes da psicologia social sugerem que ser menos autocentrado e mais generoso é uma fonte de felicidade e satisfação para aquele que realiza a ação generosa. Um estudo mostrou que crianças bem pequenas, com menos de dois anos, tendem a sentir um maior bem-estar quando dão docinhos aos outros do que quando os recebem.⁹ Outro estudo revelou que os participantes adultos que gastaram dinheiro com outras pessoas sentiram mais satisfação do que aqueles que gastaram dinheiro consigo mesmos.¹⁰ E a neurocientista Tania Singer descobriu que a compaixão (companheira íntima do altruísmo) aciona os centros de recompensa e as redes de prazer do cérebro. Ela acredita que bondade faz parte da natureza dos humanos.¹¹ Quando agimos com bondade,

---

8 Joseph Bruchac, *Entering Onondaga* (Austin, TX: Cold Mountain Press, 1978).
9 Lara B. Aknin, J. Kiley Hamlin, e Elizabeth W. Dunn, "Giving Leads to Happiness in Young Children," *PLoS ONE* 7, no. 6 (2012): e39211, http://journals.plos.org/plosone/article?id=10.1371/journal.pone.0039211.
10 Elizabeth W. Dunn, Lara B. Aknin, e Michael I. Norton, "Prosocial Spending and Happiness: Using Money to Benefit Others Pays Off, "*Current Directions in Psychological Science* (forthcoming), https://dash.harvard.edu/handle/1/11189976.
11 Olga M. Klimecki, Susanne Leiberg, Matthieu Ricard e Tania Singer, "Differential

nos sentimos alinhados com nossos valores humanos mais profundos. Sentimos alegria em nossas ações e a vida parece ter mais sentido.

Por outro lado, quando nossas ações prejudicam os outros, não nos sentimos bem; muitas vezes perdemos o sono, ficamos irritados, ou outras coisas ainda piores. Com mais e mais pesquisas documentando os resultados positivos para a saúde de pessoas que ajudam outras pessoas (por exemplo, melhora da resposta imunológica e maior longevidade)[12], em breve poderemos enfrentar uma onda de pseudoaltruístas, que ajudarão outras pessoas a viver uma vida mais longa e saudável. Obviamente, isso pode não ser um problema tão grave.

ESQUECENDO-SE DE SI MESMO

Para mim, um dos exemplos mais comoventes de altruísmo é a história do falecido inglês Nicholas Winton. Em 1938, quando os nazistas estavam ocupando a Tchecoslováquia, Winton organizou o transporte de 669 crianças, a maioria judia, da Tchecoslováquia para a Grã-Bretanha. Ele garantiu que viajassem em segurança pela Europa de trem e encontrou um lar na Grã-Bretanha para cada refugiado. Esse foi um ato incrivelmente arriscado e desinteressado. Ele não contou nada nem mesmo à esposa por cinquenta anos. Ele não estava interessado em fama, embora em 1998 tenha ficado famoso depois que sua esposa descobriu seus álbuns de recortes quando limpava o sótão e contou à BBC sobre seu feito extraordinário.

Pattern of Functional Brain Plasticity After Compassion and Empathy Training," *Social Cognitive and Affective Neuroscience* 9, no. 6 (2014): 873–79, https://doi.org/10.1093/scan/nst060.

12 Stephanie L. Brown, Dylan M. Smith, Richard Schulz, Mohammed U. Kabeto, Peter A. Ubel, Mi- chael Poulin, Jaehee Yi, Catherine Kim eKenneth M. Langa, "Caregiving Behavior Is Associated with Decreased Mortality Risk," *Psychological Science* 20, no. 4 (2009): 488–94, http://journals.sagepub.com/doi/abs/10.1111/j.1467-9280.2009.02323.x; J. Holt-Lunstad, T. B. Smith, and J. B. Layton, "Social Relation- ships and Mortality Risk: A Meta-Analytic Review," *PLoS Medicine* 7, no. 7 (2010), http://journals.plos.org/plosmedicine/article?id=10.1371/journal.pmed.1000316.

Naquele ano, a BBC convidou Winton para a exibição de um programa chamado *That's Life*. Sem que ele soubesse, as pessoas que ele salvara, agora todos com idade aproximada de cinquenta e sessenta anos, também foram convidadas. O apresentador disse: "Existe alguém em nossa plateia esta noite que deve sua vida a Nicholas Winton? Se sim, você poderia se levantar, por favor? Todos na platéia do estúdio se levantaram. Winton abraçou a mulher ao lado dele enquanto enxugava suas lágrimas[13].

Poderíamos nos perguntar se realmente é possível saber as motivações precisas de Winton e se suas ações poderiam ter reificado seu senso de identidade de alguma maneira. Em 2001, quando um repórter do New York Times perguntou por que fez o que fez, Winton respondeu modestamente: "Vimos o problema, que muitas dessas crianças estavam em perigo, e alguém tinha que levá-las a algum tipo de refúgio seguro e não havia organização para fazer isso. Por que fiz isso? Por que as pessoas fazem diferentes coisas? Algumas pessoas se divertem em correr riscos, e outras passam a vida sem correr nenhum risco."[14] Uma avaliação pessoal interessante de sua extraordinária coragem.

Winton viu a necessidade, viu que poderia fazer algo e tinha apetite por riscos positivos. Se ele sentisse alguma "satisfação" por suas ações, isso mudaria a maneira de vê-lo? Acho que não. Salvar a vida de 669 crianças merece a nossa profunda apreciação. Suas ações tiveram um efeito de longo alcance muito poderoso, que atravessou gerações, e nós podemos simplesmente nos maravilhar por isso ter acontecido e por tantas pessoas terem se beneficiado. Winton viveu uma vida longa, falecendo em 2015 aos 106 anos.

Como psiquiatra e sobrevivente de Auschwitz, Viktor Frankl, disse:

---

13 Lauren Frayer, "'Britain's Schindler' Is Remembered by Those He Saved from the Nazis," NPR, May 19, 2016, www.npr.org/sections/parallels/2016/05/19/478371863/britains-schindler-is-remembered-by-those-he-saved-from-the-nazis.
14 Robert D. McFadden, "Nicholas Winton, Rescuer of 669 Children from Holocaust, Dies at 106," *New York Times*, 1 de julho de 2015, www.nytimes.com/2015/07/02/world/europe/nicholas-winton-is-dead-at-106-saved-children-from-the-holocaust.html.

"O ser humano sempre aponta e se dirige para algo ou alguém, além de si mesmo... Quanto mais esquece de si mesmo, entregando-se a uma causa para ajudar ou a outra pessoa para amar, mais humano ele se torna."[15]

II. CAINDO DA BEIRA DO ABISMO DO ALTRUÍSMO: O ALTRUÍSMO PATOLÓGICO

Às vezes, é um desafio manter o altruísmo saudável; quando estamos à beira do abismo, podemos ficar vulneráveis a sofrer danos. Quando ajudamos excessivamente e ignoramos nossas próprias necessidades, podemos começar a nos ressentir da pessoa que estamos ajudando e da situação como um todo. Conheci uma mulher que cuidava da mãe com um câncer muito grave o tempo todo. Desgastada, frustrada por não poder fazer mais para aliviar a dor da mãe, e sentindo-se culpada por estar tão frustrada, ela acabou projetando sua raiva contra sua mãe e depois contra si mesma. Ela se sentia desanimada e que havia falhado com a mãe e consigo mesma.

Quando nosso altruísmo passa de bondade altruísta a obrigação, dever ou medo... ou simplesmente quando nos sentimos cansados de tanto dar, as emoções negativas podem começar a nos agitar. Lembro-me de ouvir um professor de escola que sentia raiva de si mesmo por passar "tempo demais" ajudando um aluno carente. E uma enfermeira que passou a se ressentir de seus pacientes, sentindo-se envergonhada por se considerar tão negativa em relação àqueles a quem ela ajudava com alegria.

Também podemos acreditar que ajudar um paciente, aluno ou parente nos dá permissão para oferecer conselhos não solicitados ou para controlar suas ações. Certa vez, quando estava no hospital com uma sepse

---

[15] Viktor Frankl, *Man's Search for Meaning* (New York: Touchstone, 1984). Título em português – *O Homem em Busca de um Sentido*.

muito grave, passei a receber gentileza demais e isso quase acabou comigo. Finalmente, um dos capelães do Upaya sabiamente me aconselhou a colocar uma placa na minha porta: "visitas suspensas". Enquanto lutava contra febre e calafrios, recebia um número esmagador de visitantes que me davam inúmeros conselhos sobre como recuperar minha saúde. Essas pessoas gentis tiravam um tempo de seus dias para me visitar e estavam tentando ser úteis, mas estava claro que eu precisava da minha própria energia para me curar, e não da deles. Eu não conseguia nem acompanhar mentalmente o que eles diziam, de tão alta que minha febre estava. A necessidade deles de ajudar parecia soterrar sua capacidade de perceber a minha situação e de que eu não conseguia ser receptiva. A beira do abismo do altruísmo nessas situações pode desmoronar facilmente quando a ansiedade ou a necessidade de consertar tomam o comando.

Se aprendermos a enxergar que o altruísmo tem limites, tomaremos mais consciência do risco e do perigo dessa geografia e perceberemos o que está em jogo: prejudicar os outros, a nós mesmos e até as instituições nas quais atuamos. Se percebermos que estamos em terreno instável, podemos aprender a sentir o ponto em que as nossas ações nos levarão a ultrapassar limite. Na melhor das circunstâncias, poderemos sair de situações arriscadas e voltar a um terreno sólido.

A AJUDA QUE PREJUDICA

Quando o altruísmo ultrapassa o limite e cai do abismo, converte-se em altruísmo patológico, um termo utilizado na psicologia social. O altruísmo que se origina do medo, da necessidade inconsciente de aprovação social, da compulsão de consertar outras pessoas ou da dinâmica do poder doentio atravessa facilmente a fronteira do dano. E pode haver consequências difíceis, desde o esgotamento pessoal até o desempoderamento de países inteiros. É importante desmascarar situações em que vemos o altruísmo patológico operando, seja na vida de pais, cônjuges, médicos, educadores, políticos, trabalhadores humanitários ou em nós mesmos. Reconhecer e nomear esse fenômeno abriu os olhos de muitos que se viram descendo a perigosa ladeira das boas intenções que deram errado.

Em seu livro *Pathological Altruism*, a Dra. Barbara Oakley e seus colegas exploram a ajuda que prejudica. Eles definem o altruísmo patológico como "o comportamento no qual as tentativas de promover o bem-estar do outro ou de outros resultam em danos que um observador externo concluiria ser razoavelmente previsível".[16]

Um exemplo conhecido de altruísmo patológico é a codependência, na qual nos concentramos nas necessidades de outras pessoas em detrimento da nossa, dando origem frequentemente a comportamentos viciantes nesse processo. Conheci um casal que deixou seu filho de 25 anos, alcoólico e desempregado, morar no porão por um tempo. Eles não queriam mandá-lo para a rua sem emprego e sem ter onde morar. Mas a presença dele prejudicava as finanças e, à medida que o ressentimento aumentava, colocava o casamento à prova. Eles tentaram fazê-lo frequentar o AA, interná-lo em clínicas de reabilitação, encontraram empregos temporários para ele, mas as tentativas de controlar seu comportamento e de modular seu vício nunca deram bons resultados. Para o filho, dispor de um lugar grátis para morar também não era uma boa coisa, porque ele não tinha nenhum incentivo para mudar sua situação.

Além da codependência, a Dra. Oakley cita outras manifestações de altruísmo patológico, incluindo acumulação de animais e o estilo "helicóptero" de criar filhos. Todos nós conhecemos a dona dos gatos que não consegue dizer não a um gato de rua, e o pai que leva administradores da escola aos tribunais para conseguir o bem merecido C do filho na aula de química como uma maneira de "ajudar" o filho.

Em meu próprio trabalho, observei muitas pessoas presas pelas garras do altruísmo patológico: uma enfermeira que trabalhava muito tempo sem comer e sem dormir para cuidar de um paciente que estava morren-

---

[16] Barbara Oakley, Ariel Knafo, Guruprasad Madhavan e David Sloan Wilson, eds., *Pathological Altruism* (Oxford, UK: Oxford University Press, 2012).

do; uma ativista social que acampava em seu escritório para poder estar de plantão 24 horas por dia, todos os dias; o CEO de uma organização de assistência social que sofria cronicamente com fuso horário voando por todas as partes do mundo; uma voluntária que ajudava refugiados na Grécia que sofria de angústia empática devido a todo o sofrimento que testemunhava.

Pais, professores, profissionais de saúde, funcionários do sistema judiciário e ativistas que trabalham em situações de crise correm especial risco de cair no altruísmo patológico ao se exporem ao sofrimento de outras pessoas. As consequências podem se manifestar como ressentimento, vergonha e culpa, e também como os lados tóxicos dos outros Estados Limite: angústia empática, sofrimento moral, desrespeito e síndrome de *burnout*.

Além disso, vermos a nós mesmos como "salvando", "consertando" e "ajudando" os outros pode alimentar nossas tendências latentes de poder, autoimportância, narcisismo, podendo até nos levar a enganar a nós mesmos e aos outros. Uma história particularmente preocupante de altruísmo patológico envolveu uma organização que alegava estar realizando trabalhos de assistência humanitária e de saúde na Ásia e na África. A organização não apenas apresentou o escopo de seu trabalho de forma deturpada a seus financiadores, como também não pagou sua equipe local em vários países. Violações éticas como essa surgem a partir do autoengano. Meu palpite é o de que, no início do trabalho, eles provavelmente queriam ser úteis, mas acabaram transformando a necessidade de apresentar-se como uma organização beneficente para angariar dinheiro. Obviamente, o financiador finalmente percebeu o que se passava e o financiamento foi cortado, mas, até isso acontecer, muitos danos aconteceram por toda parte.

O altruísmo patológico em nível sistêmico ocorre quando a ajuda realmente prejudica as organizações ou as pessoas que deveriam ser beneficiadas, como em situações de ajuda internacional equivocadas. Existem exemplos abundantes disso na minha experiência, incluindo profissionais prestando serviços médicos em campos de refugiados onde não se oferece incentivo ou capacitação de pessoas locais para oferecer acompanhamento assistencial; assim os refugiados se tornam dependentes de fontes externas para receber ajuda médica; ONGs que levam produtos ou serviços ocidentais em vez de conceder subsídios e capacitação a empresários locais que poderiam atender à demanda; e "instituições beneficentes tóxicas" que dão dinheiro sem fornecer oportunidades para o desenvolvimento de habilidades, criando mais dependência de fontes externas de apoio.

Quando nós ocidentais pensamos que podemos salvar o mundo, podemos fazer isso não apenas a partir de um lugar de boa vontade, mas também de arrogância. A escritora Courtney Martin observa que, de longe, os problemas de outras pessoas parecem exóticos e fáceis de resolver. Ela diz que, embora essa tendência não seja geralmente maliciosa, "pode ser imprudente. Há consequências reais quando pessoas bem-intencionadas tentam resolver problemas sem reconhecer a complexidade subjacente."

O que Martin nos pede, em vez disso, é: "apaixone-se pela perspectiva de mais longo prazo de ficar em casa e enfrentar a complexidade sistêmica de frente. Ou vá, se preciso, mas fique tempo suficiente, ouça com atenção suficiente para que as 'outras pessoas' se tornem pessoas reais. Mas, esteja avisado, eles podem não parecer muito fáceis de 'salvar.'"[17] Testemunhar os problemas de outra cultura e realmente ouvir pode ser a única maneira de permanecer no lado saudável do altruísmo.

Algumas pessoas ficam tão obcecadas em ajudar os outros que seu próprio bem-estar fica comprometido. Em seu livro *Strangers Drowning*, Larissa MacFarquhar descreve os "benfeitores" americanos que fazem da missão de ajudar estranhos a missão de suas vidas. As pessoas que ela descreve renunciam ao luxo cotidiano, como refeições em restaurantes e ingressos para shows, para que possam enviar o dinheiro para as famílias dos países em desenvolvimento, contabilizando quantas vidas estão sal-

---

17 "The Reductive Seduction of Other People's Problems," Development Set, 11 de janeiro de 2016, https://medium.com/the-development-set/the-reductive-seduction-of-other-people-s-problems-3c07b307732d#.94ev3l3xj.

vando devido à sua frugalidade. MacFarquhar examina esse fenômeno sem julgá-lo; ela documenta momentos edificantes de generosidade e momentos perturbadores de orgulho e culpa.[18] Algumas dessas fazem parte do movimento altruísmo eficaz (*EA – effective altruism*), que utiliza análise de dados para prever onde as doações terão maior impacto nas pessoas necessitadas. O EA exorta seus seguidores a desconectarem as doações de suas emoções, argumentando que o "sentimentalismo" atrapalha a eficiência financeira.[19]

Em seu livro *Pathological Altruism*, a Dra. Oakley também adverte contra o perigo de misturar nossas emoções à ação de doar. "A conclusão principal é que a base emocional e sincera das nossas boas intenções pode nos enganar sobre o que é realmente útil para os outros", ela escreve. Oakley sugere que abordagens de "amor firme", como a de pais que expulsam seu filho do porão, podem ser mais verdadeiramente altruístas.

Eu acho que depende da situação. Do ponto de vista budista, cuidado, amor, bondade, compaixão e alegria altruísta são qualidades altamente valorizadas. E, no entanto, às vezes, a ajuda prejudica. E aqui, a sabedoria é essencial. Os budistas não separam sabedoria da compaixão. Essas qualidades são dois lados da mesma moeda de nossa humanidade básica.

SAUDÁVEL OU NÃO?

No budismo, o conto Jataka da tigresa faminta é geralmente considerado um exemplo cultural de abnegação como uma expressão de generosidade, altruísmo e compaixão. Em outra interpretação, no entanto, poderia ser uma história de altruísmo patológico.

---

18 Héctor Tobar, "'Strangers Drowning,' Larissa Mac-Farquhar," *New York Times*, 5 de outubro de 2015, www.nytimes.com/2015/10/11/books/review/strangers-drowning-by-larissa-macfarquhar.html

19 Jamil Zaki, " The Feel-Good School of Philanthropy," *New York Times*, 5 de dezembro de 2015, www.nytimes.com/2015/12/06/opinion/sunday/the-feel-good-school-of-philanthropy.html

Em uma floresta densa, um *bodhisattva* (que um dia será a encarnação de Gautama Buddha) e seus dois irmãos encontram uma tigresa faminta que se prepara para se alimentar de seus próprios filhotes. Os irmãos partem em busca de alimento para a tigresa, mas o *bodhisattva*, em um ato de puro e incondicional altruísmo, se deita diante da mãe felina debilitada. Ele perfura seu próprio pescoço com uma lasca de bambu para que ela e seus filhotes possam se alimentar mais facilmente de seu corpo.

Podemos ver essa história como uma inspiração para nos envolvermos em atos radicais de bondade; como lenda, não é para ser tomada literalmente. Mas, olhando de outra maneira, poderia servir de justificativa para ações que violam o Primeiro Preceito do Budismo, no qual é dito que não devemos prejudicar os seres vivos, incluindo nós mesmos. Essa história também pode incentivar o martírio. Neste conto, o *bodhisattva* dá sua própria vida e, se tomado literalmente, parece cruzar uma linha perigosa.

O cânone budista contém muitas histórias de martírio. Registros do início do século V ou VI falam de monges e monjas chineses respeitados que se imolam como forma de protesto e oferenda. Enquanto escrevo isso, no Tibete, homens e mulheres jovens estão se imolando em resistência à opressão chinesa. Certa vez, participei de um grande culto em Dharamsala, conduzido por Sua Santidade o Dalai Lama. Os olhos de Sua Santidade estavam cheios de lágrimas enquanto celebrava a cerimônia em memória àqueles que haviam se transformado em mártires. Seu jovem companheiro, Sua Santidade o Gyalwang Karmapa, pediu aos tibetanos que parassem com essa prática extrema e mortal. Perguntei-me várias vezes o que a imolação tem a ver com o budismo, que exemplifica a não-violência e o não causar danos. Mas, então, me lembro de Thích Quảng Đức.

O LÓTUS DE FOGO

Em 1963, vários anos depois da Guerra do Vietnã, vi uma fotografia de jornal que ficou gravada na minha psique. Era uma imagem do monge vietnamita Thích Quảng Đức que, em protesto contra a perseguição aos monásticos budistas pelo governo do Vietnã do Sul, havia se transformado em uma tocha humana num cruzamento movimentado de Saigon. Em uma almofada na rua, em posição de lótus e em absoluta quietude, com uma lata de gasolina atrás dele, esse monge estoico ficou quieto e silencioso enquanto violentas chamas consumiam seu corpo.

Fiquei atordoada e horrorizada. Perguntava-me o que havia motivado aquele monge a atear fogo em si mesmo. Como ele desenvolveu aquela qualidade de caráter e mente que lhe permitia manter-se erguido enquanto as chamas consumiam seu corpo? Lembro-me de pensar: esta guerra precisa parar. Foi essa imagem que me moveu a manifestar-me contra a guerra, e tem sido um gatilho psíquico para continuar defendendo a não-violência como o único caminho para a paz. A ironia é que o gatilho – não a inspiração – para o meu trabalho como pacifista tenha sido um ato de extrema violência pessoal.

A fotografia de Thích Quảng Đức em chamas, pela qual o fotojornalista da API Malcolm Browne ganhou um prêmio Pulitzer, tornou-se uma das imagens mais icônicas da Guerra do Vietnã. É uma imagem que simboliza sofrimento e transcendência; também exemplifica, para muitos, um ato extremo de altruísmo. Nos meses e anos que se seguiram, outros monásticos budistas seguiram o exemplo de Quảng Đức, incluindo a Irmã Nhất Chi Mai, uma aluna do meu professor Thích Nhất Hạnh. Ele falava da Irmã Nhất Chi Mai com frequência e repetia suas palavras: "Ofereço meu corpo como uma tocha para dissipar a escuridão."

Vários anos após a imolação de Thích Quảng Đức, conheci o jovem jornalista David Halberstam, um dos poucos repórteres presentes quando Thích Quảng Đức se incendiou. Enquanto Halberstam nos contava os detalhes do que havia testemunhado, pude ver que ele estava profundamente perturbado por quase todos os aspectos do evento. Não lembro de suas palavras precisas naquela noite, mas lembro de seus olhos vazios e cansados. Ele parecia desconectado e entorpecido por tudo o que havia visto. Mais tarde, ele escreveu:

> *Eu ia ver aquela cena novamente, mas uma vez já foi o suficiente. As chamas vinham de um ser humano; seu corpo estava lentamente murchando e encolhendo, a cabeça escurecendo e carbonizando. No ar havia o cheiro de carne humana queimada; os seres humanos queimam surpreendentemente rápido. Atrás de mim, ouvia os soluços dos vietnamitas que estavam então se aglomerando. Eu estava chocado demais para chorar, muito confuso para tomar notas ou fazer perguntas, perplexo demais até mesmo para pensar ... Enquanto queimava, ele não moveu um músculo, não emitiu som algum, sua calma externa contrastava nitidamente com as pessoas que choravam ao seu redor.*[20]

A autoimolação de Thich Quảng Đức gerou muita controvérsia entre budistas e não-budistas sobre a ética de tirar a própria vida para beneficiar os outros. O martírio da Irmã Mai levantou as mesmas questões, como: onde está a linha que separa benefício de dano? Quem traça essa linha? O grande dano ocorrido em seus corpos anula o bem que fizeram ao chamar a atenção internacional para a guerra? O que motivou suas ações foi a convicção de que esse ato acabaria salvando a vida de outras pessoas? Ou foi uma intolerância extrema à experiência do sofrimento dos outros? O martírio tem valor para a transformação social ou é deludido e prejudicial?

O budismo explora a conexão entre o eu e o outro. Tenho a sensação de que Thích Quảng Đức e a Irmã Mai agiram a partir de um espaço onde não havia eu e não havia outro. Eles perceberam a injustiça e o sofrimento, sentiram que tinham o poder de mudar isso e agiram – uma ação de autossacrifício. Nesse espaço, não há limites entre o que fazemos pelos outros e o que fazemos por nós mesmos.

Na minha opinião, as ações da Irmã Mai e de Thích Quảng Đức, de certa forma, transcendem categorias de ajuda e dano. Eles estimularam protestos em torno de uma guerra injusta, provavelmente salvando muitas vidas; no entanto, duas pessoas morreram de uma maneira chocante e

---

20 David Halberstam, *The Making of a Quagmire* (New York: Random House, 1965).

excruciante. Depois de quase cinquenta anos pensando profundamente em suas imolações, sinto agora que, ao ver seu sacrifício extremo, devemos reconhecer o heroísmo e o dano, o benefício e os custos. Compreendi, por fim, o profundo valor do altruísmo como um ato de ausência de um eu, e também tive algumas ideias sobre sua sombra. Manter essas duas perspectivas me levou a ver o altruísmo como um Estado Limite. E me ocorre que não apenas a intenção, mas também o resultado, afetam a forma como julgamos uma ação como patológica ou não. Se Wesley Autrey tivesse morrido tentando salvar Cameron Hollopeter do trem do metrô, poderíamos chamar sua ação de patológica ou tola.

O verdadeiro trabalho a ser feito é manter as duas perspectivas para podermos ter uma verdadeira profundidade de campo porque, muitas vezes, não somos capazes de enxergar a paisagem completa em um dado momento. Nossa visão realmente depende de onde estamos. É por isso que recorrer a qualquer ato de aparente altruísmo implica uma prática de profunda investigação e abertura. No melhor dos mundos, o altruísmo e a percepção que temos dele se baseiam na capacidade de superarmos o interesse próprio, de sermos sensíveis ao contexto e de nos sentirmos confortáveis com a ambiguidade e com a incerteza radical.

O VIÉS DO ALTRUÍSMO

Como revelam os atos de Thích Quảng Đức e da Irmã Mai, o martírio pode ser considerado uma forma extrema de altruísmo; alguns chamariam isso de patológico. As formas mais comuns de altruísmo patológico – as que conhecemos em nossa vida cotidiana – são menos complicadas, mas também podem ser traiçoeiras.

Quando fazemos o bem aos outros, devemos cuidar para que não se trate de nosso próprio ganho emocional. As religiões alertam contra essa motivação. No Sermão da Montanha, que foi uma fonte de inspiração para mim quando jovem, Jesus condena as boas obras para fins de reconhecimento. Em termos budistas, quando servimos a outras pessoas para obter aprovação social, podemos reificar nosso senso de eu e potencializar o apego à identidade de "boa pessoa".

Lembro-me do meu primeiro professor Zen, o Mestre Zen Seung Sahn, perguntando-me casualmente como eu gastava meu tempo. Listei todas as minhas "boas" ações recentes. Ele parou depois da minha recitação e rosnou: "Você é uma bodhisattva ruim!" Eu senti como se tivesse sido atingida por um raio. Com um pouco de vergonha, vi que, trabalhando exaustivamente por causas relacionadas à justiça social, estava me esgotando e desempoderando os outros, privando-os de exercerem seu protagonismo. Além disso, eu provavelmente estava tentando obter aprovação do meu professor e dos outros. Senti muita vergonha, mas também gratidão pela dura lição que ele me deu.

Por outro lado, é realmente ruim se sentir bem em ajudar as pessoas? Talvez seja importante sentir alegria por servir aos outros. Depende muito dos nossos valores, motivações e intenções. Se nossa motivação é sentir-se bem consigo mesmo ou ganhar a admiração ou o respeito dos outros, nossas ações serão comprometidas pelas necessidades do ego. Em vez de perguntar: "Esta ação provará que sou uma boa pessoa?" ou "Fazer isso fará com que me sinta bem?", precisamos perguntar: "Como isso vai servir?"

O falecido professor budista tibetano Chögyam Trungpa Rinpoche cunhou o termo materialismo espiritual, no qual os praticantes tentam acumular credenciais "espirituais" através de vários meios, incluindo parecer "altruísta" para melhorar a identidade espiritual. Aspirar a beneficiar os outros é um aspecto importante da vida espiritual – ajuda a alinhar prioridades e pode aprofundar a prática. No entanto, se começarmos a usar o altruísmo como uma maneira de fortalecer nossa identidade, isso se tornará uma armadilha. Um pouco de humildade baseada na realidade pode ser útil para atenuar a necessidade de aprovação e apreciação.

Alguns aspectos do altruísmo patológico se correlacionam com o gênero. Quando era criança, minha mãe era uma Dama Cinza, voluntária na Cruz Vermelha, em um hospital militar em Miami. No dia em que morreu, ela era uma Dama Rosa, entregando revistas e livros para idosos hospitalizados na Carolina do Norte. Ela serviu aos outros durante toda a sua vida. Era altruísta. Ao mesmo tempo, seu altruísmo era mediado por uma sutil necessidade de reconhecimento social de ser uma boa pessoa. Acredito que era sua identidade como mulher a causadora dessa pequena distorção em sua motivação. Aprendi isso com o meu primeiro professor Zen, através daquela difícil lição, que eu também tinha essa distorção.

As mulheres frequentemente adquirem valor e poder na sociedade por serem altruístas – seja em seu papel como esposas e mães ou como cuidadoras. Muitas mulheres também têm histórias familiares, sociais e culturais de opressão, ou estão sujeitas a valores religiosos que incentivam o autossacrifício. Ao ouvir médicas, assistentes sociais, professoras, advogadas e executivas falarem sobre os desafios de suas profissões, entendi o papel que a identidade de gênero pode desempenhar na maneira como o altruísmo é vivenciado e como isso pode prejudicar por meio do exagero. É verdade que muitos homens compartilham o mesmo problema de precisar obter aprovação social por meio do que chamo de "martírio de serviço", mas observei que as mulheres frequentemente carregam uma carga extra que resulta em danos a si e aos outros.

Oakley tem um termo para isso: viés altruísta. Trata-se da expectativa social, cultural e espiritual de que sejamos empáticos e atenciosos. Muitos de nós temos a tendência de agir de maneira altruísta, mesmo quando isso não é apropriado para a situação. Podemos ignorar os sinais de que nossa ajuda não está servindo e libertar nosso cônjuge viciado da prisão novamente por acreditar que é nosso papel ajudar nossos entes queridos a vencer o vício. Ou podemos ficar presos no senso de superioridade ou no papel de salvador, no qual, inconscientemente, buscamos aprovação social por meios de nossos esforços para ajudar.

Entretanto, o viés altruísta dificilmente é uma coisa ruim. Salvar um jovem que será morto por um trem do metrô, ou levar serviços médicos a aldeões vulneráveis no Himalaia, defender meninas contra um ataque racista ou estender a mão a um vizinho que está morrendo ou salvar crianças de campos de extermínio nazistas pode ser o que precisa ser feito, mesmo que seja arriscado e difícil. A experiência nos diz que o viés altruísta é uma necessidade. Se nossos pais não tivessem manifestado algum grau de altruísmo, não teríamos sobrevivido à nossa infância. E sem o viés altruísta, cada um de nós seria menos do que realmente é.

Contudo, existem outras considerações interessantes sobre o viés altruísta. Sistemas éticos, como aqueles que encontramos nas tradições espirituais e religiosas, assim como no conceito humanista do próprio altruísmo, reforçam o viés altruísta. Esses sistemas cognitivos e culturais, juntamente com nossos valores e histórias pessoais, podem criar tendências inconscientes que podem nos impedir de ver o que realmente será útil. Devido à influência desses sistemas, podemos ser enganados, desconsiderando os sinais de alarme emitidos pela nossa intuição, pela nossa consciência, pelo nosso corpo e pela nossa mente. Mesmo recebendo comentários de observadores como amigos ou colegas, ainda assim podemos seguir adiante, com um altruísmo autocentrado, a um grande custo para todos. Depois, esses preconceitos inconscientes e processos de autoengano também podem nos ajudar a racionalizar as consequências dessas ações. Poderíamos dizer, "Achei que era a coisa certa a fazer" ou "Isso me fez sentir uma boa pessoa".

Trabalhando no Nepal, Tibete, México e África aprendi que o viés altruísta pode afetar negativamente não apenas os indivíduos, mas também os sistemas, contribuindo para a violência institucional e sistêmica. As organizações de ajuda internacionais geralmente não realizam estudos adequados sobre o impacto de seus programas, podendo, portanto, não entender a complexidade do sofrimento nas situações em que estão tentando ajudar e curar.

No Upaya Zen Center, estávamos determinados a ter uma abordagem diferente em resposta ao catastrófico terremoto no Nepal, na primavera de 2015. Pelos anos de trabalho em projetos de assistência sanitária no Nepal, sabíamos que havia jovens nepaleses inteligentes e motivados, prontos para ajudar os sobreviventes. Eles conhecem o território, podiam se comunicar entre si e conosco através das mídias sociais, e tinham energia e inspiração para ajudar. Também suspeitávamos que os caminhos usuais de ajuda ao Nepal, por meio de grandes ONGs internacionais, seriam menos eficazes em obter ajuda para as áreas remotas de Gorkha, o epicentro do terremoto, do que através da equipe de jovens líderes locais que já estavam fazendo o trabalho. Lembramos do terremoto de 2010 no Haiti, que inspirou um derramamento de ajuda internacional que não ficou sob o controle dos próprios haitianos. Uma pessoa descreveu o Haiti como uma "república de ONGs", que não se concentrou na resiliência e na autonomia haitianas. Os fundos foram mal administrados e, para piorar a situação, soldados de paz da ONU introduziram a cólera no sistema de abastecimento de água. Não queríamos repetir esse tipo de erro de ajuda externa e, por isso, nos voltamos para nossos jovens e confiáveis colegas nepaleses.

Durante nossos anos de serviço médico no Nepal, colaboramos com muitas pessoas bastante dedicadas em áreas remotas do Himalaia. Eles eram duros e eficientes e sabiam do que falavam. Sabíamos que eles tinham pouca ou nenhuma despesa administrativa, tinham conexões próximas com as pessoas e sabíamos o que seria útil. Também pensamos que o envolvimento deles no trabalho de ajuda poderia ser uma oportunidade para o desenvolvimento de capacidades de liderança e que a tragédia do terremoto poderia abrir uma porta para a capacitação de líderes da nova geração de nepaleses.

Como suspeitávamos, milhões de dólares em ajuda humanitária foram canalizados para os cofres do governo e, até o momento em que escrevo este livro, grande parte dela ainda permanece presa devido a disputas políticas.

Enquanto outros suprimentos de ajuda externa continuavam no aeroporto ou eram apreendidos na fronteira indiana, a equipe do Upaya, incluindo a alpinista Pasang Lhamu Sherpa Akita, seu marido, Tora Akita e muitos outros jovens nepaleses, conseguiram obter imediatamente toneladas de alimentos e suprimentos médicos e materiais de construção nas áreas afetadas. Com o nosso apoio e o apoio de outros alpinistas conhecidos, Pasang contratou carregadores desempregados para construir trilhas na zona do terremoto para que as pessoas pudessem ter um trabalho e para que os suprimentos pudessem ser transportados a pé para as aldeias impactadas. Com os fundos arrecadados pelo Upaya, ela também contratou um helicóptero para evacuar crianças do monastério Lho; essas crianças ficaram presas e sem alimentação adequada por semanas.

Seu marido, Tora, e sua equipe organizaram e entregaram milhares de lonas, cobertores, alimentos e roupas para os sobreviventes do terremoto. Com o tempo, eles reconstruíram escolas, um convento, um mosteiro, um centro de mulheres e um lar para idosos. Os tetos de aldeias inteiras foram reconstruídos com materiais de construção mais seguros. Os serviços médicos foram e continuam sendo oferecidos aos sobreviventes do terremoto, bem como a um grupo de refugiados Rohingya da Birmânia. O trabalho continua no Nepal, com esses jovens assumindo a liderança.

Mas quando um programa de ajuda dos EUA traz um empreiteiro dos EUA para construir casas no Haiti, Sudão do Sul ou Nepal, em vez de empregar trabalhadores locais, acaba se tornando um exemplo de colonialismo, paternalismo e condescendência, em vez de altruísmo sábio. Lembro-me de um ditado conhecido que Anne Isabella Thackeray Ritchie cunhou em seu romance do século XIX, *Mrs. Dymond*: "Se você dá um peixe a um homem, ele estará novamente com fome em uma hora. Se o ensina a pescar, você presta um grande favor". Eu acredito que o verdadeiro altruísmo ensina as pessoas a pescar. Nossa rede de jovens nepaleses é capaz de pescar e de ensinar outros a pescar. Continuo a me perguntar: como podemos, sendo ativistas, educadores, médicos, pais e políticos ensinar as pessoas a pescar? Acredito que esta questão seja importante para entendermos o altruísmo como um Estado Limite. Quando nossas razões para servir aos outros são autocentradas ou mal informadas, quando nossa ajuda cria uma situação insustentável, ultrapassamos o limite e entramos no altruísmo patológico.

III. O ALTRUÍSMO E OS OUTROS ESTADOS LIMITE

Os Estados Limite influenciam uns aos outros, direta e indiretamente, ressoando entre si para nos apoiar ou nos sabotar. A empatia saudável por quem sofre pode inspirar bondade, cuidado e altruísmo. Quando encontramos alguém que está sendo intimidado, sofrendo violência sistêmica ou abuso direto, nosso altruísmo e integridade nos obrigam a intervir. O altruísmo também é uma plataforma poderosa para um envolvimento comprometido. No entanto, se não formos capazes de regular nossa empatia, podemos sofrer angústia pessoal e nos tornarmos incapazes de servir, ou podemos reagir de maneira defensiva e inábil, causando danos a outras pessoas e a nós mesmos.

Se nossas ações altruístas não forem congruentes com nossas sensibilidades morais, ficaremos aprisionados ao sofrimento moral. Se cairmos no altruísmo patológico, podemos acabar desrespeitando e desdenhando daqueles que, inicialmente, estávamos tentando ajudar. Quando o altruísmo não é saudável, o esgotamento não raramente é o resultado. No entanto, um insight corajoso acerca desse desalinhamento do altruísmo, o que Cassie Moore chamou de "estrada enganosa da ajuda", pode transformar a vida de uma pessoa em direção ao bem e à compaixão.

No início do inverno de 2016, a comunidade de Upaya visitou um abrigo em Santa Fé para preparar e servir um jantar para duzentas pessoas sem teto. No dia seguinte, Cassie teve uma experiência que a inspirou a escrever sobre o que havia aprendido a respeito do altruísmo:

> No dia seguinte ao jantar no abrigo, cruzo com um sem-teto na Rua Marcy. Nossos olhos se encontram no meio da faixa de pedestres. Nossos corações, de alguma forma, também se encontram nessa travessia. Percebo que não tenho nenhum medo dele. Isso é novo para mim. Não quero dizer que não tenha medo de uma maneira descui-

dada, jogando com a sorte; estou consciente do sábio discernimento necessário para se envolver com o mundo tendo um corpo feminino de 1,65m. O homem sorri. Sua longa barba de Papai Noel se move com o sorriso, e eu aceno de volta como se fosse uma reverência. Isso parece normal, humano – sem nenhuma magia, mas profundo. Enquanto caminho, sinto culpa como uma pérola metálica fria crescendo em meu intestino: Olá, vergonha. O que significa que a capacidade de ver meu próprio rosto em um sem-teto pareça algo novo para mim? Essa vergonha parece justificada. Não é que eu tenha ignorado os sem-teto, de maneira alguma. É que eu os via como 'os outros'. Eu não me via neles. Eu me via aquela que resolve, como a que vem ao encontro deles com o coração de uma salvadora.

De repente, isso me parece uma espécie de maldade, uma história astuta e convincente sobre ajudar, que esconde um profundo desconforto com o sofrimento, e tem em sua raiz a crença fundamental de que eu estou em um nível superior ao daqueles que precisariam de ajuda. Distanciei-me do sofrimento acreditando que posso ajudar a consertá-lo. Isso me enjoa o estômago. Parece para mim que "consertar" tem sido minha estrada enganosa, destinada a me transportar para a igualmente enganosa Terra dos Problemas Resolvidos. Sobretudo, isso me impedia de enxergar qualquer coisa que não fosse diferença entre alguém que vive na rua e eu.

Quando Cassie encontrou os olhos do mendigo, eles compartilharam um momento de conexão que abriu um portal de insights para Cassie. Ela reconheceu que ajudar, consertar e resgatar são formas pouco saudáveis de altruísmo. Ela sentiu o sofrimento moral (sob a forma de vergonha) quando percebeu que o enxergava como 'os outros'. Essa tendência envolve uma boa medida de desrespeito, outro Estado Limite. Cassie não está sozinha; os sem-teto são tratados como "os outros" pela maioria da nossa sociedade. Perceber sua pequena parte nesse sistema de opressão levou Cassie a passar do altruísmo patológico à compaixão.

A história de Cassie me faz lembrar de um ensinamento importante da Dra. Rachel Naomi Remen: "Ajudar, consertar e servir representam três maneiras diferentes de ver a vida. Quando você ajuda, você vê a vida como fraca. Quando você conserta, vê a vida como quebrada. Quando serve, você vê a vida como completa." Remen explica que ajudar se baseia na desigualdade: "Quando ajudamos, podemos inadvertidamente tirar das pessoas mais do que jamais poderíamos dar; podemos lhes tirar a autoestima, o senso de valor, a integridade e a inteireza. Quando ajudo, estou muito consciente da minha própria força. Mas não servimos com nossa força, servimos com o que somos. Aproveitamos todas as nossas experiências. Nossas limitações servem, nossas feridas servem, até nossa escuridão pode servir. A inteireza em nós serve a inteireza nos outros e a inteireza da vida."

O altruísmo, em sua melhor versão, é uma expressão radical de conexão, de cuidado, de inclusão e de um senso de responsabilidade em relação ao bem-estar dos outros. Trata-se de, conscientemente, não roubar a autonomia de outros "ajudando" ou "consertando". Diz respeito à compreensão de que nossa própria sobrevivência não é separada da sobrevivência dos outros. Como a coragem de Nicholas Winton em salvar tantas crianças durante a Segunda Guerra Mundial, o altruísmo é caracterizado pela entrega, pela ausência de autointeresse, pela coragem, pela generosidade, pelo senso de reciprocidade e por um profundo respeito por toda a vida.

Acredito que nosso trabalho mais profundo é construir uma infraestrutura interna de caráter forte, reconhecer os perigos disfarçados de bondade e desenvolver meios para escapar da armadilha antes que ela nos aprisione. Ainda assim poderemos ser vítimas de autoengano, de motivações equivocadas e da necessidade de elogios uma vez ou outra. E quando isso acontecer e nós reconhecermos, é nesse momento que abriremos o grande presente da humildade, fruto do fracasso.

IV. PRÁTICAS QUE APOIAM O ALTRUÍSMO

No quinquagésimo quinto aniversário do Roshi Bernie Glassman, em 1994, ele, sua esposa, Jishu Angyo Holmes, e amigos sentaram-se nos degraus do Capitólio dos EUA no final do inverno, refletindo sobre os próximos passos no trabalho para resolver a crise da AIDS. Eles haviam criado a Mandala Greyston com muito sucesso, um grande complexo de serviços sociais em Yonkers, Nova York, que incluía a Padaria Greyston, uma clínica de HIV, assistência infantil, programas extraescolares, moradias populares, jardins comunitários e muitas outras coisas. No entanto, qualquer um que conhecesse o Roshi Bernie sabia que ele era tomado por um tipo de altruísmo inquieto e revolucionário, que o fazia sempre se mover para algo novo e radical.

Sentados nos degraus gelados do Capitólio, Roshi Bernie e Jishu começaram a imaginar o que se tornaria a Ordem *Zen Peacemakers* (ZP), uma organização de budistas socialmente engajados. Eles fundaram o ZP e a prática dos Três Princípios – Não-Saber, Dar Testemunho e Ação Compassiva – um caminho que promove o tipo mais corajoso de altruísmo. *Não-saber* é a prática de abandonar ideias fixas sobre nós mesmos e sobre o universo. *Dar testemunho* é a prática de estar presente com o sofrimento e a alegria deste mundo. *Ação Compassiva* é uma ação que surge do Não-Saber e do Dar Testemunho, promovendo a cura do mundo e de nós mesmos como um caminho de prática.

O ZP criou programas corajosos que continuam operando até hoje. Nos Retiros de Rua do ZP, os participantes vivem como pessoas sem teto nas ruas por dias seguidos, testemunhando a situação de não ter onde morar. Nos Retiros de Testemunhas de Auschwitz, centenas se reúnem em Auschwitz no frio de novembro para praticar o Não-Saber, o Dar Testemunho e a Ação Compassiva como uma maneira de enfrentar o sofrimento histórico e o sofrimento presente deste mundo.

Entrei no ZP como cofundadora nos anos 90. Roshi Bernie, Jishu e eu, juntamente com vários outros praticantes zen, trabalhamos intensamente para transformar a prática dos Três Princípios em uma parte central de nossas próprias vidas e para oferecer essa possibilidade aos nossos alunos. Alguns anos depois, incorporei esses princípios ao Programa de Treinamento de Capelania Budista do Upaya, e eles servem de base para a maneira como treinamos os capelães em visão, meditação e ação.

Usando os princípios como referência, nos perguntamos: Como podemos nos sentar com o Não-Saber quando nos sentimos quase soterrados pelo sofrimento? Em que momento a prática de Dar Testemunho nos converte em espectadores? Quando a Ação Compassiva é exigida, como nos livramos das ideias de "ajudar" e "consertar" as coisas para que o altruísmo equilibrado e saudável não ultrapasse o limite? E se estivermos cambaleando na direção do altruísmo patológico, como podemos voltar à terra firme do altruísmo saudável para que não desliz emos pelo abismo?

Meu senso de altruísmo foi testado repetidamente durante os anos em que trabalhei como voluntária em uma prisão de segurança máxima. Quando entrei na Penitenciária do Novo México para ensinar meditação aos prisioneiros, realmente entendi o que era a prática do Primeiro Princípio, Não Saber. Eu sentia, literalmente, medo de estar dentro de uma prisão de segurança máxima. Estava preocupada em trabalhar com uma população de homens, membros de gangues, que haviam cometido vários assassinatos. Para tornar as coisas mais desafiadoras, na orientação para os voluntários fomos informados de que, se fôssemos feitos reféns por algum prisioneiro, os funcionários da prisão não seriam responsáveis por nos resgatar.

Apesar de tudo isso, eu queria muito servir nesse 'terreno de cremação' em particular. Trabalhava com pessoas próximas da morte há décadas e percebi que precisava aprender com um mundo que parecesse distante daquele com o qual me sentia familiarizada. Também tinha plena consciência de que nosso sistema econômico, o racismo e a exclusão cultural alimentaram a opressão sistêmica do modelo prisional. Queria mergulhar mais profundamente no sofrimento psicossocial associado à justiça e à injustiça em nosso país e servir aos que foram vítimas de esmagadores males sociais.

A primeira reunião que tive com meu grupo de "alunos" acabou sendo uma grande lição do Não-Saber. Os homens foram levados para a sala de reuniões por um guarda da prisão, que deixou minha colega e eu sozinhas com uma dúzia de indivíduos tatuados e muito rudes. A maioria usava óculos escuros e tinha a cabeça raspada, com redes de cabelo apertadas sobre a testa. Todos se sentaram de qualquer jeito nas cadeiras de plástico, amontoando-se uns sobre os outros.

Como sacerdotisa zen, eu também tinha a cabeça raspada, mas não usava rede de cabelo – e cruzei as pernas elegantemente!

Sentada ali tão desconfortavelmente com eles, fiquei surpresa com a forma como meu medo atrapalhava a interação com esse grupo de homens silenciosos e carrancudos. Tive que desistir rapidamente dos meus preconceitos sobre como era "estar ali dentro", ou as coisas não seriam muito fáceis para mim. Perguntei ao grupo se eles concordavam em fazer uma prática de *check-in* (ou seja, compartilhar como estavam se sentindo), e um deles rosnou afirmativamente. Tive que levar minha atenção à respiração para me aterrar e, em seguida, começamos.

O primeiro homem apenas olhou para mim. Foi desanimador. O segundo homem usava óculos escuros e eu não conseguia ver seus olhos. Perguntei-lhe educadamente se ele se importaria em tirar seus óculos escuros; ele os colocou para cima e para baixo tão rapidamente que consegui apenas ter um breve vislumbre de seus globos oculares irritados e vermelhos de sangue. Tive que sorrir, assim como alguns outros homens do círculo.

Finalmente, o companheiro seguinte baixou a guarda e começou a conversar, e as coisas começaram a esquentar. Homem após homem, diziam mais algumas palavras, até que o último homem enfiou a mão no bolso da camisa, pegou um pequeno pacote e o entregou para mim. Era uma rede de cabelo. Abri o embrulho, tirei a rede e coloquei lentamente na minha cabeça. A sala caiu em gargalhadas e, assim, começou minha prática de seis anos de Não-Saber em uma das prisões mais duras dos Estados Unidos.

Vi naquela época e sei agora que ser o que chamamos de "especialista" poderia facilmente me separar daqueles homens. Com muita frequência, construímos um muro de especializações graças aos nossos medos. Aprendi com essa experiência sobre o valor de ver claramente os meus vieses e a minha história – e como estes eram obstáculos para enfrentar o momento de maneira direta. No final, aprendi que a prática do Não-Saber é o próprio fundamento do altruísmo porque nos abre para um horizonte muito mais amplo do que os nossos preconceitos jamais nos permitiram ver e possibilitam a conexão e a ternura.

O segundo princípio, Dar Testemunho, é a prática de estar totalmente presente e conectado com todo o nosso ser à catástrofe completa, à neutralidade ou à alegria do que quer que esteja surgindo. Ainda mais profundamente, a prática de Dar Testemunho é relacionar-se sem qualquer filtro com os outros e com o mundo ao nosso redor, e também com nós mesmos, com as mãos e o coração abertos.

Quando estou no Nepal, servindo nas Clínicas Nômades do Upaya, dou testemunho a muitas pessoas materialmente empobrecidas, feridas ou doentes. Tenho também que dar testemunho às consequências de um governo corrupto, da degradação ambiental e da marginalização dos tibetanos. Aprecio o povo tibetano e me sentei com a verdade de sua situação, repetidas vezes, a fim de aprender o que poderia ser útil às suas comunidades. Eu não conseguiria fazer isso sem a prática de Dar Testemunho.

Do Não-Saber e Dar Testemunho, surge o terceiro princípio, a Ação Compassiva, ou o que o mestre zen Yúnmén Wény'n chamava de "uma resposta apropriada".[21] Significa agir (ou conscientemente abster-se de agir) com a intenção clara de beneficiar os outros. O filósofo Jiddu Krishnamurti escreveu: "A ação só tem sentido no relacionamento e, sem

---

21 Tomas Cleary e J. C. Cleary, trad., Blue Clif Record (Boston: Shambhala, 2005), caso 14.

entender o relacionamento, a ação em qualquer nível só trará conflito. A compreensão do relacionamento é infinitamente mais importante do que a busca por qualquer plano de ação."[22] Viajando para o Nepal e apoiando as clínicas médicas de Upaya por décadas, fazia esse trabalho a partir de uma base de Não-Saber e de Dar Testemunho, enraizada em relacionamentos que minha equipe e eu desenvolvemos com o povo do Himalaia.

A prática dos princípios contraria o caminho no qual a maioria de nós se sente à vontade. Cuidadores podem querer fazer o que tem que ser feito. Assim como educadores, advogados, ativistas e pais. Eu também. Nós também tendemos a confiar em nossa experiência, em nossa base de conhecimentos, em nossa experiência passada em ajudar os outros. Mas, se quisermos experienciar completamente o momento presente, os Três Princípios podem ser guias inestimáveis. Para mim, os Três Princípios estão entre os upayas mais poderosos (meios hábeis, ou ferramentas de prática) que uso para trabalhar com as energias dos Estados Limite. Neste livro, ao explorar cada um dos Estados Limite e outras práticas que os apoiam, voltarei aos Três Princípios como meios hábeis, como práticas, para experienciarmos o nosso próprio sofrimento e o sofrimento dos outros e, também, como um caminho para cultivarmos a sabedoria e a compaixão a fim de encontrarmos liberdade.

PRATICANDO O NÃO-SABER

Portanto, como podemos realmente praticar os Três Princípios? Aqui, vou oferecer alguns pontos para a prática de cada princípio, começando com a prática do Não-Saber.

Quando reconheço a necessidade de servir a alguém que está sofrendo, normalmente respiro para me enraizar e acomodar o corpo na expiração. A seguir, ao sentir o sofrimento dessa pessoa poderia me perguntar:

---

22 Gabor Maté, In the Realm of Hungry Ghosts: Close Encounters with Addiction (Berkeley, CA: North Atlantic Books, 2010).

Como posso manter a mente aberta, não tirar conclusões e nem partir para a ação? Também posso perguntar: por que, realmente, quero servir nesta situação? Estou presa na armadilha do altruísmo patológico? Tenho o que é preciso neste momento para não causar danos e para servir? Se sentir medo ou aversão ao sofrimento, e se começar a julgar, idealmente eu percebo isso acontecendo e novamente solto para permanecer aberta, trazendo minha atenção de volta à respiração, aterrando-me e, em seguida, posso estar presente ao que quer que surja.

Recentemente, estava acompanhando um amigo que estava morrendo quando, de repente, sua esposa subiu na cama e, bem vigorosamente, afofou o travesseiro em que a cabeça dele estava descansando. Ela, então, deu tapinhas no braço dele, repetidas vezes, dizendo que ele estava bem. Naquele momento, até onde eu podia ver, ninguém estava bem. Tive que me soltar no Não-Saber, sustentando um espaço de amor pelos dois. Ela estava apavorada. Ele estava em agonia mental e física. Depois de um tempo, os dois se acalmaram, mas não foi fácil resistir ao meu impulso de empurrá-la para longe dele. Fazer uma pausa e aterrar ajudou a me abster de tentar salvar e aconselhar, ficando apenas presente.

PRATICANDO O DAR TESTEMUNHO

O Não-Saber me ajuda a Dar Testemunho. É importante corporificar a equanimidade e a compaixão quando me aproximo do sofrimento dos outros e ao tomar consciência das minhas próprias respostas diante desse sofrimento. Retornar de novo e de novo ao aterramento ajuda. Observar como a mente defende algumas coisas e se opõe a outras também é essencial. Dar testemunho não é ser um espectador – é estar na relação, tendo a coragem de enfrentar a catástrofe completa. Isso nem sempre é fácil, mas a prática aumenta nossa capacidade.

Então, houve a Rita. Em um dia chuvoso no centro de São Francisco, saí do hotel e tomei meu lugar na fila para pegar um táxi quando uma pequena mulher afro-americana sem teto, com um longo moletom cobrindo apenas a parte superior das pernas nuas, aproximou-se de mim e perguntou se eu estava na fila. Eu disse que sim, e ela respondeu: "Agora você sabe que sou uma boa pessoa". Ela então apontou para o meu rakusu (uma roupa usada pelos budistas zen que tomaram os votos do Bodhisattva) e perguntou: "Você é monja?" Fiz uma pausa, depois assenti afirmativamente enquanto olhava nos olhos dela. Naquele momento, senti que tinha os recursos para estar com ela, para não desviar os olhos nem me apressar, e não para objetificá-la. Eu queria me conectar espontaneamente com ela e apenas ficar presente com ela. Eu não estava pensando sobre isso; apenas aconteceu, enquanto a chuva caía sobre nós duas.

Ela, então, me pediu dinheiro. Eu não tinha nada comigo e, gentilmente, disse a ela que não tinha dinheiro. Mais uma vez, não desviei o olhar e nem tentei sair do campo dela; tentei apenas ficar gentilmente presente com ela por alguns breves momentos. Então, de repente, ela desabou em angústia, dissolvendo-se em lágrimas e gritos. A seguir, lançou-se sobre mim, e o porteiro do hotel correu até nós, dizendo: "Rita, está tudo bem. Você pode ir agora." Mas Rita não estava indo a lugar algum. Nem eu. Ela tinha me encurralado, e eu também tinha me encurralado quando percebi que a intimidade do momento poderia não apenas quebrar o muro entre nós, mas também o muro que a protegia de si mesma.

Realmente fiquei ali no Não-Saber, tendo que Dar Testemunho não apenas ao sofrimento dela, mas também ao meu próprio dilema. O sofrimento dela era óbvio; minha capacidade de aliviá-lo era nula. Minha ação, hábil ou não, foi aterrar, respirar fundo e testemunhar a força de sua energia caótica.

Aprendi uma lição com Rita naquele dia. A intimidade sem tempo suficiente para processar pode contribuir para o sofrimento. Tanto quanto foi possível, pratiquei os Três Princípios como uma maneira de estar presente naquele encontro. Mais tarde, lembrei das palavras do meu professor Roshi Bernie: "Quando nós... damos testemunho à vida nas ruas, estamos nos oferecendo. Nem cobertores, nem comida, nem roupas, apenas a nós mesmos."[23] Isso significa a totalidade de nós mesmos, incluindo nossa confusão; incluindo amor e respeito. Nesse encontro com Rita, não pude controlar o resultado, nem pude prevê-lo. Só sabia que não podia me afastar do sofrimento dela.

Eu me perguntei que Ação Compassiva poderia ter realizado para realmente servir à Rita. Eu não tenho uma resposta. Talvez nós duas tenhamos recebido ajuda. Sinto que parte de nossa prática é revisitar nossas interações aparentemente imperfeitas e nos perguntarmos como poderíamos ter sido mais hábeis. Como podemos unir nossa intuição, insight e experiência de uma maneira que reduza os danos e possa até mesmo, no melhor dos mundos, ser útil? E talvez precisar de um resultado positivo óbvio também seja um problema de segundo plano. Dar testemunho significa estar com toda a situação, exatamente como ela é.

AÇÃO COMPASSIVA

Enraizar, aterrar, voltar ao corpo, é importante para a prática dos Três Princípios. Foi o que fiz ao enfrentar a angústia de Rita. Quando chega a hora da Ação Compassiva, o aterramento nos ajuda a discernir qual ação pode ser de mais ajuda em cada situação – e também quando não fazer nada pode ser a resposta mais compassiva. Lembro-me de muitas vezes em que estava prestes a me atirar, tentar ajudar ou consertar, e que tomei alguns segundos extras para inspirar, expirar e voltar ao corpo, o que me levou a uma escolha mais alinhada às necessidades do momento. Ao pararmos e enraizarmos, damos a nós mesmos tempo para nos liberarmos de nós mesmos.

O corpo geralmente nos sinaliza que há uma falta de alinhamento entre o que queremos fazer e por que queremos fazê-lo. Ou que aquilo

---

[23] Bernie Glassman, Bearing Witness: A Zen Master's Lessons in Making Peace (New York: Harmony / Bell Tower, 1998).

que estamos fazendo pode violar nosso senso de moral ou ética. Ou que, provavelmente, é melhor não fazer nada. Ou que estamos servindo porque precisamos nos sentir necessários.

Ao sentirmos o corpo, também podemos aprender como é fisicamente ultrapassar os limites: a rigidez paralisante no estômago ou no peito; a tensão ao redor do coração, da garganta, dos olhos ou na cabeça; nervosismo, formigamento ou dor; mãos frias, sudorese, pés se movendo como se quiséssemos fugir; ou nos sentir dissociados do corpo enquanto nos observamos fazendo coisas que realmente não queremos. Podemos ser capazes de racionalizar nosso comportamento em nossa mente, mas o sentimento de afundar ou de tensão no corpo revelará a verdade. Se levarmos a atenção para a respiração e para o corpo, poderemos testemunhar o que o corpo está dizendo e evitaremos cair do abismo no lodo do altruísmo patológico.

A prática dos três princípios também pode fazer aflorar a sombra do altruísmo, nos ajudando a ver nosso materialismo espiritual, o autoengano e a necessidade de reconhecimento. Se desacelerarmos as coisas e refletirmos sobre nossas motivações, poderemos perceber que estamos agindo com base no desejo de reconhecimento e de apreciação. Poderemos dizer olá para o pequeno eu, com um toque de não agressão, reconhecendo nossa importância pessoal ou necessidades emocionais não atendidas, considerando tudo como uma boa lição aprendida. Nossa motivação para servir aos outros deve ser, pelo menos, um pouco altruísta, e refletir sobre os Três Princípios antes de agirmos pode nos ajudar a discernir quando estamos servindo e quando estamos ajudando ou consertando.

V. AS DESCOBERTAS NO LIMITE DO ALTRUÍSMO

Na essência da filosofia budista está o não-apego, que é um princípio importante a ser lembrado em relação ao altruísmo. Quando vemos outros sofrendo – seja um membro da família, colega, cliente, animal, um grupo inteiro de pessoas, nossa terra – tentamos enfrentar o sofrimento de forma honesta e íntima para que possamos servir. Também colocamos em prática o Não-Saber, reconhecendo que realmente estamos sempre em queda livre. Não é como se encontrássemos um terreno moral elevado onde finalmente pudéssemos ficar estáveis e resgatar todos os que estão caindo à nossa volta. É mais como se todos estivéssemos caindo em direção à infinita falta de chão da vida, e aprendendo a encontrar a estabilidade em pleno voo, apoiando os outros para se libertarem do medo que surge por se sentirem à deriva. O local de descanso final não é o chão, mas a liberdade que surge de saber que nunca haverá um terreno, e ainda aqui estamos, juntos, navegando pelo espaço ilimitado da vida, não ligado, mas íntimo.

Não-apego não significa que não nos importamos – na verdade, pode ser uma maneira de mostrar que nos importamos. "Desapegar com amor" é o slogan de um programa de doze etapas que contém muita sabedoria. Desapegar-se com amor pode nos libertar das limitações das expectativas. Nossas tentativas de servir aos outros podem falhar, causando decepção, culpa ou vergonha. A pessoa que estava morrendo, que você esperava ter uma "boa morte", teve uma morte confusa e difícil. O prisioneiro a quem você ajudou a obter a liberdade antecipada roubou um relógio caro e acabou encarcerado novamente. Você trabalhou cinco anos arrecadando fundos para educar crianças no Sudão, e o projeto entrou em colapso porque o diretor nunca pagou os professores. E assim por diante. Praticar os três princípios nos dá um lastro pois nosso apego ao resultado tenta nos agarrar e nos empurrar do precipício elevado da bondade.

Outra parte do altruísmo é explorar como a nossa cultura, raça, gênero, orientação sexual, educação, classe e história pessoal criam preconceitos e valores que moldam nossos comportamentos e como nosso privilégio e poder em relação aos outros influenciam as expectativas que temos sobre servir aos outros. Não-Saber não significa que nos afastamos de nossos preconceitos. Em vez disso, fornece um campo aberto onde nosso condicionamento social pode se tornar mais visível para nós. Vemos o fato de que objetificar inconscientemente os outros os transforma em objetos de nossa piedade ou poder e alimenta formas doentias de altruísmo.

Outra habilidade interpessoal importante é estabelecer limites. Este não é um ato egoísta e não significa afastar as pessoas ou convertê-las em "os outros" (objetificar aqueles que você acha que estão em uma categoria separada, muitas vezes subordinada a você). Limites bem estabelecidos nos protegem do sofrimento empático; lembramos que, de um ponto de vista, não somos a pessoa que está sofrendo. Quando começamos a nos identificar demais com alguém que está sofrendo, praticar os Três Princípios é um método poderoso para reconhecer esse deslize e transformar empatia em compaixão, mantendo-se aberto (Não-Saber), acompanhando o sofrimento (Dar Testemunho) e respondendo com carinho (Ação Compassiva).

Fazer parte de uma comunidade é outro meio hábil que ajuda a nos manter aterrados e realistas. A Dra. Oakley diz que precisamos de observadores externos – seja uma família, uma equipe de colegas, uma comunidade espiritual ou mesmo a comunidade daqueles a quem servimos – que possam nos dar testemunho e nos ajudar a corrigir nosso curso antes (ou depois) de nossas ações aparentemente altruístas causarem danos. Também podemos nos beneficiar profundamente de um relacionamento com um professor habilidoso que possa nos lembrar do poder dos Três Princípios e evitar muitos problemas a nós e aos outros.

Se aplicarmos essas práticas e perspectivas, em algum momento nossa resposta ao sofrimento dos outros pode se tornar desinteressada e simples. Até esse momento, você e eu temos que seguir adiante, praticando os Três Princípios e aprendendo com a nossa experiência. Ser honesto e vigilante com respeito a nós mesmos pode nos manter do lado saudável do altruísmo.

Também é importante não nos dedicarmos ao autojulgamento, mas sim termos uma atitude bondosa e curiosa sobre nós mesmos. No Discurso das Raízes Vegetais, o filósofo da dinastia Ming, Hong Zicheng, escreve: "No solo que é sujo crescem inúmeras coisas. Na água que é limpa não há peixe. Assim, como pessoa madura, você inclui e retém adequadamente uma certa quantidade de sujeira."[24] Essas são palavras sábias pois poucos de nós, se é que existem, são altruístas perfeitos. O altruísmo pode nos levar ao nosso limite. Ficar nessa beirada do abismo – e até cair dela, se isso acontecer – pode, em última análise, nutrir nossa humildade e humanidade básica. Essas palavras capturam a essência do altruísmo: "Possa eu fazer muito o bem sem nunca saber"[25]. De fato, podemos praticar o Não-Saber, juntamente com o Dar Testemunho e a Ação Compassiva, com um coração inteiro, aberto e humilde.

Aprendi algumas coisas com as quedas que levei aos territórios inferiores de ajudar e consertar, bem como com os percalços em que contribuí em nome do altruísmo. E, talvez, tenha sido capaz de servir com um pouco mais de sabedoria obtida com a sobrevivência aos fracassos do excesso de trabalho, do excesso de empatia, aos conflitos e sofrimentos morais e às lutas de poder que experienciei.

Nunca devemos nos esforçar para cair no abismo, é claro. Mas quando cairmos, nossa luta trará seus próprios presentes, bem como seu próprio sofrimento. E as histórias daqueles que caem no abismo – e aprendem com essa jornada – podem ser tão inspiradoras quanto as histórias daqueles que permaneceram em terra firme. Escrevi anteriormente neste capítulo sobre o casal que deixou seu filho alcoólatra morar no porão. Ambos os pais haviam definitivamente caído no abismo e estavam atolados em um pântano de codependência. Eles brigaram com o filho e um com o outro. Mas conseguiram se livrar daquele pântano.

Durante um retiro de meditação, a mãe teve uma epifania de que ela e o marido estavam sendo permissivos com o comportamento do filho

---

[24] Hong Zicheng, Robert Aitken, e Danny Wynn Ye Kwok, Vegetable Roots Discourse: Wisdom from Ming China on Life and Living (Berkeley, CA: Counterpoint, 2007).
[25] "The Holy Shadow" Spiritual Short Stories, www.spiritual-short-stories.com/the-holy-shadow-story-by-osho.

há anos. Ela convenceu o marido a fazerem um plano para mudar a situação. Eles pararam de dar dinheiro ao filho, pediram que ele se mudasse e trocaram as fechaduras. De certa forma, isso foi um ato de amor. O filho dormiu no sofá de amigos até esgotar essas relações também. Por vários meses, ele viveu como um sem-teto, entrando e saindo da cadeia, em uma espiral descendente. As coisas pareciam bem ruins. Quando a mãe recebeu essas notícias dele, ficou genuinamente preocupada, mas não cedeu – ela sabia que recebê-lo de volta faria mal a si mesma, ao marido e também ao filho. Por fim, o jovem chegou ao fundo do poço e ficou desesperado o suficiente para procurar ajuda.

Agora, o filho está sóbrio há dezoito meses e melhorando a cada dia. Ele tem seu próprio apartamento e trabalha em um centro de recuperação. A mãe me disse que se sente incrivelmente grata não apenas por sua sobriedade, mas também por sua própria jornada da codependência à saúde e por ter aprendido muito. "Eu pensava que, como mãe, era tarefa minha fazer todo o possível para fazê-lo parar de beber", disse ela. "Pensava que era tarefa minha garantir que ele tivesse comida e abrigo. Quando percebi que minha tarefa era realmente desapegar com amor, tudo mudou. Nunca vou esquecer essa lição. Antes, eu não conhecia nada sobre vício. Agora conheço bem. Agora tenho mais compaixão pelos adictos e por seus entes queridos." O que ela aprendeu no limite foi empatia e sabedoria.

A MARIONETE DE MADEIRA E O CURADOR FERIDO

O altruísmo pode dar profundidade e propósito às nossas vidas. Nossa profunda aspiração de servir aos outros nos ajuda a permanecer firmes e comprometidos em tempos difíceis. O voto do bodhisattva, de salvar todos os seres do sofrimento, pode nos guiar para longe do autocentramento. Damos um passo para longe do pequeno eu e acessamos a realização da nossa interconexão ilimitada com os outros.

Na dimensão definitiva, podemos aprender que não existe eu, nem outro – ninguém servindo, ninguém sendo servido. Podemos ser como uma marionete de madeira respondendo ao mundo, com suas pernas e braços sendo puxados por cordas presas ao sofrimento do mundo. Nossa inclinação para o altruísmo pode se transformar naturalmente como a neve derretendo em água com a chegada da primavera. A umidade da bondade terá feito seu trabalho, e as sementes do altruísmo incondicional começam a brotar. Quando nossas aspirações são dedicadas ao bem-estar de *todos* os seres, incluindo a nós mesmos, nossas ocupadas projeções mentais podem repousar, permitindo-nos permanecer no presente sem pensar em eu ou outro, sem expectativas e nem apego ao resultado.

Na mitologia grega, há a história do centauro Quíron, que foi ferido pela flecha envenenada de Hércules. O ferimento de Quíron o fez buscar uma cura, e sua jornada o inspirou a servir os menos afortunados. Sua ferida se tornou a porta de entrada para sua transformação. Jung citou esse mito em suas obras sobre o arquétipo do curador ferido, que personifica a experiência do altruísmo enraizada na experiência do sofrimento que se transformou em compaixão ilimitada.

Um curador ferido tenta não excluir nada do seu coração. Isso requer a união de esforço e tranquilidade enquanto nos mantemos em pé à beira do abismo. É preciso tanto esforço quanto tranquilidade para passar horas sem fazer nada ao lado da cama de uma criança à beira da morte ou na tenda de um refugiado assustado. As duas coisas são necessárias para servir aos outros e não esperar nada em troca. As duas coisas são necessárias para trazer a mente de volta à prática; para seguir adiante, mesmo quando o resultado parece ridículo. Esforço e tranquilidade significam abrir mão do medo e "abrir a mão do pensamento", para citar Uchiyama Roshi. Essas duas qualidades combinadas nos dão a coragem e a resistência para nos despojarmos de tudo e para ficarmos cara a cara com o que é. Elas nos ajudam a manifestar sinceridade e inteireza no meio do nó apertado do sofrimento.

AMOR

Depois de uma palestra que dei recentemente sobre altruísmo e compaixão, uma mulher mais velha chamada Sarah perguntou se poderia falar comigo. Sarah me disse que seu marido há 37 anos tinha a doença de Alzheimer. Toda noite, quando ela o colocava na cama, ele olhava para ela, sem reconhecê-la, e dizia lenta e inocentemente: "Você é uma mulher muito boa".

Enquanto Sarah me contava isso, seus olhos pareciam completamente livres de autopiedade, tristeza ou apego. Nós duas fizemos uma pausa e, então, ela acrescentou em voz baixa: "Eu esperei ouvir essas palavras durante toda a nossa vida de casados."

Tenho certeza de que Sarah não estava cuidando do marido para obter essa resposta. As palavras dele parecem expressar com precisão sua extraordinária bondade. Mais tarde, ela me confidenciou que cuidar do marido foi a época mais feliz da sua vida.

Nossos valores mais profundos podem nos conduzir a servir aos outros, não por ego ou desejo de algo em troca, mas por amor. Lembro-me de uma passagem do livro *The Mysterious Affair at Styles* de Agatha Christie: "Você sabe, a sua maneira, Emily era uma velha egoísta. Ela era muito generosa, mas sempre desejava algo em troca. Ela nunca deixava as pessoas esquecerem o que ela havia feito por elas e, por isso, não recebeu amor."[26]

Sarah foi amada. Cameron Lyle, atleta da Universidade de New Hampshire, também. Dois anos depois de ter entrado como doador no programa nacional de transplante de medula óssea, *Be The Match*, Lyle recebeu uma ligação dizendo que sua medula óssea era necessária imediatamente para salvar uma vida. Um mês antes das partidas do campeonato, ele teve que fazer uma cirurgia para doar a medula óssea. Era seu último ano na universidade e sua última oportunidade de competir. Mas

---

26 Agatha Christie, The Mysterious Affair at Styles.

Lyle não teve dúvida. Afinal, não era o que qualquer um faria em vez de disputar uma medalha de ouro?, ele se perguntou. Sua principal preocupação era o desapontamento do seu treinador. Por fim, o treinador e os companheiros de equipe deram total apoio. Mais tarde, ele ficou perplexo com a atenção que recebeu por sua ação altruísta. Acredito que Cameron Lyle não perdeu a chance de ser amado, embora tenha perdido a chance de competir.

Wesley Autrey, Nicholas Winton, Sarah e Cameron Lyle não perderam a chance de serem amados. Tampouco as grandes altruístas Rosa Parks, Malala Yousafzai e Rigaberta Menchú Tum – mulheres que serviram ao mundo com coragem e abnegação e que encararam a morte com firme determinação de enfrentar o sofrimento.

Talvez as histórias que você e eu vivemos não sejam tão dramáticas e nem coloquem a nossa vida em risco. E isso não é uma coisa ruim. Mas não queremos perder o amor e nos afastar da preciosa oportunidade de beneficiar os outros.

No ano passado, a poeta Jane Hirshfield compartilhou comigo que sua vida se abriu quando ela leu pela primeira vez um *tanka* (poema curto) de Izumi Shikibu, poeta japonês do século X. Este belo tanka fala sobre risco, sofrimento, permeabilidade, ternura e coragem, os membros invisíveis que sustentam o altruísmo.

Ainda que aqui o vento
sopre terrivelmente
o luar também se esgueira
por entre as tábuas do telhado
desta casa em ruínas.[27]

Referindo-se a esse poema, Jane relatou em uma palestra que deu em 2016: "Se amuralhar sua casa muito bem, você se manterá seco, mas tam-

---

[27] Jane Hirshfeld, trad., The Ink Dark Moon: Love Poems (New York: Vintage, 1990).

bém ficará sem luar". Acredito que temos que deixar a vida entrar em nossas vidas, deixar os outros entrarem em nossas vidas, deixar o mundo entrar em nossas vidas, deixar o amor entrar em nossas vidas, e também deixar a noite entrar em nossas vidas e não deixar que o teto sobre nossas cabeças – nosso conhecimento, nosso medo – mantenha a luz da lua do lado de fora. O altruísmo é exatamente essa permeabilidade, essa terra selvagem sem paredes, esse teto quebrado que deixa a luz da lua inundar nossa casa em ruínas, nosso mundo em sofrimento.

Acredito que o importante é nossa capacidade de reconhecer quando corremos o risco de cair no egoísmo e de aprender com a completa fragilidade e mistério da vida. Quando nosso altruísmo é moralmente fundamentado, sábio e altruísta, é porque somos capazes de permanecer no limite, no lugar do Não-Saber, acompanhados pela compaixão, pela sabedoria e pelo amor. Com esses companheiros do altruísmo, desenvolvemos forças para responder espontaneamente ao profundo impulso do bem dentro do coração humano, como a luz da lua vazando pelas tábuas do telhado de uma casa em ruínas.

2. EMPATIA

A empatia está sempre em um frágil equilíbrio entre o presente e a invasão.
- Leslie Jamison[28]

Há alguns anos, estava servindo em uma pequena instalação médica em Simikot, Nepal, durante um dos projetos médicos do Upaya. No início da manhã, um homem exausto, vestido com roupas esfarrapadas, entrou nesse hospital rural do Himalaia com um pacote sujo e malcheiroso nos braços. O diretor médico da nossa equipe se aproximou do homem que, sem pronunciar nenhuma palavra, começou a desfazer o nó dos trapos imundos que cobriam uma garotinha que havia sofrido queimaduras graves na cabeça, braços, costas e peito. O nome dela era Dolma.

Quando examinamos Dolma, vimos que algumas de suas queimaduras estavam cheias de larvas brancas retorcidas e que outros locais das queimaduras estavam em carne viva, vermelhos e muito infectados. O pai era mudo, mas seus olhos transmitiam uma tristeza insuportável e uma resig-

---

[28] Leslie Jamison, *The Empathy Exams* (Minneapolis, MN: Graywolf Press, 2014).

nação completa. Nossa equipe médica intercultural de nepaleses e ocidentais imediatamente se mobilizou, levando a criança para uma pequena sala de madeira, onde as enfermeiras locais começaram a limpar suas feridas.

Entrei na sala atrás da equipe para apoiá-los enquanto faziam aquele trabalho tão difícil. Não tínhamos anestesia pediátrica e os gritos agudos de Dolma encheram os corredores da clínica. A limpeza pareceu durar um tempo muito longo, enquanto permanecia à beira do círculo apertado de enfermeiras e médicos nepaleses e ocidentais que lidavam com aquela situação crítica.

Desde o início, eu não observava apenas os médicos e a criança – observava também meu próprio estado mental e físico. Eu havia trabalhado como consultora na unidade de queimaduras da Universidade de Miami, na Escola de Medicina Leonard M. Miller, nos anos setenta, e sabia que o desbridamento era muito doloroso. Nesse processo, o tecido infectado ou morto é removido do local da ferida, e os nossos médicos estavam fazendo um trabalho muito extenso e magistral naquela garotinha.

Meu coração ficou com Dolma, que chorou durante todo o procedimento, e suas lágrimas se refletiam nos olhos angustiados do pai. Enquanto eu estava ali em pé, meu batimento cardíaco aumentou, minha pele ficou fria e úmida e minha respiração superficial e rápida. Tinha certeza de que ia desmaiar e pensei em sair da sala, mas também senti que era minha responsabilidade sustentar o espaço para aqueles homens e mulheres que realizavam aquele procedimento tão difícil. Em poucos segundos, meu próprio espaço interno se fechou em um pequeno punho apertado de angústia, e desmaiar se tornou uma possibilidade ainda mais iminente. Dolma parecia ter deslizado para debaixo da minha pele, e me senti arrebatada pela percepção que tinha de sua dor.

De alguma maneira, aquela experiência de angústia também foi um alerta. Vi que estava em uma situação perigosa – algo que não era novo para mim. Percebi que superar aquela situação não era evitar o que estava testemunhando; não se tratava de me desconectar, sair da sala nem me entregar a um desmaio. Reconheci que minha identificação com a experiên-

cia da criança tinha saído do controle e, se eu quisesse permanecer na sala, precisaria passar da hiper-sintonia ao cuidado, da empatia à compaixão.

Estava experienciando um sofrimento empático, uma forma de sofrimento vicário, indireto, que surge ao sentirmos a dor e o sofrimento do outro. Quando percebi isso, utilizei uma versão inicial do GRACE, uma abordagem que criei para nos ajudar a sair dessa angústia e passar à compaixão. Apresentarei esse processo em detalhes no capítulo 6, mas, resumidamente, o GRACE é um mnemônico em inglês para:

(Gathering our attention) Reunir nossa atenção
(Recalling our intention) Relembrar nossa intenção
(Attuning to self and then other) Tomar consciência de si mesmo e depois do outro
(Considering what will serve) Refletir sobre o que pode ser útil
(Engaging and then ending the interaction) Agir e encerrar a interação

Enquanto estava em pé naquela pequena sala apertada na clínica em Simikot, usei essa abordagem como uma maneira de regular minha reação ao sofrimento empático e me abrir à compaixão. Quando me vi naquele momento tenso e frágil, respirei profundamente e levei minha atenção para os pés, para a simples sensação da pressão dos pés no chão. Dei a mim mesma alguns segundos para me enraizar. Lembrei-me, então, brevemente, de que estava lá para servir, assim como todos os que estavam trabalhando com a criança. Mantive minha consciência no corpo e permaneci firmemente enraizada na terra. Quando meu batimento cardíaco mudou e comecei a ter mais clareza mental, levei minha atenção para Dolma e pude sentir o quão resiliente aquele pequeno ser era. Tudo isso ocorreu em apenas um minuto.

Também reconheci que, embora esse procedimento fosse incrivelmente difícil para a pequena Dolma (e também para a equipe), os médicos, enfermeiras e auxiliares estavam salvando sua vida. Assim que esse pensamento passou pela minha mente, fui inundada por um agradável calor e por um profundo sentimento de gratidão pelo pai, por tê-la levado até a clínica, e *pela nossa equipe, incluindo aquelas compassivas enfermeiras nepalesas por estarem ali, evitando que Dolma morresse. Tomei consciência de toda a sala e enviei amor e força a todos os que estavam ali, principalmente Dolma.*

Vi Dolma e o pai horas depois, quando ele saiu da clínica com a filha pequena nos braços. O rosto de Dolma estava radiante e relaxado, e seus olhos estavam luminosos, iguais aos olhos do pai; anos haviam sido removidos de seu rosto. Senti grande admiração por ele; aquele pai percorreu um longo caminho para trazê-la até nós. Abracei os dois suavemente, fiz uma reverência e vi nas mãos do pai remédios que ajudariam a filha a se curar.

À tarde, voltei à clínica e sentei-me com uma avó moribunda, colocando minha mão direita em sua testa enquanto ela tentava respirar. Depois sentei-me com uma mulher que sofria de uma doença pulmonar obstrutiva crônica. Ela também não tinha muito tempo de vida. E foi assim aquele dia de trabalho na clínica, a vida e a morte fluindo de um lado para o outro nas ondas de cada momento.

A noite finalmente caiu, a clínica fechou e voltei para minha barraca no quintal da casa de hóspedes. Senti-me como um pequeno barco que havia se aproximado de vidas que, de alguma forma, nos foram enviadas para que pudéssemos aprender com elas. Na escuridão e no silêncio do Himalaia, adormeci.

A empatia, a capacidade de incluir a experiência de outra pessoa na nossa, é uma capacidade humana fundamental, importante para o funcionamento saudável de amizades, de estruturas familiares, de sociedades e de nosso planeta. A empatia pode trazer o melhor do coração humano à tona. Se formos capazes de permanecer presentes com a experiência de empatia, abertos e eretos, permaneceremos firmes na terra da empatia.

No entanto, o equilíbrio nesse limite é delicado, e a empatia pode facilmente pender para a angústia. Se nos fundirmos muito intensamente com o estado físico, emocional ou mental da outra pessoa, podemos facilmente passar do limite e cair no pântano sombrio da angústia empática. Porém, se reconhecermos a empatia como um Estado Limite, haverá maior possibilidade de percebermos o surgimento da angústia empática e corrigir nosso curso antes de cairmos longe demais ou de ficarmos presos no pântano por muito tempo.

I. À BEIRA MAIS ELEVADA DO ABISMO DA EMPATIA

A palavra empatia é derivada do grego antigo *empatheia*, formada a partir das palavras *en* e *pathos*.[29] Um século atrás, os filósofos alemães tomaram a palavra *empatheia* emprestada e criaram a palavra alemã *Einfühlung*, "sentir dentro", que mais tarde foi traduzida para a palavra *empatia*[30]. A empatia interpessoal descreve a capacidade que quase todos nós temos de incluir outro ser em nossa consciência de uma maneira que nos permita sentir o que eles podem estar sentindo física, emocional e cognitivamente.

Empatia, literalmente, é sentir *dentro do outro*, enquanto compaixão é sentir *por outro*[31], acompanhada pela aspiração de agir para beneficiar o outro. A empatia é frequentemente um precursor da compaixão e parte da compaixão, mas não é compaixão. Enquanto a empatia é uma coisa boa na dose certa, acredito que não exista overdose de compaixão.

Os cuidadores costumam reclamar de "fadiga da compaixão", mas, na minha experiência, isso não existe. Nessa expressão se confunde compaixão com empatia. De fato, alguns neurocientistas e psicólogos sociais dizem que "fadiga da compaixão" é um excesso de empatia e angústia. A compaixão não nos causa fadiga – é uma fonte de força, apoia nosso desenvolvimento e beneficia os outros. E, no entanto, a empatia é uma característica essencial da nossa humanidade básica. Sem empatia, nossas vidas se tornam estreitas e excludentes, levando ao narcisismo e ao solipsismo. À medida que deixamos o eu de lado, a empatia amplia nosso

---

[29] "Henry George Liddell, Robert Scott, A Greek-English Lexicon, ε, ἐμμετάβολος, ἐμπάθεια," Perseus Digital Library, www.perseus.tufts.edu/hopper/text?doc=Perseus%3Atext%3A1999.04.0057%3Aalphabetic+letter%3D*e%3Aentry+group%3D87%3Aentry%3De%29mpa%2Fqeia
[30] E. B. Titchener, "Introspection and Empathy," *Dialogues in Philosophy, Mental and Neuro Sciences* 7 (2014): 25–30.
[31] Tania Singer and Olga M. Klimecki, "Empathy and Compassion," *Current Biology* 24, n. 18 (2014): R875–78.

mundo e nos enriquece através do poder da imaginação.

Essencialmente, a empatia é a capacidade de nos fundir, incluir, entender ou de nos identificar com a experiência de outra pessoa. Walt Whitman descreveu a empatia lindamente quando escreveu: "Eu não pergunto à pessoa ferida como ela se sente; eu mesmo me torno a pessoa ferida".[32]

Sendo empáticos, podemos compartilhar internamente não apenas as experiências emocionais do outro; podemos também ressonar com as experiências físicas e cognitivas do outro. Na minha visão, a empatia pode assumir três formas: pode ser somática, emocional ou cognitiva. Os psicólogos sociais se concentraram na empatia emocional e cognitiva. No entanto, em minha experiência como praticante de meditação e cuidadora, vi que também podemos sentir empatia somática, sendo que mais e mais pesquisas têm surgido nessa área.

EMPATIA SOMÁTICA

A *empatia somática* descreve a experiência de uma forte ressonância física com outra pessoa, como uma mãe sentindo a fome do bebê, uma enfermeira sentindo a dor do paciente ou um espectador se dobrando enquanto observa alguém levar um soco no estômago. Acredito que a empatia somática também esteja presente entre amigos próximos. Lembro-me de andar nas montanhas com meu assistente Noah. Um galho de árvore me deu um tapa na cara e nós dois dissemos: "Ai"! como se nós dois tivéssemos sido atingidos pelo galho. Embora a ciência não tenha explorado profundamente esse fenômeno, há algumas evidências de que a experiência compartilhada entre pessoas próximas ocorre de forma rápida e automática.

Aprendi sobre empatia somática anos atrás com Buddhi, o pastor de iaques que caminha comigo há anos no Himalaia. Buddhi e eu não com-

---

[32] Walt Whitman, "Song of Myself," *Leaves of Grass* (publicação própria, 1855).

partilhamos nenhum idioma falado comum. Ele é de uma pequena vila na região de Humla, no Nepal. Ele não tem educação formal, apenas o conhecimento que adquiriu das montanhas que são sua casa. Durante anos, ele pastoreia iaques nas altas cordilheiras acima de sua aldeia.

Buddhi foi convidado pelo meu colega Tenzin Norbu para ser meu "acompanhante" enquanto caminho pelas trilhas estreitas e elevadas do Nepal. Seu trabalho é me manter a salvo e evitar que eu leve uma queda. Depois de caminhar centenas de quilômetros juntos por passagens assustadoras e por trilhas estreitas de montanhas, ele, de alguma forma, ficou tão sintonizado comigo que parece me segurar antes mesmo de eu cair. É estranho que esse pastor de iaque silencioso que desliza ao meu lado tenha me incluído em sua consciência somática tão perfeitamente.

Acredito que a empatia somática e a falta dela ocorrem em um amplo espectro. Algumas pessoas experimentam pouca ou nenhuma empatia somática ao presenciar as experiências físicas de outras, e outra pequena porcentagem é hipersensível às sensações somáticas de outras pessoas, como se estivesse acontecendo com elas.

Dr. Joel Salinas, neurologista do Hospital Geral de Massachusetts, tem o que é chamado de "sinestesia espelho-toque", o que lhe permite sentir a experiência somática de outras pessoas. Segundo os pesquisadores Michael Banissy e Jamie Ward, os sinestetas espelho-toque têm mais massa cinzenta em áreas do cérebro associadas à cognição social e empatia e menos em áreas associadas à capacidade de distinguir o eu do outro.[33] Isso certamente faz sentido do ponto de vista da experiência subjetiva do sinesteta espelho-toque, que relata ser facilmente dominado pela experiência indireta das sensações físicas dos outros.

Para não ser tomado pelas experiências físicas de seus pacientes, o Dr. Salinas aprendeu a se manter aterrado, levando a atenção para as sensações de sua própria respiração. Ele também relembra seu papel como médico e que sua intenção é servir aos outros. Para controlar seu nível de estimulação, ele

---

33 Jamie Ward e Michael J. Banissy, "Explaining Mirror-Touch Synesthesia," *Cognitive Neuroscience* 6, n. 2–3 (2015): 118–33, doi:10.1080/17588928.2015.1042444.

nota as diferenças sutis entre sua experiência somática espelhada indireta e a maneira como seu corpo normalmente se sente em resposta à estimulação física. Usando a metaconsciência, ele sabe que as sensações físicas vicárias que ele está experienciando passarão. Algumas vezes, ele realoca sua atenção para uma pessoa ou um objeto neutro. E reflete sobre como usar sua experiência de ressonância somática espelhada para o benefício de seus pacientes.[34] O que o Dr. Salinas faz para lidar com sua hipersensibilidade à experiência física de seus pacientes não é diferente do que eu fiz quando enfrentei a sensação de desmaio perto de Dolma, a criança nepalesa queimada, enquanto seus ferimentos estavam sendo desbridados.

A sintonia física pode ser um meio de entender e cuidar dos outros. Se a nossa identificação com alguém que está sofrendo dores físicas é muito grande, isso pode nos fazer ter medo do efeito das crises de angústia do outro sobre nós mesmos e de sermos inundados com tanta informação sensorial. Tentamos dar conta de tudo isso, nos dispersando ou nos desconectando completamente, como uma forma de proteção hermética que nos blinda da sobrecarga do sofrimento e nos tranca em uma espécie de confinamento.

Parece ser uma questão de encontrar um meio termo entre os extremos de muita sensibilidade, por um lado, e de ficar entorpecido ou inconsciente, por outro. Também é importante considerar o benefício profundo da prática de "costas fortes, frente suave", a metáfora física de reunir as qualidades mentais de equanimidade e compaixão, à medida que prestamos atenção, absorvemos e depois liberamos a experiência somática de outra pessoa.

EMPATIA EMOCIONAL

A forma mais familiar de empatia é a *emocional*. Compartilhar a experiência emocional de outras pessoas requer a capacidade de acolher a

---

[34] Erika Hayasaki, "This Doctor Knows Exactly How You Feel," *Pacific Standard*, 13 de julho de 2015, https://psmag.com/social-justice/is-mirror-touch-synesthesia-a-super-power-or-a-curse.

experiência de outra pessoa sem objetificá-la. Trata-se de nos permitirmos ser habitados pelos sentimentos do outro – embora, às vezes, a um grande custo para o nosso próprio bem-estar.

Todos os anos, tenho a oportunidade de conhecer muitos aldeões nepaleses que frequentam nossas Clínicas Nômades no Himalaia. No outono de 2015, perto da vila de Yalakot, em Dolpo, Nepal, sentei-me com uma jovem cujo nome era Pema. O marido a carregara nas costas por uma trilha íngreme, sinuosa e poeirenta até a clínica médica do Upaya nessa remota região do Himalaia. Ela caíra do telhado de sua casa algumas semanas antes e fora gravemente ferida. Incapaz de se mover do pescoço para baixo, Pema estava profundamente retraída; a estupefação parecia ter transformado seu rosto em uma máscara sem expressão.

Durante a avaliação longa e cuidadosa de sua situação por nossa equipe, senti meu próprio peito apertar quando propusemos que ela fosse removida para Katmandu, onde poderia receber um tratamento médico mais adequado. Eu estava sentindo sua resistência, seu medo e seu desespero. Enquanto nossa equipe médica discutia as opções, ela e o marido conversavam baixinho; eles, então, nos contaram a história de um aldeão com uma lesão semelhante que havia sido levado para Katmandu e ali morreu. Ela também estava preocupada com o custo, apesar de termos nos oferecido para cobrir todas as despesas.

Quase sussurrando, ela também nos disse que não queria comer nem beber pois era difícil para ela urinar e defecar. Sabendo disso, nós a medicamos para melhorar o apetite, e uma enfermeira de nossa equipe ensinou o marido de Pema a passar uma sonda e aplicar um enema. A enfermeira também o ensinou a cuidar das escaras de Pema e compartilhou com ele ideias sobre como aliviar seu sofrimento físico e emocional.

Uma hora depois, nos oferecemos para ajudar Pema a voltar para sua vila, mas ela e o marido disseram um silencioso "não". Os companheiros da aldeia foram buscá-los. Colocaram Pema nas costas do marido ansioso e esse pequeno grupo subiu lentamente a trilha em direção a suas casas. Fiquei ali em pé em nosso acampamento enquanto essa humilde comitiva desaparecia na distância, à luz suave do entardecer. De certa forma, fui junto com eles.

Eu poderia ter me sentido soterrada com o que experienciei com o desespero de Pema. Meu coração estava pesado, mas também me senti muito presente, e só tinha um pensamento: como poderíamos melhor servi-la nessas circunstâncias? Ao final, senti que nossa equipe havia feito o melhor possível e fui desacelerando, mantendo-me aterrada, sendo honesta e atenciosa, sem exagerar e nem pressionar Pema a aliviar as nossas próprias preocupações em resposta às circunstâncias dela. Demos a ela a ajuda médica que podíamos e apoiamos a decisão que ela e o marido tomaram.

Permaneci estável na presença de Pema e fiz uma distinção clara entre o que eu sentia que estava acontecendo dentro dela e o que estava acontecendo na minha própria experiência. Essa distinção entre o eu e o outro tornou possível evitar ser dominada pelos sentimentos do outro. Também tinha consciência de que, de fato, não sabia o que Pema estava experienciando, mas podia imaginar e ter alguma noção. Claramente, eu não podia assumir nada e precisava respeitar o que nunca poderia saber.

Dois anos depois, no outono de 2017, nossa equipe retornou a Yalakot. Perto da vila, a trilha junto ao rio fazia uma curva acentuada à direita em um pinhal e, para minha surpresa, lá estava Pema, magrinha e apoiada sobre uma bengala. Seus olhos estavam cheios d'água quando me cumprimentou. Seu marido a abandonara, mas com o retorno de seu apetite ao normal, sentia-se mais animada. Seu irmão a levou para fazer uma cirurgia na Índia e algumas funcionalidades haviam sido recuperadas. Nós duas compartilhamos a alegria de termos nos encontrado novamente.

Internalizar a dor e o sofrimento de outra pessoa pode nos ajudar a entendê-los ou pode nos sobrecarregar e nos ferir. A empatia do tipo que experienciei com Pema era uma mistura de amor e sofrimento. Com Pema, minha resposta foi caracterizada pela preocupação e pelo cuidado, e consegui distinguir a experiência de Pema da minha.

A empatia emocional saudável contribui para um mundo mais solidário. Pode nutrir a conexão social, o cuidado e o insight. Mas a empatia emocional não regulada pode ser fonte de angústia e de esgotamento; também pode levar à desconexão e à apatia moral.

Empatia não é compaixão. Conexão, ressonância e preocupação podem não levar à ação. Mas a empatia é um componente da compaixão e um mundo sem empatia saudável, creio eu, é um mundo desprovido do sentimento de conexão sentida e coloca todos nós em perigo.

EMPATIA COGNITIVA

A *empatia cognitiva*, também conhecida como *tomada de perspectiva* ou *leitura mental*, é frequentemente descrita como nossa capacidade de ver através dos olhos da outra pessoa, colocar-se no lugar dela, debaixo da sua pele. Mas a sensação que tenho é a de que realmente expandimos nossa consciência e nossa maneira de pensar e, assim, incluímos a experiência da outra pessoa, como se incorporássemos suas visões, modo de pensar, maneira de ver o mundo, sua realidade.

Embora a tomada de perspectiva seja geralmente uma coisa boa, também pode ser usada para meios negativos por aqueles que desejam identificar as vulnerabilidades de outras pessoas e usar esse conhecimento para manipulá-las. No extremo, a tomada de perspectiva pode levar à perda do nosso próprio ponto de vista, da nossa consciência, da nossa bússola moral. Esse tipo de experiência mental pode ter tido algum papel no que aconteceu na Alemanha de Hitler, onde as pessoas começaram a ver a sociedade do ponto de vista do führer e perderam a independência da sua própria base moral. Ou o que acontece em cultos e até em partidos políticos. Apesar desses perigos, a tomada de perspectiva é uma habilidade importante para se viver em sociedade porque nos ajuda a ver os outros como indivíduos, em vez de estereótipos ou estranhos[35].

---

35 A. D. Galinsky e G. B. Moskowitz, "Perspective-Taking: Decreasing Stereotype Expression, Stereotype Accessibility, and In-Group Favoritism," *Journal of Personality and Social Psychology* 78, no. 4 (April 2000): 708–24, www.ncbi.nlm.nih.gov/pubmed/10794375.

Lembro-me de uma situação perigosa em que consegui estabelecer uma conexão com a pessoa, em vez de considerá-la "os outros", e a tomada de perspectiva pode ter salvado minha vida. Em 1969, atravessei o Saara dirigindo um ônibus Volkswagen. Foi uma jornada longa e árdua, dirigindo horas a fio, escorregando e afundando na areia, metade do tempo sem saber para onde estava indo.

Na fronteira entre a Argélia e o Mali, me vi cercada por soldados argelinos enfurecidos. Foi mais do que um pouco preocupante. Percebi que uma mulher ocidental com longos cabelos loiros era um alvo perfeito para alguém que queira causar problemas. Minha adrenalina foi às alturas quando um dos soldados gritou ao seu superior para vir até ali olhar aquela dona estranha em seu ônibus Volkswagen. Quando o homem se aproximou do meu ônibus, eu o incluí espontaneamente em minha consciência. De repente, quando ele começou a me interrogar, senti como se estivesse olhando através de seus olhos. Não tive tempo de pensar na situação. Traçar uma estratégia não era uma opção. Em vez de sucumbir a projeções negativas sobre ele, nas quais ele poderia me considerar uma vítima e me tratar como tal, senti que ele era parte de mim e me senti segura. Parecíamos ter uma conexão bem frágil enquanto respondia respeitosamente às perguntas dele, dizendo a ele, em meu parco francês, que eu era antropóloga e estava atravessando o Saara para chegar ao Mali. Em questão de minutos, para meu alívio, ele me liberou para dirigir durante toda a noite e adentrar aquele mundo vasto e arenoso.

Cerca de uma hora depois, o ônibus parou naquela imensidão sem trilhas. Eu não conseguiria dirigir mais sem desatolar o ônibus da areia. Felizmente, estava longe daquele desolado posto do exército e sozinha na escuridão. Tive tempo para refletir sobre o que acabara de acontecer e percebi que aquele momento de muita proximidade com o oficial comandante provavelmente havia evitado uma situação desafortunada. Entendi que não tê-lo tratado como um "outro" e não tê-lo visto como uma ameaça ou um inimigo, foi o melhor que poderia ter acontecido. E isso foi possível por causa do momento misterioso em que os olhos dele se tornaram os meus. Não queria que ele me visse como vítima, mas como aliada, e queria seguir meu caminho. E segui.

AJOELHEM-SE

Lembro-me de uma outra história sobre tomada de perspectiva, essa ocorrida durante a Guerra do Iraque, e que impediu um massacre. Em 3 de abril de 2003, o tenente-coronel Chris Hughes (hoje general de brigada) conduzia duzentos soldados da 101ª divisão aerotransportada até a cidade sagrada de Najaf para libertar a cidade e proteger o grande aiatolá Ali Al-Sistani, o líder espiritual dos muçulmanos xiitas iraquianos, a quem Saddam Hussein havia colocado em prisão domiciliar. Os soldados americanos seguiam marchando por uma rua perto da mesquita Imam Ali, a mais sagrada mesquita xiita de todo o Iraque, com suas cúpulas douradas apontando contra o céu empoeirado.

Uma multidão de civis iraquianos se reuniu para assistir. A multidão parecia amigável, até que, de repente, o clima mudou radicalmente. A multidão avançou em direção às tropas, gritando de raiva; punhos cerrados, pedras voando. Mais tarde, Hughes descobriu que os agitadores Ba'athist espalharam o falso boato de que os americanos estavam lá para invadir a mesquita e prender o clérigo. As tropas de Hughes, que não dormiam há dias, estavam fortemente armadas e assustadas com aquela mudança repentina do rumo dos acontecimentos.[36]

Hughes sentiu que se alguém desse um tiro, aconteceria um massacre. Ele também entendeu imediatamente que, do ponto de vista dos iraquianos, os americanos pareciam estar desrespeitando sua mesquita mais sagrada. A solução óbvia para ele foi mostrar a eles um gesto de respeito – e de paz.

Então ele fez algo notável. Apontou o cano do seu rifle para o chão e levantou-o no ar, mostrando à multidão que ele não pretendia atirar. E

---

36 Jeff Bacon, "LtCol Hughes — Take a Knee," *Broadside Blog*, 11 de abril de 2007, http://broadside.navytimes.com/2007/04/11/ltcol-hughes-take-a-knee/.

ordenou às tropas: "Todo vocês, sorriam! Não apontem suas armas para eles. Ajoelhem-se, relaxem!"[37]

Os soldados se entreolharam e se perguntaram se ele havia perdido a cabeça. Ainda assim, seguiram as ordens. Com suas volumosas armaduras, cada um deles se ajoelhou, apontou o rifle para o chão e sorriu. Alguns iraquianos continuaram a gritar, mas outros recuaram e se sentaram. Alguns até retribuíram os sorrisos, em um momento de ressonância empática.

Com o uso de um alto-falante, Hughes ordenou que suas tropas se levantassem e se afastassem. "Vamos nos afastar dessa situação e deixar que eles se acalmem", disse ele. Colocando uma mão sobre o coração em um gesto muçulmano tradicional que significa: "A paz esteja com você", ele disse à multidão: "Tenham um bom dia", e conduziu o regimento para longe.

Hughes e seu regimento marcharam de volta à sua base em silêncio. Depois que os ânimos se acalmaram, o Grande Aiatolá emitiu um decreto pedindo ao povo de Najaf que recebesse os soldados de Hughes.[38]

Algum tempo depois, Hughes disse à CBS News, cujo operador de câmera havia gravado todo o incidente: "Em termos de escala de significância, essa é a mesquita que provavelmente não teria apenas feito com que todos os xiitas naquele país se rebelassem contra a coalizão. Provavelmente teria atraído pelo menos os sírios e, possivelmente, os iranianos."

A capacidade de Hughes de tomar a perspectiva dos iraquianos em um momento de extrema pressão evitou a perda de inúmeras vidas, e rendeu muitos elogios como herói de guerra "que venceu uma grande batalha por nunca ter disparado um só tiro".[39]

Hughes deve ter sentido em suas entranhas e em seu coração que tinha que evitar o sofrimento de todas as partes. Mas a ação que ele tomou não foi aquela para a qual havia sido treinado (imagine comandantes militares

---

[37] Tricia McDermott, "A Calm Colonel's Strategic Victory," CBS Evening News, 15 de março de 2006, www.cbsnews.com/news/a-calm-colonels-strategic-victory/.
[38] "Heroes of War," CNN, www.cnn.com/SPECIALS/2003/iraq/heroes/chrishughes.html.
[39] McDermott, "A Calm Colonel's Strategic Victory."

ensinando "ajoelhem-se!"), nem tampouco teve tempo de elaborar uma estratégia de resposta. A empatia saudável nos leva à conexão e à ação hábil, como aconteceu com Hughes. Ela amplia a nossa visão à medida que nos abrimos à experiência do outro, deixando que a empatia e a intuição, em vez de o cálculo, sejam nossos guias. Também acredito que as ações de Hughes foram inspiradas em parte pela imaginação, pela habilidade de ver as coisas de maneira diferente; obviamente, nesse caso, os benefícios foram incalculáveis.

TODO O CORPO — MÃOS E OLHOS

Um *koan* é uma história ou frase zen que pode revelar a mente de um praticante. O koan abaixo é um diálogo entre dois mestres zen, Daowu e Yunyan. É um poderoso ensinamento sobre empatia e compaixão. É assim:

> *Yunyan: O que o bodhisattva de grande compaixão faz com tantas mãos e tantos olhos?*
> *Daowu: É como alguém esticando o braço para pegar um travesseiro durante a noite.*
> *Yunyan: Eu entendo.*
> *Daowu: O que você entende?*
> *Yunyan: Que há mãos e olhos por todo o corpo.*
> *Daowu: Você só entendeu oitenta por cento.*
> *Yunyan: E você?*
> *Daowu: Todo o corpo são mãos e olhos.*[40]

Esse diálogo pode parecer um pouco enigmático, mas primeiro precisamos lembrar que um *bodhisattva* é um arquétipo budista que exemplifica a empatia, o altruísmo, a compaixão e a sabedoria, um ser desperto

---

[40] Gerry Shishin Wick, *The Book of Equanimity: Illuminating Classic Zen Koans* (New York: Simon & Schuster, 2005), 169.

que fez o voto de retornar vida após vida a fim de liberar os outros do sofrimento. Os bodhisattvas poderiam deixar para trás este nosso mundo de dor e angústia para sempre, mas eles escolhem renascer nesta vida terrível e bela para servir aos outros.

O bodhisattva da compaixão, Avalokiteśvara, é frequentemente retratado como um ser com muitos braços e mãos, e na palma de cada mão há um olho. As mãos representam meios hábeis e os olhos representam sabedoria.

No koan, o professor mais jovem, Yunyan, perguntou o que um bodhisattva faz com todas aquelas mãos e olhos. Daowu não dá uma resposta convencional. Ele se aprofunda em como a empatia, a compaixão e a sabedoria emergem espontaneamente do coração deste exato momento. Ele responde que é assim que acontece quando tentamos ajustar nosso travesseiro à noite. Não há nenhum pensamento sobre mover o travesseiro. Nós fazemos isso de maneira fácil e natural.

Shantideva escreveu no capítulo oito, verso noventa e nove (VIII: 99) de *Um Guia para o Modo de Vida do Bodhisattva* que, se alguém está sofrendo e nos recusamos a ajudar, seria como a nossa mão se recusar a remover um espinho do pé. Se o pé for perfurado por um espinho, nossa mão naturalmente extrairá o espinho do pé. A mão não pergunta ao pé se ele precisa de ajuda. A mão não diz para o pé: "Essa dor não é minha". A mão também não precisa agradecer ao pé. Eles fazem parte de um só corpo, um só coração.

Daowu está sugerindo que para um bodhisattva estender a compaixão ao outro é instintivo; é natural, e a imagem da noite que ele utiliza é tão apropriada, porque a escuridão da noite obscurece todas as diferenças entre o eu e o outro. Somos todos um só corpo de fato...

Yunyan parecia ter entendido. Mas Daowu o testou, perguntando o que ele tinha realmente entendido. Yunyan respondeu que o corpo do bodhisattva da compaixão estava recoberto de mãos e olhos.

Daowu viu imediatamente que Yunyan não havia entendido o mais importante. Essa era uma resposta superficial, sem nenhuma profundidade. Então Daowu o corrigiu, dizendo: "*Todo* o corpo", significando que todo o corpo físico e psíquico de um bodhisattva são mãos e olhos.

Quando ouvi os gritos de Dolma, quando contemplei Pema, ou quando olhei nos olhos do militar argelino, eu não disse a mim mesma: *'para ser uma boa bodhisattva, devo ser empática'*. Em vez disso, fiquei imersa imediata e completamente na experiência de cada uma dessas pessoas. A empatia não era uma prescrição.

Na experiência que tive com Dolma, no entanto, tive que regular deliberadamente o que sentia para não ser dominada pelo sofrimento empático. Quando fiz isso, a compaixão teve espaço para surgir. É por isso que a empatia é um Estado Limite. Seu valor nas nossas vidas não pode ser medido. Mas o que precisa ser medido é a altura e a profundidade da nossa resposta empática para que não resulte em angústia.

II. CAINDO DA BEIRA DO ABISMO DA EMPATIA: A ANGÚSTIA EMPÁTICA

Poderíamos perguntar quais seriam as consequências de se tornar a "pessoa ferida" de Whitman, de se fundir com o sofredor por meio da identificação excessiva. Não estou falando de um momento fugaz de sentir ou de compreender, mas de uma experiência de profunda fusão com o sofrimento de outras pessoas, física, emocional e/ou cognitivamente, e não de liberar a experiência.

Quando nos identificamos muito fortemente com alguém que está sofrendo, nossas emoções podem nos levar a um estado de angústia que pode refletir a aflição daqueles a quem estamos tentando servir. Se nossa experiência com o sofrimento dele nos avassala, a angústia empática também pode nos levar à anestesia, ao abandono dos outros na tentativa de nos protegermos de sofrimentos pesados demais para suportar e sentir os sintomas do estresse e do esgotamento (*burnout*).

Os parentes próximos dessa angústia empática são o *trauma secun-*

dário e o *trauma vicário*. Ambos se referem ao trauma adquirido e indireto que um médico, um advogado, alguém que trabalha com ajuda humanitária ou um capelão podem experienciar quando se sentam com o sofrimento de outra pessoa e acabam ficando completamente saturados com essa experiência. O trauma secundário pode acontecer repentinamente; o trauma vicário acontece cumulativamente. Ambos ocorrem como resultado de empatia não regulada.

Uma capelã, colega minha muito próxima, ouviu as histórias compartilhadas por assistentes humanitários e sobreviventes dos ataques de 11 de setembro ao World Trade Center. Privados de sono, no meio do caos e da confusão, capelães, como minha colega, faziam o possível para servir aos sobreviventes e aos trabalhadores. A parte mais difícil para ela era apoiar aqueles que reviravam os escombros em busca de restos humanos. Traumatizada ao ouvir suas histórias, durante anos ela não conseguiu tirar as cenas de sofrimento da cabeça. Nos anos que se seguiram aos ataques de 11 de setembro, ela contou e recontou histórias como se estivesse revivendo os eventos e suas consequências daquele dia terrível.

Assistentes humanitários e profissionais que prestam ajuda são especialmente propensos à angústia empática. Eles podem começar a manifestar os mesmos sintomas físicos e mentais daqueles a quem servem. Esse fenômeno não é incomum. A psicóloga clínica Yael Danieli escreveu um artigo de revisão em 1982 sobre as reações emocionais experienciadas por terapeutas que trabalharam com sobreviventes do Holocausto. Vários terapeutas disseram a ela que, frequentemente, tinham pesadelos semelhantes aos de seus pacientes. Um terapeuta compartilhou que, quando viu a tatuagem de identificação no antebraço do paciente, teve que se retirar rapidamente para vomitar. A Dra. Danieli relatou que vários terapeutas começaram a evitar seus clientes sobreviventes e, quando se encontravam com eles, temiam ouvir sobre suas experiências nos campos[41].

Também ouvi falar sobre a ocorrência desse fenômeno com advogados e

---

41 Y. Danieli, "Therapists' Difficulties in Treating Survivors of the Nazi Holocaust and Their Children," *Dissertation Abstracts International* 42 (1982): 4927.

assistentes sociais que apoiam sobreviventes de violência doméstica, abuso sexual e desastres naturais. Depois do furacão Katrina, um de meus capelães associados viajou para Nova Orleans para trabalhar com os sobreviventes do furacão. Quando compartilhou suas experiências comigo, ele relatou sentimentos de profunda aversão pelo que havia acontecido com alguns homens e mulheres no Superdome. Ansioso, disse que se sentia como um sobrevivente, falando que tinha medo de voltar a Nova Orleans pois os horrores que os sobreviventes vivenciaram pareciam inundá-lo.

Em abril de 2008, três anos depois do furacão Katrina, visitei o Superdome e me vi pensando na reação daquele capelão ao que havia acontecido naquele inferno, onde milhares de pessoas foram encarceradas no que alguns chamavam de "abrigo de último recurso". Eu estava lá participando de uma reunião organizada pela escritora Eve Ensler para marcar o décimo aniversário de seu movimento global do Dia V para acabar com a violência contra mulheres e meninas. Cerca de trinta mil pessoas assistiram ao encontro, entre elas vários milhares que haviam sido confinados no Superdome após o furacão Katrina.

Durante o tempo em que passei lá, encontrei várias mulheres que haviam sido vítimas de agressão sexual dentro do Superdome; outros tiveram que esvaziar seus intestinos no chão do Superdome porque os banheiros estavam transbordando. Muitos sentiam-se humilhados, envergonhados e enfurecidos com o que haviam experienciado. E a maioria das mulheres que conheci não havia retornado a Nova Orleans desde que foram "resgatadas" do Superdome; elas se estabeleceram em outras cidades do país.

Ao ouvir cada uma daquelas mulheres contando sua história, me sentia cada vez mais sensibilizada com o que elas haviam passado. Sentia como se estivesse vivendo algo extraído de uma pintura de Hieronymus Bosch. Logo percebi que estava começando a escorregar pela encosta da angústia empática nas águas repulsivas do furacão Katrina.

Antes de minha viagem a Nova Orleans, assumi o compromisso de permanecer firme e testemunhar o que havia acontecido na esteira do

Katrina. Se quisesse me manter em pé em meio àquela inundação de sofrimento, não deveria abandonar o navio, mas surfar naquelas ondas, lembrando que, de fato, eu não havia passado por aquela catástrofe. Tinha que me firmar em minha intenção de ser um recurso para as mulheres que sobreviveram ao furacão e às suas consequências, e tive que sustentar minha energia, dormindo adequadamente, comendo decentemente e passeando em um parque perto do Superdome.

Também sugeri que as mulheres me contassem suas histórias mais lentamente para que juntas pudéssemos transformar aquelas narrativas. Sempre perguntava àquelas notáveis mulheres como haviam passado por tudo aquilo; o que lhes havia dado força; como é que não haviam se desesperado e, em vez disso, mantiveram seus filhos em segurança; e como tinham conseguido estar ali presentes para suas mães, irmãs, irmãos em circunstâncias tão assustadoras. O ato de lembrar de seus recursos internos e interpessoais parecia inspirar algumas delas ao compartilharem aquelas histórias tão dolorosas comigo. Vi que, se manipularmos os outros para que não compartilhem, para que não tenhamos que ouvir, não precisarmos ouvir, ou se reagirmos com horror ou abandonarmos a cena, sufocamos nossa empatia e nos privamos dessa virtude fundamental da humanidade.

Estou ciente de que temos que ter cuidado para não retraumatizar aqueles que sofreram quando ouvimos suas histórias. Às vezes, relembrar essas narrativas de sofrimento pode servir tanto ao que conta quanto ao que ouve; às vezes não. Ao me sentar com pessoas que sofreram e sobreviveram a danos profundos, sempre peço à pessoa que descubra o que as ajudou, como conseguiram reconstruir suas vidas, qual foi seu recurso mais importante em tempos de grande dificuldade.

A experiência de angústia empática e seus parentes próximos, trauma secundário e trauma vicário, muitas vezes provoca uma tempestade de reatividade e de medo dentro de nós, poderosa o suficiente para destruir não só a nós como ao nosso mundo. Mas se formos pacientes e cuidadosos conosco e com os outros, as narrativas podem mudar de terríveis para heroicas, e o que foi traumatizante no passado pode se tornar remédio para o presente e para o futuro.

EMPATIA NÃO É COMPAIXÃO

Meu amigo Matthieu Ricard, um monge do budismo tibetano que passou décadas praticando no Himalaia, tem colaborado com cientistas ao longo dos anos em experimentos que exploram os efeitos da prática da meditação na mente e no corpo. Um desses experimentos em particular fornece uma excelente ilustração da angústia empática, bem como da distinção entre empatia e compaixão.

Em 2011, sob a orientação da neurocientista Tania Singer e sua equipe no Instituto Max Planck, na Alemanha, Matthieu entrou em equipamento de RMFi e recebeu a instrução de gerar empatia ao contemplar o sofrimento dos outros. Na noite anterior, Matthieu havia assistido a um documentário da BBC sobre órfãos na Romênia. Ele ficou profundamente perturbado com aquela situação tão desafortunada. Embora as crianças fossem alimentadas e banhadas, elas não conseguiam se desenvolver porque recebiam pouco ou nenhum afeto humano.

Matthieu compartilhou que, para aqueles órfãos, "a falta de afeto havia causado graves sintomas de apatia e vulnerabilidade. Muitas crianças andavam de um lado para o outro por horas e sua saúde estava tão ruim que as mortes naquele orfanato eram comuns. Até mesmo quando recebiam banho, muitas das crianças tremiam de dor e qualquer impacto poderia resultar em uma perna ou um braço quebrado."[42]

Enquanto estava no equipamento de RMFi, Matthieu mergulhou mentalmente no sofrimento daquelas crianças, visualizando-as vividamente e sentindo sua situação horrenda, como se ele fosse uma delas. Em

---

[42] Olga Klimecki, Matthieu Ricard, and Tania Singer, "Compassion: Bridging Practice and Science — pág. 273," www.compassion-training.org/en/online/files/assets/basic-html/page273.html.

vez de modular sua experiência com o sofrimento delas, ele se permitiu sentir a dor e o sofrimento o mais profundamente possível. Em pouco tempo, estava esgotado e exausto.

Depois de uma hora dessa prática intensa, deram a Matthieu a opção de continuar com a prática da empatia ou passar para a meditação da compaixão. Ele disse: "Sem a menor hesitação, concordei em continuar o experimento fazendo a prática da compaixão; estava completamente esgotado após a prática de ressonância empática".[43]

Ele prosseguiu com a meditação da compaixão, ainda se concentrando no sofrimento das crianças. Durante essa fase da sessão, no entanto, Matthieu intencionalmente gerou sentimentos de amor, bondade, cuidado e altruísmo, lembrando-se do extremo sofrimento humano daqueles órfãos.

Quando o experimento terminou, Matthieu descreveu sua experiência durante a meditação da compaixão como um estado cálido e positivo, associado a um forte desejo de colocar-se a serviço das crianças. Isso contrastava claramente com a experiência anterior com a empatia (na verdade, de sofrimento empático), que era completamente desgastante e debilitante.

Seu cérebro também refletia essas diferenças notáveis. As varreduras do cérebro mostraram que sua experiência de empatia havia sido registrada nas redes neurais associadas à dor. Foi demonstrado que essas áreas estão associadas ao componente emocional (mas não ao componente sensorial) de sentir a própria dor e de observar a dor em outras pessoas. Já a fase de compaixão de sua experiência foi registrada em diferentes redes neurais – naquelas associadas com emoções positivas, amor maternal e os sentimentos de filiação. A diferença dramática entre empatia e compaixão surpreendeu os pesquisadores.[44]

Mais tarde, Matthieu compartilhou comigo que, durante a meditação da compaixão, ele se sentiu inundado por sentimentos de amor e ternura, sentindo-se, depois, renovado e inspirado. Ele escreveu: "O engajamento subsequente na meditação da compaixão alterou completamente minha

---

43 Ibid.
44 Ibid.

paisagem mental. Embora as imagens das crianças em sofrimento ainda estivessem tão vivas quanto antes, elas não induziam mais angústia. Em vez disso, senti um amor natural e ilimitado por aquelas crianças e também a coragem de me aproximar e consolá-las. Além disso, a distância entre as crianças e eu havia desaparecido completamente."[45]

O que Matthieu experienciou foi semelhante à minha experiência com Dolma, a menininha nepalesa que havia sofrido queimaduras terríveis. Naquela época, eu não tinha conhecimento das diferenças neurológicas entre empatia e compaixão, mas sabia que tinha que passar da identificação com a agonia da criança para um estado em que me sentisse enraizada e de completa gratidão por aqueles que estavam salvando sua vida. Depois de fazer essa mudança, como Matthieu, me senti revitalizada pela compaixão que havia surgido em mim.

Tania, Matthieu e seus colegas relataram que esse experimento foi um momento decisivo em suas pesquisas sobre a compaixão. Eles reuniram evidências bastante convincentes da distinção neurobiológica entre empatia e compaixão, e Matthieu também confirmou uma diferença significativa em sua experiência subjetiva desses estados.

ESTIMULAÇÃO EMPÁTICA

Vários anos antes dessas experiências com Matthieu, a psicóloga social Nancy Eisenberg participou comigo de um diálogo do *Mind and Life Institute* em Washington, DC, com Sua Santidade o Dalai Lama e especialistas em educação, neurociência e psicologia social. Eisenberg apresentou um modelo interessante que mapeia os elementos que dão origem à estimulação empática. Ela, assim, analisou os ingredientes que impulsionam a experiência para o sofrimento pessoal ou para a compaixão saudável.

---

[45] Olga Klimecki, Matthieu Ricard, and Tania Singer, "Compassion: Bridging Practice and Science — pág. 279," www.compassion-training.org/en/online/files/assets/basic-html/page279.html.

De sua pesquisa com crianças, a Dra. Eisenberg identificou três fluxos entrelaçados de experiência que, quando entramos em contato com o sofrimento de outras pessoas, se reúnem dentro de nós para promover um nível de estimulação que dá início à ação. Essencialmente, sua pesquisa revelou que, quando estamos na companhia de alguém que está sofrendo, espera-se que possamos sentir suas emoções, ver a situação da sua perspectiva e relembrar experiências semelhantes do nosso passado. Isso resulta em uma experiência de estimulação que, se não for regulada, pode causar o sofrimento empático. A Dra. Eisenberg observou que o sofrimento empático é uma reação emocional aversiva que pode nos levar a evitar em vez de servir aos outros.

A partir do sofrimento empático, várias respostas podem se desdobrar. A Dra. Eisenberg identificou uma das respostas como comportamento de "ajuda", com base na necessidade de nos protegermos de experiências desagradáveis ou difíceis que são ameaçadoras. (O altruísmo patológico é um bom exemplo.) Outras respostas aversivas incluem comportamento de evitação (ou seja, negação e apatia) e de abandono da pessoa que sofre, porque é muito doloroso estar na presença deles. É um tipo de reação de fuga baseada no medo. Após a conferência, adaptei o modelo da Dra. Eisenberg para compartilhar com clínicos, educadores e outros como uma ferramenta para trabalhar com a empatia e com a angústia empática. Percebi que há pelo menos duas outras reações baseadas no medo que podem ocorrer como resultado de sofrimento pessoal: indignação moral (luta) e entorpecimento (congelamento).

A Dra. Eisenberg explicou na reunião que, se a resposta de estimulação for regulada, é ativada uma preocupação saudável e, a partir daí, podem surgir simpatia e compaixão. Em colaboração com o psicólogo social Daniel Batson, ela descobriu que aqueles que sentem compaixão em uma determinada situação têm mais chances de agir do que aqueles que sofrem de sofrimento empático.[46]

---

46 Singer e Klimecki, "Empathy and Compassion."

Sei o quanto é importante nos permitirmos incluir a experiência dos outros em nossa própria experiência. No entanto, o reconhecimento de que nós não somos o outro nos dá espaço para permanecer enraizados e também de experienciar pelo menos um pouco de humildade. É essencial encontrar o equilíbrio entre identificação e diferenciação. Sem fazer essa diferenciação entre o eu e o outro, o sofrimento empático é inevitável.[47]

O modelo da Dra. Eisenberg e a pesquisa do Dr. Batson tiveram um valor inestimável para mim, ajudando-me a entender melhor a complexidade de nossas respostas quando encontramos o sofrimento. Também reforçou minha ideia de que a empatia precisa ser bem modulada para evitar ou transformar o sofrimento.

EMBOTAMENTO E CEGUEIRA EMOCIONAL

Mas, às vezes, não acontece nenhuma estimulação em resposta ao sofrimento de outra pessoa. O poder, por exemplo, pode reduzir nossa capacidade de empatia, como se nosso cérebro tivesse sofrido sérios danos. Um artigo da edição de julho-agosto de 2017 da revista *The Atlantic* resumiu esse tema da seguinte maneira:

> *O historiador Henry Adams estava sendo metafórico, não médico, quando descreveu o poder como "uma espécie de tumor que termina matando os que simpatizam com a vítima". Mas não é muito distante do ponto em que Dacher Keltner, professor de psicologia da UC-Berkeley, chegou depois de anos de experimentos de laboratório e de campo. Em estudos que duraram duas décadas, ele descobriu que os sujeitos sob a influência do poder, agiam como se tivessem sofrido*

---

[47] C. Lamm, C. D. Batson, e J. Decety, "The Neural Substrate of Human Empathy: Effects of Perspective-Taking and Cognitive Appraisal," *Journal of Cognitive Neuroscience* 19, no. 1 (2007): 42–58, doi:10.1162/ jocn.2007.19.1.42; C. D. Batson, "Prosocial Motivation: Is It Ever Truly Altruistic?" em *Advances in Experimental Social Psychology*, vol. 20, ed. L. Berkowitz (Nova Iorque: Academic Press, 1987), 65–122.

> *uma lesão cerebral traumática: tornavam-se mais impulsivos, menos conscientes dos riscos e, o mais importante, menos hábeis em ver as coisas do ponto de vista de outras pessoas.*[48]

Há, também, a cegueira emocional – a incapacidade de ler nossas próprias emoções e as dos outros. A neurocientista Tania Singer e seus colegas pesquisaram um transtorno relacionado ao autismo conhecido como *alexitimia*, caracterizado por dificuldades em reconhecer e descrever as emoções e os processos viscerais. Pessoas que sofrem de alexitimia também têm dificuldades em distinguir as emoções dos outros.[49] Os trabalhos nessa área confirmaram o que eu havia sugerido ao trabalhar com médicos – que nossa capacidade de perceber nossa própria experiência somática poderia estar relacionada à nossa capacidade de perceber as experiências emocionais e físicas de outras pessoas. Por outro lado, a incapacidade de perceber nossos próprios processos viscerais pode estar ligada a uma capacidade reduzida de empatia.

Em outro estudo importante, Tania e seus colaboradores descobriram que o ato de nos conectarmos aos nossos próprios processos viscerais (frequência cardíaca, respiração etc.) ilumina as redes neurais associadas à empatia.[50] Este estudo em particular sugere que a capacidade de focar nossa experiência somática, uma habilidade que os meditadores podem desenvolver em graus bem elevados, pode, por sua vez, nutrir nossa capacidade de sermos mais empáticos.

Durante anos, observei que os médicos e os enfermeiros frequentemente ignoravam suas próprias necessidades físicas, como fome,

---

[48] "Power Causes Brain Damage," *Atlantic*, Julho–Agosto de 2017, https://www.theatlantic.com/magazine/archive/2017/07/power-causes-brain-damage/528711/

[49] Geoffrey Bird, Giorgia Silani, Rachel Brindley, Sarah White, Uta Frith, e Tania Singer, "Empathic Brain Responses in Insula Are Modulated by Levels of Alexithymia but Not Autism," *Brain* 133, no. 5 (2010): 1515–25, https://academic.oup.com/brain/article/133/5/1515/543193

[50] "I Feel How You Feel but Not Always: The Empathic Brain and Its Modulation," *Current Opinion in Neurobiology* 18, no. 2 (2008): 153–58, https://pubmed.ncbi.nlm.nih.gov/18692571/

necessidades de ir ao banheiro e sono, enquanto cuidavam de seus pacientes. Além disso, muitos compartilharam comigo que, em seu treinamento, eles eram basicamente desencorajados de serem empáticos (não era "profissional"!); no entanto, ao mesmo tempo, eles sabiam que não se conectavam realmente com aqueles a quem estavam servindo e se sentiam desconfortáveis com essa forma de praticar a clínica. Ao ouvir isso com tanta frequência, percebi que talvez fosse importante oferecer às pessoas as habilidades para desenvolver uma empatia saudável. Graças às descobertas sobre a relação entre consciência somática e empatia, modifiquei o currículo do programa de treinamento de médicos do Upaya e incluí um componente mais robusto da prática física e da sintonia com o corpo a fim de aumentar a capacidade de empatia saudável.

ENTRE O PRESENTE E A INVASÃO

Em *The Empathy Exams*, Leslie Jamison escreve: "A empatia está sempre em um frágil equilíbrio entre o presente e a invasão"[51]. No caso da angústia empática, a invasão segue nos dois sentidos, afetando potencialmente o receptor e o doador da empatia. Não ter limites claros entre o eu e o outro pode causar danos a ambas as partes. Ao mesmo tempo, se nossos limites entre o eu e o outro criarem muita distância, podemos objetificar o outro ou perder nosso senso de cuidado.

Em entrevista à Harper's[52], Jamison disse:

> *Estou interessado em tudo que possa ser falho ou confuso com respeito à empatia — como imaginar outras vidas pode constituir um tipo de tirania ou absolver artificialmente nosso senso de culpa ou*

---

51 Jamison, *The Empathy Exams*.
52 Jeffery Gleaves, "The Empathy Exams: Essays," *Harper's*, 28 de março de 2014, http://harpers.org/blog/2014/03/the-empathy-exams-essays/

de responsabilidade; como sentir empatia pode nos fazer sentir que fizemos algo de bom quando na verdade não o fizemos [...] Começamos a gostar de nos sentirmos mal pelos outros; isso pode nos fazer sentir bem com nós mesmos. Portanto, há muito perigo associado à empatia: ela pode ser egoísta ou autocentrada; pode desviar nosso raciocínio moral ou suplantar completamente o raciocínio moral. Mas eu quero defendê-la, apesar de reconhecer essa bagunça? Na verdade, eu quero defendê-la reconhecendo essa bagunça.

O psicólogo do desenvolvimento Paul Bloom amplia a discussão sobre como a empatia pode desviar nosso raciocínio moral. Podemos nos identificar e ter empatia pelo chamado "nosso grupo" em detrimento daqueles que não são como nós. "A empatia leva alguém como eu a ter mais preferência por [...] pessoas do meu bairro do que por estranhos [...] Com um pouco de reflexão fica fácil perceber que essa é uma péssima orientação para políticas."[53]

Outra questão moral é se somos "autorizados" a sentir empatia por pessoas consideradas por todos como vilões. Depois de escrever e postar um poema que refletia sobre os sentimentos com respeito a Dzhokhar Tsarnaev, o terrorista da maratona de Boston, a blogueira Amanda Palmer recebeu ameaças de morte e repreensão generalizada de jornalistas conservadores e liberais.[54] Por outro lado, é uma marca da boa arte quando escritores e cineastas são capazes de nos fazer sentir empatia por personagens desagradáveis, como no romance Lolita ou como no programa de TV Breaking Bad. E entender como os outros pensam, especialmente aqueles que são muito diferentes de nós, é um fator importante na criação de mudança social.

Uma das coisas confusas sobre empatia é que não podemos ter cer-

---

53 Heleo Editors, "I Don't Feel Your Pain: Why We Need More Morality and Less Empathy," *Heleo*, 16 de dezembro de 2016, https://heleo.com /conversation-i-dont-feel-your-pain-why-we-need-more-morality-and-less-empathy /12083/.

54 "Playing the Hitler Card," *New Statesman*, 1 de junho de 2015, www.newstatesman.com/2015/05/playing-hitler-card

teza de que a nossa conexão com a experiência de outra pessoa não é apenas nossa própria projeção, desejo, aspiração ou ilusão – ou se é meio real. Como escreve Jamison, "imaginar a dor de outra pessoa com muita certeza pode ser tão prejudicial quanto deixar de imaginá-la."

Manter a humildade é importante à medida que navegamos em nosso relacionamento com alguém que está sofrendo. Rowan Williams, ex-arcebispo de Canterbury, falou em Harvard sobre empatia e sua base na humildade: "A expressão eticamente significativa da [...] empatia não seria dizer: 'Eu sei como você se sente', mas sim 'não tenho ideia de como você se sente'."[55] Quando chegamos a esse lugar de Não-Saber, percebemos que não podemos realmente corporificar a experiência do outro, podendo modular melhor nossa resposta empática.

Eve Marko, minha amiga e esposa do Roshi Bernie Glassman, escreveu eloquentemente sobre receber empatia daqueles que pensavam ter entendido sua experiência. Bernie sofreu um derrame em janeiro de 2016. Consolo e conselhos choviam de todos os lugares. Em meio a tudo que tinham que suportar, por Bernie e por ela mesma, Eve escreveu: "A maior lição que aprendi nos últimos 34 dias desde o derrame de Bernie é o quão difícil é simplesmente testemunhar e ouvir. Tantas pessoas estão prontas para me dizer como eu me sinto ou como me senti... 'Você deve ter sentido muito medo!' 'Isso deve ser horrível para você' etc. etc. Tenho vontade de perguntar a eles [...] 'Como você sabe?'"

Ela continua: "Eu também faço suposições sobre o que as outras pessoas devem estar pensando e sentindo. Talvez eu tenha entendido isso na *Empathy 101*: imagine como alguém pode estar se sentindo e empatize imediatamente, ou seja, 'Que terrível isso deve ser para você!' Talvez seja, e talvez não seja. Como poderia saber como você está se sentindo até eu perguntar e depois ouvir a resposta?"[56]

---

55 "'I Have No Idea How You Feel,'" *Harvard Magazine*, 5 de abril de 2014. https://harvardmagazine.com/2014/04/paradoxes-of-empathy
56 Eve Marko, "It Feels Like 8," 16 de fevereiro de 2016, www.evemarko.com/category/blog/page/24/.

Eve descreve a experiência que ela preferiria ter. "Sou muito grata pelo silêncio que a escuta profunda me proporciona, quando alguém se senta à minha frente ou fica quieto do outro lado da linha telefônica, pacientemente me deixando pensar, esperando até que certas emoções finalmente surjam e eu possa falar em voz alta [...] Não cubra o silêncio desconfortável pedindo desculpas, recuando, adivinhando, observando que está começando a chover ou agradecendo-lhe pelo café. Deixe o silêncio durar enquanto ele/ela estiver refletindo sobre a sua pergunta, espere até que possam dar uma resposta."

Eve está nos pedindo para ouvirmos e para não assumirmos que sabemos algo sobre o sofrimento da outra pessoa. Ela está sugerindo que pratiquemos o Dar Testemunho e o Não-Saber, os dois primeiros princípios da Ordem Zen Peacemakers, fundada por seu marido, Roshi Bernie. Humildade significa mantermos nossas próprias projeções e interpretações fora da cena, na medida do possível, permanecendo abertos e respeitosos com a experiência do outro, sendo honestos com respeito aos nossos pontos fortes e limitações.

III. A EMPATIA E OS OUTROS ESTADOS LIMITE

A empatia está intimamente ligada aos outros Estados Limite. Quando experienciamos o sofrimento empático, podemos tentar aliviar o sofrimento de outras pessoas através de tentativas heroicas de cuidar, expressões do altruísmo patológico, e que podem facilmente levar ao esgotamento (*burnout*). Nossas ações podem não só nos prejudicar, mas também a quem servimos, permitindo suas disfunções ou privando outras pessoas de sua autonomia. Outro Estado Limite a que estamos propensos é o sofrimento moral; em situações que envolvem injustiça ou violência sistêmica, podemos facilmente sentir aflição e indignação moral ao empatizarmos com os outros em demasia – que, por sua vez, podem se transformar em evitação, entorpecimento e esgotamento. E Leslie Jameson escreveu sobre essa empatia potencialmente invasiva, um poderoso exemplo de desrespeito.

Lembro-me de estar sentada diante de um professor de japonês em Kyoto. Ele participava de um treinamento em compaixão que eu estava conduzindo. Ele chorou ao me contar como se sentia completamente sobrecarregado com o sofrimento de seus alunos. Estava esgotado e parecia ter caído do abismo do sofrimento empático e do sofrimento moral. Preso em um sistema educacional altamente competitivo, ele me disse que seus alunos estavam sempre apreensivos e estressados e, naquele momento, ele mal conseguia distinguir sua angústia da deles.

Ele acreditava que o sistema educacional estava forçando muitos de seus alunos a se tornarem *hikikomori*, pessoas que se retiram completamente da sociedade. Disse que provavelmente há um milhão de jovens japoneses, a maioria homens, que vivem como reclusos em suas casas de família, e afirmou que uma das razões para esse fenômeno é a cultura educacional do Japão. O professor temia que ele estivesse contribuindo para o crescente isolamento emocional e social de seus alunos através dos rígidos métodos de ensino exigidos por sua escola. Estressado emocionalmente, desgastado e desmoralizado, ele não conseguia se separar do sofrimento de seus alunos e sentia-se incapaz de continuar a ensinar. Como seus alunos, ele estava desmoronando e buscando o isolamento.

Ele me implorou para ensiná-lo a lidar com sua angústia empática e com seus conflitos morais ao aplicar exames competitivos e atender a outras demandas do sistema educacional japonês. Passamos um tempo explorando exercícios de enraizamento e maneiras de reavaliar a situação, bem como métodos compassivos (como o GRACE, descrito no capítulo 6). Procurei me assegurar de que ele entendesse que essas práticas reflexivas não foram feitas para ajudar as pessoas a se adaptarem a uma situação insustentável. Compartilhei meu sentimento a respeito de que sua angústia refletia preocupações apropriadas sobre danos reais e o encorajei a entender seu sentimento de opressão como uma resposta realista ao dano. O que era importante para ele era recuperar o equilíbrio e, em seguida, agir a partir de um lugar de força e não de fragilidade.

IV. AS PRÁTICAS QUE APOIAM A EMPATIA

Existem quatro práticas principais que podem ajudar no desenvolvimento da empatia. A primeira e mais fácil é focar a atenção no corpo para nos enraizar e para melhorar nossa capacidade de sintonizar com as sensações físicas. A segunda prática é a escuta profunda. A terceira prática é aprender a administrar nossa resposta empática. E a quarta prática é usar a imaginação como uma maneira de cultivar a empatia e reumanizar aqueles a quem podemos ter objetificado.

A pesquisa sobre a relação entre empatia e a capacidade de sintonizar com os nossos próprios processos viscerais mudou minha abordagem de como treinar outros em empatia e compaixão. Um exercício meditativo, como o escaneamento do corpo (*body scan*), pode aumentar a conexão com nossa própria experiência física, podendo também ampliar nossa capacidade de sentir as experiências de outras pessoas e tornar a empatia mais acessível. O escaneamento do corpo é um exercício simples que envolve dar atenção a diferentes partes do corpo. Podemos fazer essa prática sentados ou em supino, mais devagar ou mais rapidamente; podemos nos concentrar em cada parte do corpo sequencialmente ou varrer todo o corpo com a nossa atenção.

Comece levando a atenção para a respiração e deixando o corpo se acomodar. Em seguida, mova sua consciência ao longo do corpo, começando pelos pés e depois pelas pernas, região pélvica, abdômen e peito. Em seguida, mova sua consciência para os braços e dedos, para o pescoço e para a cabeça, até o topo da cabeça. Então, lentamente, dirija sua consciência pelo corpo de volta aos pés. Para concluir a prática, leve sua consciência de volta à respiração e reserve alguns momentos para relaxar com a mente e o coração abertos e silenciosos.

O escaneamento corporal é uma prática de enraizamento que pode nos tirar da mente turbulenta e nos levar para dentro do corpo. Durante o escaneamento, podemos começar a nos soltar em um relacionamento mais receptivo com o corpo. A experiência de sentir o corpo também pode nos fornecer informações valiosas sobre nossos sentimentos e intuição. Além disso, podemos usar o escaneamento para aprimorar nossa capacidade de perceber a experiência de outras pessoas.

A ESCUTA PROFUNDA

Outra maneira de promover a empatia é através da experiência do ouvir. Se quisermos realmente ouvir, precisamos sair da autoabsorção, do autoengano, da distração, nos distanciar do transe dos nossos dispositivos tecnológicos e descansar com abertura e curiosidade no momento presente. Abrir nossa experiência para incluir outra pessoa é um experimento poderoso de inclusão. Realmente ouvir outra pessoa exige que escutemos com corpo, coração e mente e, também, que escutemos além dos filtros da nossa história pessoal e das nossas memórias.

Como prática, você pode escolher alguém que conhece bem ou um desconhecido. Deixe sua consciência se expandir gentilmente incluindo o outro. Ao mesmo tempo, permaneça enraizado. Observe que sensações e emoções físicas surgem dentro de você ao se abrir para a experiência do outro. Depois, veja se consegue soltar qualquer julgamento ou preconceito em uma mente caracterizada pela curiosidade, e não pelas preferências a favor ou contra.

Perceba se ouvir a voz dessa pessoa ajuda você a abrir sua consciência mais vividamente para a experiência dela. O que a voz dela comunica – o que você ouve por trás das palavras? Ouvir e estar na presença dela leva você a mergulhar mais profundamente na vida dela? Você consegue perceber o que pode estar acontecendo debaixo da pele, no coração e na mente dessa pessoa? Você tem a sensação de que ela está "habitando" você de alguma forma?

Então deixe-a ir. Volte ao que quer que esteja surgindo em você neste exato momento e relaxe na abertura.

COMO ADMINISTRAR A EMPATIA

Embora a empatia seja um elemento importante da compaixão, precisamos administrá-la lembrando a diferença entre o outro e eu. Isso pode parecer um conselho estranho de uma budista, uma vez que o budismo enfatiza que, de um determinado ponto de vista, eu e outro não são separados. Creio que temos que sustentar as duas verdades ao mesmo tempo – que estamos interconectados e que também somos distintos um do outro. Temos que caminhar nesse delicado equilíbrio entre abrir a nossa experiência infinitamente e aceitar a singularidade de quem somos.

Quando estamos prestes a perder esse equilíbrio, podemos repetir palavras que nos orientem para nos lembrarmos que nos importamos com a outra pessoa, mas não somos essa outra pessoa. Costumo usar as seguintes palavras como apoio quando estou presenciando o sofrimento de outras pessoas:

> "Que eu possa oferecer o meu cuidado e a minha presença incondicionalmente, sabendo que posso ser recebida com gratidão, indiferença, raiva ou angústia."
> "Que eu possa oferecer amor, sabendo que não posso controlar o curso da vida, do sofrimento ou da morte."
> "Que eu possa encontrar os recursos internos para ser realmente capaz de dar."
> "Que eu possa permanecer em paz e abandonar as ex-

pectativas."

"Que eu possa aceitar as coisas como elas são."

"Que eu possa enxergar os meus limites com compaixão, assim como enxergo o sofrimento dos outros."

Essas frases, que aprendi com a professora budista Sharon Salzberg, podem nos ajudar a "nos endireitar" quando estamos prestes a escorregar no sofrimento empático.

A PRÁTICA DA REUMANIZAÇÃO

A quarta prática que quero oferecer foi desenvolvida por John Paul Lederach. John Paul é um sociólogo e especialista em transformação de conflitos e atuou como consolidador da paz no Nepal, Somália, Irlanda do Norte, Colômbia e Nicarágua em questões relacionadas à violência direta e à opressão sistêmica. Ele dedicou sua vida a explorar e a implementar alternativas à desumanização e à violência por meio de processos que reavivam a empatia, o respeito, a compreensão e a identificação mútua. Ele chama essa prática de reumanização. John Paul explica que reumanizar significa desenvolver nossa imaginação moral a fim de ver o outro primeiramente como uma pessoa, nos enxergar nos outros e reconhecer nossa humanidade comum. Também envolve sentir o sofrimento dos outros (empatia) e respeitar a dignidade humana básica de todos.

John Paul identifica quatro tipos de imaginação. O primeiro é "a imaginação dos netos". Com isso, ele quer dizer que devemos nos projetar para o futuro e ver que os nossos netos e os netos de nossos adversários poderiam facilmente ter um futuro íntimo e comum. Precisamos cultivar a capacidade de nos imaginar em uma rede relacional que inclua nossos adversários. Aqui, a empatia é essencial para incluirmos os inimigos na nossa experiência. Esse tipo de imaginação nos permite ver além de nossos conflitos atuais e maneiras tendenciosas de pensar. É uma forma de empatia cognitiva, que nos leva a trabalhar pelo bem comum de todos. Também nos motiva a entender as diferenças de perspectivas e pode ser um caminho para sair do ódio e da objetificação dos outros.

O segundo tipo de imaginação é transformar o não-saber, a ambiguidade, a curiosidade, a investigação e a humildade em aliados no processo de nos aproximarmos dos nossos inimigos, daqueles que estão sofrendo e daqueles que são muito diferentes de nós. É preciso imaginação para abrir o coração a possibilidades inconcebíveis, como o coronel Chris Hughes fez no Iraque.

O terceiro tipo de imaginação é aquela que nos permite ver um futuro diferente. John Paul chamou isso de "imaginação criativa", a capacidade de visualizar o futuro de uma maneira que reumaniza todos os atores e cria a possibilidade de mudança transformadora, mesmo contra todas as probabilidades. Essa espécie de imaginação aponta para um propósito resiliente e para uma paciência revolucionária, a capacidade de não ter medo ou ficar impaciente, pois imaginamos um horizonte mais vasto do que julgávamos possível.

O quarto tipo de imaginação é a "imaginação do risco" – o risco de não se apegar aos resultados, o risco de se sentar com o desconhecido, o risco de ir além das divisões e enfrentar incertezas com curiosidade e força. E ter a coragem e o amor para enfrentar a resistência dentro de nossas próprias comunidades e de nossas próprias mentes, enquanto lutamos para pôr fim à desumanização, à objetificação e ao sofrimento.

O poder da imaginação e da empatia saudável pode nos permitir ver as coisas a partir de uma perspectiva imensamente diferente e pode nos guiar e nos inspirar a resistir à normalização do que é intolerável. Quando habitamos essa zona onde as duas ecologias de empatia e imaginação se sobrepõem, podemos incluir em nossa experiência a diversidade da vida e somos livres para encontrar os companheiros de coragem e entrega.

V. AS DESCOBERTAS NO LIMITE DA EMPATIA

Em uma das conferências do *Mind and Life Institute* sobre neurociência e compaixão no Japão, compartilhei com Sua Santidade o Dalai Lama a história de um médico conhecido meu que cuidava abnegadamente de uma mulher com câncer de mama. Sua Santidade juntou as mãos e inclinou a cabeça, com os olhos cheios de lágrimas. Mas, no instante seguinte, sua expressão se transformou, irradiando bondade e reconhecendo o bom trabalho do médico. Foi notável ver como Sua Santidade é capaz de passar de um breve momento de empatia e aparente angústia para compaixão e felicidade.

Também testemunhei sua capacidade de mudar instantaneamente de assunto e de estado emocional durante minhas visitas a sua residência em Dharamsala, onde os peregrinos tibetanos chegam para receber bênçãos após suas longas e perigosas viagens à Índia. Podíamos estar no meio de uma intensa discussão sobre ciência – se um refugiado tibetano aparecia e lhe oferecia um lenço cerimonial, o olhar de Sua Santidade suavizava imediatamente quando olhava para o homem ou para a mulher diante dele. Segurava a mão do refugiado, entrava no espaço deles e oferecia uma prece e palavras de encorajamento. Na respiração seguinte, ele se voltava aos colegas e retomava a conversa técnica sobre os caminhos neurais e a natureza da consciência. Era uma poderosa demonstração de agilidade mental.

Está bem documentado na literatura da neurociência que os meditantes têm mais plasticidade mental e menos aderência (isto é, quando os pensamentos "grudam" ou persistem dentro da mente) do que os não meditantes. A prática da meditação, imbuída de uma motivação altruísta, pode melhorar nossa capacidade de sentir nossa própria experiência subjetiva e as experiências dos outros (empatia), mas soltar pensamentos e emoções mais facilmente, regulando automaticamente nossa resposta emocional e voltar a ver as coisas com olhar renovado. Por exemplo, de acordo com o neurocientista Dr. Antoine Lutz[57], um praticante pode ter uma resposta tão forte ou ainda mais forte a um estímulo emocional, mas é capaz de recuperar a compostura muito mais rapidamente do que um praticante iniciante. Em um artigo sobre regulação da atenção[58], o Dr. Lutz descreve como a prática de "monitoramento aberto" ou meditação da consciência aberta parece reduzir nossa tendência a ficarmos aprisionados, aumentando assim a flexibilidade emocional.

A neurocientista Gaëlle Desbordes e seus colaboradores pesquisaram o tema equanimidade e meditação. Semelhante ao que Antoine Lutz demonstrou, a Dra. Desbordes descobriu que um dos benefícios da meditação é "um desengajamento mais rápido da resposta emocional inicial e um retorno mais rápido à linha de base"[59]. Essa capacidade pode facilitar a mudança de breves momentos de angústia empática para a equanimidade e a compaixão.

Lembro-me do momento, em uma outra conferência, em que me aproximei de Sua Santidade com uma foto de um jovem nepalês chamado Tsering que havia se afogado no rio Budhi Gandaki. Uma médica americana da nossa equipe havia caído no rio ao ser atingida por uma pedra enorme que se desprendeu na trilha mais acima. A médica certamente teria perdido a vida se Tsering não tivesse pulado nas águas turbulentas do Himalaia e lhe dado uma tábua para ela se agarrar. Apesar de ser um excelente nadador, Tsering foi apanhado por um redemoinho poderoso e girou em frente da médica, agarrado à outra ponta da tábua. Ele salvou

---

57 Lutz A, Slagter HA, Dunne J, Davidson RJ. "Attention regulation and monitoring in meditation." *Trends in Cognitive Sciences*. 2008a; 12:163–169. www.ncbi.nlm.nih.gov/pmc/articles/PMC2693206/

58 Lutz A. Brefczynski-Lewis, J. Johnstone, T. Davidson RJ. "Regulation of the neural circuitry of emotion by compassion meditation: effects of meditative expertise." *https://pubmed.ncbi.nlm.nih.gov/18365029/*

59 Gaëlle Desbordes, Tim Gard, Elizabeth A. Hoge, Britta K. Hölzel, Catherine Kerr, Sara W. Lazar, Andrew Olendzki e David R. Vago, "Moving beyond Mindfulness: Defining Equanimity as an Outcome Mea- sure in Meditation and Contemplative Research," *Mindfulness* (NY) 6, no. 2 (April 2015): 356–72. www.ncbi.nlm.nih.gov/pmc/articles/PMC4350240/

a vida dela, mas perdeu a sua; foi arrastado rio abaixo na implacável corrente de monções.

Um jovem canadense agarrou a médica e a arrastou para uma pedra. Mas nunca mais avistamos Tsering. Uma terrível onda de comoção atravessou todos nós quando percebemos que tínhamos perdido aquele bom amigo.

Logo depois, levei um *khata* (lenço cerimonial) e uma foto de Tsering a Dharamsala a pedido de sua mãe, na esperança de pedir a Sua Santidade que rezasse por um renascimento auspicioso para o filho. Enquanto eu compartilhava a história com ele, o tempo parecia ter parado. Sua Santidade estava totalmente alerta, seus olhos cheios de ternura. O espaço à nossa volta estava parado; as pessoas próximas pareciam estar em uma espécie de filme em câmera lenta. Quando terminei a história, Sua Santidade me disse que Tsering renasceria como um grande bodhisattva por seu ato altruísta e compassivo de salvar a vida de outro. Essas eram as palavras que eu precisava ouvir. Elas eram um presente que eu poderia levar comigo e entregar à mãe de Tsering.

Se pudermos emular a capacidade de Sua Santidade de transitar rapidamente entre os estados mentais – uma habilidade que podemos cultivar através da meditação – estaremos menos propensos a cair no abismo da angústia empática. Essa flexibilidade mental nos ajuda a abrir espaço internamente quando presenciamos o sofrimento do outro e também a termos clareza sobre a distinção entre eu e o outro. Em nossa prática de meditação, aprendemos a observar os pensamentos, sentimentos e sensações deslizando e se chocando na nossa experiência subjetiva. Quanto mais habilidosos formos em não nos identificarmos com essas experiências, mas simplesmente observá-las, mais seremos capazes de evitar ser vítimas do sofrimento de outras pessoas.

Se cairmos no abismo, e às vezes cairemos, nem tudo está perdido. O sofrimento empático pode servir como uma força instigadora que nos levará a uma ação compassiva para acabar com o sofrimento dos outros e de nós mesmos. Precisamos de algum grau de estímulo, algum nível de desconforto para mobilizar nossa compaixão. Só precisamos ter certeza de que não ficaremos presos no pântano da angústia porque isso pode nos exaurir e nos afastar do cuidado dos outros. Se pudermos aprender a distinguir o eu do outro, sem criar muito distanciamento, a empatia será nossa aliada quando estivermos a serviço dos outros.

Uma última intuição: talvez não se trate de escorregarmos para debaixo da pele dos outros, mas sim de convidarmos os outros a nos habitar, a escorregar para debaixo da nossa pele, para os nossos corações, e de nos tornamos maiores, mais radicalmente inclusivos. A empatia não é apenas uma maneira de acompanhar o sofrimento de dentro do nosso pequeno barco – é uma maneira de nos tornarmos o oceano. Creio que o dom da empatia nos torna maiores – se não nos afogarmos nas águas do sofrimento. E a empatia, que é alquimizada a partir da nossa sabedoria, nos dá a energia para agirmos desinteressadamente em favor dos outros.

Um mundo sem empatia é um mundo morto para os outros – e se estamos mortos para os outros, estamos mortos para nós mesmos. Compartilhar a dor do outro pode nos levar além do estreito cânion da desconsideração egoísta e até mesmo da crueldade para um cenário maior e mais amplo de sabedoria e compaixão.

Também sinto que a empatia é um imperativo humano que nossa bondade básica nos convida a receber. Lembrando as palavras do grande filósofo Arthur Schopenhauer: "Como é possível que o sofrimento que não é meu e nem tenha nada a ver comigo me afete imediatamente como se fosse meu, e com tanta força que me faz agir?" A empatia, quando saudável, pode ser um chamado à ação – ação que não tem a ver com aliviar o nosso desconforto pessoal, mas com a grande bênção de aliviar o sofrimento do mundo.

3. INTEGRIDADE

Sem integridade, nossa liberdade fica comprometida.

Dois dias antes de meu pai morrer, ele nos contou uma enxurrada de histórias sobre sua vida. Minha irmã e eu nunca tínhamos ouvido falar de suas experiências na Segunda Guerra Mundial; era um assunto cuidadosamente evitado em nossa família. Mas, de repente, como algum tipo de veneno que ele precisava purgar, as histórias vieram à tona e nosso pai começou a falar.

Como comandante da embarcação LST 393, meu pai participou de eventos significativos da Segunda Guerra Mundial, incluindo a ocupação siciliana e os desembarques em Salerno. Ele e seus 140 homens também transportaram prisioneiros de guerra italianos e alemães pelo Mediterrâneo para campos de prisioneiros no norte da África. Em seu leito de morte, ele contou como, depois de desembarcar em solo italiano, seus soldados Gurkhas se lançavam para trás das linhas inimigas, matavam soldados italianos e cortavam suas orelhas. Como ele disse, os Gurkhas eram pagos por cada orelha que traziam de volta ao barco, uma moeda de fato pavorosa.

Meu pai, um cristão do sul, havia sido criado por sua família para se preocupar com a dignidade da vida – todas as vidas, incluindo as de seus *"inimigos".* Mas parte do que aconteceu sob seu comando violou o senso básico de integridade que fazia parte de sua educação. Alguns dias antes de morrer, ele contou a história de um infame incidente de fogo amigo que aconteceu durante a operação siciliana. Um navio de comando soube que aeronaves não identificadas estavam na área. Agitados e exaustos, os homens de meu pai confundiram os aviões aliados com os aviões de guerra do Eixo. Todos os navios aliados na área começaram a atirar nos aviões aliados que, aparentemente, não tinham o código para se identificar como amigos. Meu pai, não convencido de que os aviões eram aeronaves inimigas, tentou conter sua tripulação rápida no gatilho, mas sem sucesso. Um total de 164 homens aliados foram mortos e 383 foram feridos.

Enquanto nosso pai falava, percebi que ele havia experienciado um grande sofrimento moral durante a guerra e nas décadas que se seguiram. O sofrimento moral é um complexo emocional que minha amiga e colega Dra. Cynda Rushton, professora de ética clínica e enfermagem da Universidade Johns Hopkins, define como "a aflição ou a angústia experienciada em resposta a danos morais, erros ou falhas". Sofremos moralmente porque temos integridade e consciência; dói quando a integridade e a consciência são violadas por outros ou por nós mesmos.

Infelizmente, meu pai nunca havia dado atenção a esse sofrimento ao longo de sua vida. Ele serviu nobremente, tentando viver de acordo com seus valores em circunstâncias difíceis. Ele só expressou a angústia e a vergonha que estavam escondidas em seu coração quando estava morrendo, um combustível terrível que secretamente alimentou sua depressão e desespero quando era um homem de meia idade.

A integridade era um valor que meu pai valorizava incluindo honestidade e respeito a princípios morais e éticos. O Dicionário Oxford de Inglês define integridade como "o estado de ser inteiro e indiviso"[60]. Quando nossa integridade é comprometida, nos sentimos divididos por dentro e separados de nossos valores e tenho certeza de que isso aconteceu com meu pai.

---

60 *Oxford English Dictionary,* s.v. "integrity,"
https://en.oxforddictionaries.com/definition/integrity

Se conseguirmos nos manter firmes no topo da integridade, mantendo nossas palavras e ações alinhadas com nossos valores, podemos escapar dos danos. Mas quando não somos capazes de agir de maneira congruente com nossos valores mais profundos, caímos no abismo do sofrimento moral. Dessa forma, os sentimentos de futilidade, medo, raiva e nojo podem nos fazer adoecer – emocional, física e espiritualmente.

Ao ouvir as histórias de nosso pai em seu leito de morte, minha irmã e eu ganhamos uma compreensão maior de seu longo e silencioso tormento. A desinibição que ocorre no processo do morrer ativa níveis profundos da psique e, apesar de suas revelações serem muito carregadas emocionalmente, ele parecia não ter medo de sua morte iminente. Compartilhar conosco a agressão à própria consciência sofrida por ele durante a guerra fez parte do processo de completar sua vida. Senti que ele estava tentando nos ensinar algo sobre os valores humanos de coragem, dignidade e de contenção – contenção de si mesmo e de seus artilheiros.

Logo após esses episódios de compartilhamento, depois de um período de dificuldades físicas, nosso pai entrou em um estado de paz. Minha irmã e eu testemunhamos seu sofrimento e sustentamos sua verdade para que ele pudesse se libertar dela. Ao final, ele estava livre para morrer sem culpa e sem vergonha, o que foi um presente para todos nós.

I. À BEIRA MAIS ELEVADA DO ABISMO DA INTEGRIDADE

Não sou uma filósofa moral. Mesmo assim, investigar a natureza da integridade e da moralidade tem sido uma parte importante da minha prática e da minha vida. Em meu trabalho como antropóloga, descobri que existem muitas plataformas morais e que as noções do que é certo e errado variam de cultura para cultura, até mesmo de pessoa para pessoa. No entanto, o budismo me deu uma nova maneira de entender a integridade, que a vê através das lentes do sofrimento. Quando causamos sofrimento a outras pessoas ou a nós mesmos, nossa integridade é violada. Quando aliviamos o sofrimento dos outros, nossa integridade é afirmada.

Ter integridade é ter um compromisso consciente de honrar princípios éticos e morais firmes. As palavras *moral* e *ética* têm várias definições. No entanto, durante toda essa exploração da integridade, o termo 'moralidade' se referirá aos nossos valores pessoais relacionados à dignidade, honra, respeito e cuidado. O termo 'ética' se referirá aos conjuntos codificados de princípios benéficos e construtivos que orientam a sociedade e as instituições e pelas quais somos responsáveis.

Nossos valores se refletem em nosso caráter e são o que afirmam ou destroem nossa integridade. Sem integridade, nossa liberdade fica comprometida. Tenho visto que a integridade pode ter um limite frágil, talvez mais frágil do que o dos outros Estados Limite. Com isso, quero dizer que muitas vezes é preciso passar por uma experiência de angústia moral, um empurrão, um deslize ou uma queda no abismo do sofrimento, que afirme ou revele a integridade. É por isso que a maioria das histórias que compartilho sobre integridade tem um componente de sofrimento. Essas histórias enfatizam a *sensibilidade moral* (nossa capacidade de detectar conflitos e dilemas morais) e o *discernimento moral* (nossa capacidade de avaliar quais ações são moralmente justificáveis). Elas também incluem grandes doses de fibra moral, um termo usado pela autora Joan Didion para descrever alguém que possui uma virtude inegociável quando está à beira do abismo do dano[61].

FIBRA MORAL E REALISMO RADICAL

A vida da líder do Movimento dos Direitos Civis, Fannie Lou Hamer, oferece uma ilustração poderosa e comovente da integridade como um

---

61 "On Self-Respect: Joan Didion's 1961 Essay from the Pages of Vogue," 22 de outubro de 2014, www.vogue.com/article/joan-didion-self-respect-essay-1961.

Estado Limite e do papel que a coragem, a sabedoria e a compaixão desempenham para nos ajudar a prosperar no topo da integridade. Tive a sorte de conhecer Fannie Lou Hamer durante a iniciativa de censo eleitoral no Mississippi Freedom Summer em 1964. Nós duas éramos membros do Comitê de Coordenação de Estudantes Não-Violentos (SNCC). Em 1965, o físico David Finkelstein e eu organizamos uma captação de recursos para o SNCC na cidade de Nova York, e pedimos que Fannie Lou abrisse o encontro.

Naquela noite, em Greenwich Village, todos nos aproximamos de nossa honrada oradora para ouvir sua visão sobre a justiça racial e ouvir sua voz poderosa e melodiosa. Ela compartilhou também sua história de vida. Nascida em 1917, filha de meeiros e a caçula de vinte irmãos[62], trabalhava como apanhadora de algodão em uma plantação desde os seis anos de idade. Ela nos contou que, aos treze anos, conseguia colher duzentos a trezentos quilos de algodão por dia. A vida era difícil, mais do que difícil, para ela e sua família que frequentemente passavam fome[63]. Ela se casou e, embora ela e o marido não tenham tido filhos, eles criaram dois filhos de famílias pobres. Em 1961, aos quarenta e quatro anos, realizou um procedimento cirúrgico para a remoção de um tumor. Seu médico branco a esterilizou sem o seu consentimento como parte do plano draconiano do Mississippi de diminuir o número de negros pobres no estado.

Em 1962, contra as ordens do empregador nas plantações, Fannie Lou se registrou para votar e, como resultado, perdeu seu emprego de escrava. Ela, então, começou a trabalhar com o SNCC no registro e alfabetização de eleitores. Ela disse: "Acho que se eu tivesse um pingo de bom senso, teria ficado assustada, mas que sentido fazia estar assustada? A única coisa que eles podiam fazer era me matar, e parecia que eles estavam tentando fazer isso pouco a pouco, desde quando eu conseguia me lem-

---

[62] "Fannie Lou Hamer: Civil Rights Activist," Mississippi History Now, abril de 2007, http://mshistorynow.mdah.state.ms.us/articles/51/fannie-lou-hamer-civil-rights-activist

[63] "Fannie Lou Hamer," History, 2009, https://www.history.com/topics/black-history/fannie-lou-hamer

brar."⁶⁴ Presa por uma acusação falsa em 1963, Fannie Lou contou que foi espancada por presos e depois pela polícia⁶⁵ com um porrete, quase até a morte. Esse ferimento poderia ter acabado com sua vida, mas parecia ter apenas alimentado sua determinação e a indignação moral baseada em seus princípios.

Enquanto ouvia Fannie Lou falar, me sentia eletrificada. Era bem claro que seu forte senso de integridade, sua fibra moral e sua fé fizeram mais do que ajudá-la a enfrentar os desafios que encontrou. Suas ações estavam alinhadas com suas convicções. Embora ela não tenha dito dessa maneira, também tenho certeza de que não foi pouco o sofrimento moral que sentiu – quem em sua situação não sentiria vendo os membros de sua comunidade sendo depreciados, espancados e mortos no sul rural?

Embora a própria Fannie Lou tenha sido vítima de abusos horríveis, ela nunca desistiu. Na verdade, usou seu sofrimento para benefício da humanidade, trabalhando corajosamente com pessoas de ambos os lados da divisão racial, ainda que sua vida estivesse ameaçada. Naquela noite em Greenwich Village, ela enfatizou que mantinha seu compromisso vivo, considerando o Movimento dos Direitos Civis como um caminho espiritual. Eu a ouvi dizer em claro e bom som: apareça… essa é a prática do realismo radical combinada com a reumanização e com o incansável exercício da imaginação moral. Fannie Lou Hamer se tornou um modelo para mim e é uma das pessoas que mais influenciaram minha vida. Muitas vezes reflito sobre sua enorme coragem e integridade.

Um outro compatriota de Fannie Lou foi o ativista social, historiador e consultor do SNCC, Dr. Howard Zinn. Ele tinha um enorme respeito pela autoridade moral de Fannie Lou, bem como por sua força em meio

---

64 "Fannie Lou Hamer," *Wikipedia*, https://en.wikipedia.org/wiki/Fannie_Lou_Hamer

65 Tasha Fierce, "Black Women Are Beaten, Sexually Assaulted and Killed by Police. Why Don't We Talk About It?," Alternet, 26 de fevereiro de 2015 https://www.alternet.org/2015/02/black-women-are-beaten-sexually-assaulted-and-killed-police-why-dont-we-talk-about-it/

a tanta incerteza e violência. Tenho certeza de que ele foi influenciado pelo espírito dela quando escreveu:

> *Ter esperança em tempos ruins não é apenas um romantismo tolo. Baseia-se no fato de que a história humana não é uma história de crueldade apenas, mas também de compaixão, sacrifício, coragem e bondade.*
>
> *O que escolhemos enfatizar nessa história complexa determinará nossas vidas. Se enxergarmos apenas o pior, isso destruirá nossa capacidade de fazermos algo. Se nos lembrarmos daqueles tempos e lugares – e há tantos – onde as pessoas se comportaram magnificamente, isso nos dará energia para agirmos e, pelo menos, a possibilidade de fazer com que este mundo, que mais parece com um pião, girar numa direção diferente.*
>
> *E se nós, de fato, agirmos, ainda que timidamente, não teremos que esperar por um futuro utópico grandioso. O futuro é uma sucessão infinita de presentes, e viver agora da forma como pensamos que os seres humanos deveriam viver, desafiando tudo o que há de ruim à nossa volta, é uma vitória maravilhosa.*[66]

A vida de Fannie Lou foi realmente uma vitória, um exemplo formidável de fibra moral, de integridade e de realismo radical.

VIVENDO DE ACORDO COM OS VOTOS

O ponto central de nossa integridade é "viver de acordo com os votos", nossa capacidade de sermos guiados por nossos valores mais profundos, de sermos conscienciosos e de nos conectarmos com quem realmente somos. Viver de acordo com os votos também dirige nossa

---

[66] Howard Zinn, *You Can't Be Neutral on a Moving Train: A Personal History of Our Times* (Boston: Beacon Press, 2010), 208.

sensibilidade moral, nossa capacidade de identificar características moralmente relevantes em nossa interação com os outros e nas organizações em que trabalhamos, e a perspicácia e a coragem para lidar com questões relacionadas a dano.

A integridade pode ser vivida de maneiras grandiosas, como na vida de Fannie Lou, mas também brilha através das decisões que as pessoas comuns tomam todos os dias – dizendo à pessoa do caixa que ela nos deu troco a mais; defendendo a mulher usando hijab que está sendo intimidada; pedindo ao nosso tio racista para não expor suas opiniões na presença dos nossos filhos.

Talvez tenhamos medo de tomar uma posição e optemos por ignorar essas situações. Talvez estejamos em negação ou sejamos intencionalmente ignorantes sobre os danos sofridos por outras pessoas em situações transgressivas. Talvez sejamos moralmente apáticos ou vivamos em uma bolha de privilégios. Mas se não ficarmos presos a nenhuma dessas defesas, daremos um passo à frente e enfrentaremos o mal com a determinação de acabar com o sofrimento.

O que nos mantém eretos é a nossa fibra moral, a coragem de sustentar os princípios da bondade. O que mantém nossa integridade nos trilhos é a nossa sensibilidade moral. Precisamos de costas fortes e frente suave, vivenciando a equanimidade e a compaixão para nos mantermos alinhados com nossos valores. Também precisamos ter um tipo de coração que seja grande o suficiente para aceitar a rejeição, a crítica, a depreciação, a raiva e a culpa se as nossas visões forem contrárias ao que está estabelecido. Poderíamos até perder nossas vidas defendendo nossos princípios.

Talvez seu tio nunca mais fale com você. Talvez sua casa seja marcada por você ter protegido uma mulher muçulmana. Ou até coisa muito pior... Mas isso é chamado de "viver de acordo com os votos".

No entanto, muitos de nós têm aversão a votos. Para nós, eles parecem regras que nos restringem. Alguns de nós são violadores de regras por natureza. Outros acham que os votos são religiosos demais e que somos secularistas convictos. Outros simplesmente não se importam. Não vemos razão para fazer promessas ou honrar compromissos. No entanto, vivemos um tempo de rápidas mudanças psicossociais, um tempo de normalização do desrespeito, da mentira, da violência e de coisas piores. É importante lembrar que nossos votos nos ajudam a permanecer alinhados com nossos valores mais profundos e nos lembram de quem realmente somos.

Os votos que fazemos são uma gramática de valores refletidos em nossas atitudes, pensamentos e na maneira como somos no mundo. Nossas promessas e compromissos dizem respeito fundamentalmente a como somos um com o outro e com nós mesmos, como nos conectamos e servimos e como nós encontramos o mundo. Praticando e incorporando os votos, eles refletem nossa integridade e nos ajudam a dar lastro e significado ao enfrentarmos as tempestades internas e externas da experiência humana.

Os votos podem ser praticados de maneira literal, como seguir os Dez Mandamentos ou os preceitos budistas. Podem também ser baseados na compaixão, mais fluidos e sensíveis ao contexto. Ou podem ser baseados em uma perspectiva de sabedoria de não-separatividade e não-dualidade. O ponto principal é que os votos são um cenário maior do que a maioria de nós compreende, apoiam a integridade de nossas vidas e protegem nosso mundo.

Existem os votos pessoais, as promessas internas que devemos cumprir para dar força de caráter à nossa vida. Por exemplo, uma influência poderosa para mim é a minha mãe ter dedicado a vida a servir aos outros. Desde muito jovem, meu voto pessoal é não abandonar os vulneráveis e trabalhar sempre para pôr fim ao sofrimento dos outros.

Há, também, os votos que recebemos por meio de nosso treinamento religioso. "Trate os outros ...", A Regra de Ouro ou os Três Preceitos Puros do Budismo de não prejudicar, fazer o bem, fazer o bem aos outros. São votos que compartilhamos com os outros e que nos fundamentam no sagrado de toda a vida.

Existem também preceitos práticos que nos ajudam a viver em nosso mundo. Esses são os costumes e normas que nutrem a civilidade e a cooperação social. Tratar os outros com respeito. Falar gentilmente com os outros e sobre os outros. Ser grato pelo presente da nossa vida.

Votos especiais são aqueles que podem transformar o nosso egoísmo. Esses votos exigem que sejamos rigorosos com nós mesmos porque se concentram no ego e estão relacionados às nossas emoções destrutivas. Os votos de domar o ego nos ensinam que ser egoísta simplesmente não é prático. Ponto! Muitos de nós concordam que não é do interesse de ninguém ser ganancioso, odiar ou ser deludido. No entanto, inevitavelmente, temos momentos de desobediência. Os votos que domam o ego nos ajudam a dissolver o autocentramento, como dissolver sal grosso no vasto oceano.

No Upaya, todas as manhãs, durante nossos períodos de prática intensivos, cantamos o Verso da Expiação, um voto que doma o ego, que nos convida a não nos separarmos dos danos que causamos aos outros e a nós mesmos. O verso nos lembra da expiação. Diz o seguinte: "Todo o meu antigo karma retorcido, de ganância, ódio e delusão sem princípio, nascido do corpo, da fala e da mente, eu agora expio completamente". A palavra expiar é uma boa palavra. A palavra '*atone*' em inglês (expiar em português) '*at-one*' (em um), não se separar da verdade de toda a nossa vida e juntar as peças quebradas em um ato de reconciliação corajosa e honesta.

Os votos mais poderosos são aqueles que nos orientam a viver uma identidade maior, de ser Buddha. Esses votos nos apoiam no reconhecimento da impermanência, da interdependência, do altruísmo e da compaixão. Para um budista, isso significa refugiar-se no Buddha, que exemplifica sabedoria e compaixão. Refugiar-se significa praticar "ser Buddha". Também nos refugiamos no Dharma, os ensinamentos e valores que nos guiam para não causar mal, servir desinteressadamente e despertar. Isso significa incorporar os ensinamentos da melhor maneira possível. E, finalmente, nos refugiamos na Sangha, nossos companheiros no caminho do despertar, mesmo aqueles que nos causam problemas, como nosso político local, nosso sogro, nosso empregador desrespeitoso. Isso significa que somos capazes de ver que não estamos separados de nenhum ser e de nenhuma coisa, vivendo de acordo com essa visão.

Para um cristão, isso também pode significar refugiar-se no Senhor Jesus Cristo e gerar as beatitudes como uma experiência viva de amor e humildade. Para um indígena, pode significar refugiar-se na grande terra e no vasto céu, respeitando e valorizando todos os seres vivos. Não importa qual seja a fonte de votos, acredito que os votos são práticas essenciais que apoiam a integridade e o desenvolvimento do caráter moral. Assim, muitas vezes digo aos meus alunos: "Por que não ser um Buddha agora?"

Como vamos fazer isso? Uma maneira é nos voltarmos aos pontos de maior resistência. Podemos ir para aquele lugar de que temos mais medo e colocar à prova a força da nossa relação com os votos e valores. Fannie Lou Hamer, Malala Yousafzai e Jane Goodall ficaram em pé à beira do abismo da integridade e enfrentaram a dura realidade do sofrimento sistêmico causado pelo racismo, sexismo, destruição ambiental e pelas desastrosas disparidades econômicas deste nosso mundo. Em meio a uma incerteza radical, essas mulheres viveram de acordo com seus votos de acabar com o sofrimento: voto contínuo, prática contínua! Sua fibra moral e sensibilidade moral deram a elas costas fortes e frente suave para enfrentarem o sofrimento a que chamamos no Zen de "uma resposta apropriada", que é coragem e integridade mediada pela sabedoria. Creio que isso é viver de acordo com os votos.

II. CAINDO NO ABISMO DA INTEGRIDADE: O SOFRIMENTO MORAL

O sofrimento moral é o dano que sofremos quando as ações transgridem nossos princípios de bondade humana básica. Manifesta-se em pelo menos quatro formas principais. A *angústia moral* surge quando temos consciência de um problema moral e identificamos um remédio, mas somos incapazes de agir por conta de restrições internas ou externas. A *lesão moral* é uma ferida psicológica resultante de testemunhar ou de participar de um ato moralmente transgressivo; é uma mistura tóxica e purulenta de medo, culpa e vergonha.

Por outro lado, a *indignação moral* é uma expressão externalizada de ira em relação a outros que violaram normas sociais. Como uma reação que envolve raiva e repulsa, a indignação moral contra ações antiéticas pode nos levar a agir e a exigir justiça e responsabilização. A *apatia moral* ocorre quando simplesmente não queremos tomar conhecimento ou quando negamos situações que causam danos.

Todas as quatro formas de sofrimento moral estão presentes na história de Hugh Thompson Jr., que era piloto de helicóptero e soldado da Geórgia como meu pai. No Vietnã do Sul, em 16 de março de 1968, Thompson sobrevoou uma cena horrenda de soldados americanos estuprando, mutilando e matando homens, mulheres, crianças e bebês vietnamitas, o que ficou conhecido como o Massacre de My Lai. Em uma incrível demonstração de integridade e coragem, Thompson e os dois membros de sua tripulação intervieram, detendo os criminosos americanos e ameaçando utilizar suas armas contra eles caso não parassem. Em seguida, Thompson escoltou pessoalmente vários civis para um lugar seguro. Sua indignação moral ao testemunhar aquela violência descontrolada contra moradores inocentes provavelmente deu a Thompson a força para salvar a vida de alguns daqueles homens, mulheres e crianças e a responsabilizar os perpetradores.

O comandante general das forças americanas no Vietnã era William C. Westmoreland. Ele parabenizou os agressores norte-americanos por sua "ação notável", escrevendo que eles haviam "acertado um duro golpe no inimigo"[67]. Mas anos depois, em suas memórias, Westmoreland descreveu esse incidente como "o massacre deliberado de bebês indefesos, crianças, mães e homens velhos, em uma espécie de pesadelo diabólico

---

[67] Joanna Bourke, *An Intimate History of Killing: Face-to-Face Killing in Twentieth-Century Warfare* (New York: Basic Books, 1999).

em câmera lenta que durou a maior parte do dia, com um intervalo de sangue frio para o almoço"[68].

Logo após o incidente, Thompson recebeu a Cruz de Condecoração das Forças Aéreas, mas ele a jogou fora. A citação elogiava seu heroísmo "diante do fogo inimigo hostil", omitindo o fato de que o fogo hostil vinha do lado americano. Thompson estava convencido de que seus comandantes estavam tentando comprar seu silêncio, mais uma violação ética. Em 1969, ele testemunhou contra os oficiais que haviam ordenado o massacre, porém todos foram ao final perdoados ou absolvidos[69].

Durante anos, Thompson foi difamado por muitos militares, governo e público norte-americanos pelo papel que teve na investigação e nos julgamentos de My Lai. Apesar de ter agido heroicamente, seu sofrimento relacionado ao massacre e seu subsequente encobrimento nunca o deixaram em paz. Profundamente ferido por lesões morais, Thompson sofreu de transtorno e estresse pós-traumático, sofreu também com seu divórcio, pesadelos graves e alcoolismo. Ele tinha apenas sessenta e dois anos quando morreu.

Thompson experienciou sofrimento moral quando percebeu que teria que desafiar as ordens de seus superiores a fim de preservar sua integridade e salvar vidas de civis. Sua indignação moral o levou a fazer a coisa certa, mesmo sofrendo danos morais que o assombraram por boa parte de sua vida e, provavelmente, alimentaram seu alcoolismo (uma doença que envolve negação e entorpecimento e, portanto, alguma medida de apatia moral).

No entanto, no final de sua vida, Thompson foi finalmente reconhecido como um herói. Ele e sua equipe receberam publicamente a Medalha do Soldado por sua coragem em fazer o que poucos fariam naquelas circunstâncias.

Conheci a história de Hugh Thompson com um aluno meu que serviu

---

68 William C. Westmoreland, *A Soldier Reports* (Garden City, NY: Doubleday, 1976), 378.
69 "Hugh Thompson Jr.," https://www.americanswhotellthetruth.org/ https://www.americanswhotellthetruth.org/portraits/hugh-thompson-jr

como SEAL na Marinha e assisti a uma palestra de Thompson sobre ética nas forças armadas. Thompson disse à plateia que havia retornado a My Lai dez dias depois de receber a Medalha do Soldado, trinta anos após o massacre. Em My Lai, Thompson conheceu uma mulher vietnamita que havia sobrevivido ao massacre. Ela contou a ele que rezava para que os soldados que atiraram neles voltassem com Thompson para que pudessem ser perdoados. Essa mulher, sem dúvida, também sofreu danos morais, vendo os que moravam em sua aldeia serem estuprados, torturados e mortos – mas ela foi capaz de transformar esse dano em perdão.

Seria útil saber como os autores do massacre viveram com suas ações. A menos que fossem moralmente apáticos, devem ter sofrido também. Em 2010, um líder de esquadrão que havia participado do desastre disse que fez o que fez porque temia ser executado. "Se eu entrasse em uma situação de combate e dissesse: 'Não, eu não vou. Eu não vou fazer isso. Não vou seguir essa ordem', eles teriam me colocado contra a parede e atirado em mim."[70]

Os medos do líder de esquadrão eram possivelmente bem fundamentados, e as pessoas que acabam em cenários como esse, de matar ou ser morto, merecem nossa compaixão. Ainda assim, foi Hugh Thompson que se manteve firme nas terras altas da integridade; o dano e a indignação moral lhe deram coragem e energia para agir quando foi confrontado com atos injustos.

ANGÚSTIA MORAL

Ao longo das décadas em que trabalhei em cuidados no final da vida, muitos médicos confidenciaram os dilemas morais que enfrentaram quando o ônus de prolongar a vida de um paciente começa a superar seus benefícios. Alguns foram solicitados a realizar ressuscitação car-

---

[70] *My Lai*, PBS American Experience (Boston: WGBH, 2010), transcrição completa do programa.

diorrespiratória – um procedimento doloroso e muitas vezes inútil – em um paciente com apenas mais alguns dias de vida. Um médico me contou uma história em que negaram produtos derivados de sangue a um paciente que necessitava deles porque o estoque estava baixo em sua instituição. Muitos compartilharam a discussão que tiveram com suas equipes sobre que intervenção realmente seria útil e não conseguiram seguir o melhor caminho devido às políticas do hospital ou às expectativas dos pacientes. Alguns caíram em apatia moral por causa do desgaste e perderam a capacidade de cuidar.

Minha experiência ao longo de décadas se concentrou em trabalhar com médicos, alguns dos quais experienciam sofrimento moral diariamente. Há alguns anos, um colega e eu fomos chamados para atender uma equipe de enfermeiros que atuava em uma unidade de terapia intensiva cardíaca (UTI). A equipe estava desmoralizada e quase desmoronando. Durante nove meses, eles cuidaram de um paciente de transplante cardíaco. O coração do doador tinha problemas e a saúde do paciente, Roy, estava em forte declínio.

Compreensivelmente, Roy e sua esposa estavam desesperados e dispostos a fazer qualquer coisa para prolongar sua vida. O cirurgião cardíaco havia pintado um quadro otimista, sugerindo que Roy ficaria bem com as intervenções recomendadas por ele.

Mas não foi isso que aconteceu. Ao longo dos meses, Roy teve que suportar amputações muito dolorosas devido à gangrena, sofrendo com escaras, limpeza frequente e troca dos curativos de suas feridas abertas, pneumonia recorrente, infecções resistentes a medicamentos e dependência de ventilação mecânica. A dor de Roy tornou-se incontrolável e fez com que ele afundasse em desespero silencioso.

As enfermeiras compartilharam que foram ficando cada vez mais angustiadas ao tentar cuidar dos ferimentos físicos e mentais de Roy. Algumas nos disseram que não suportavam entrar no quarto de Roy pois sentiam que seus cuidados estavam lhe causando ainda mais dor. Uma delas confidenciou que lidar com a gangrena de Roy e seu odor pútrido a fizeram vomitar quando saiu do quarto. Outras continuaram cumprindo seus deveres, mas sentiam-se alarmadas com a angústia do paciente. Algumas compartilharam que se sentiam anestesiadas e simplesmente realizavam suas tarefas como se estivessem em um transe. Quanto a Roy, ele havia deslizado para um silêncio sombrio. Após nove meses de agonia para Roy e de crescente sofrimento moral para as enfermeiras, Roy faleceu ainda na UTI.

Ouvindo as enfermeiras, lembrei que Hipócrates recomendava três objetivos para o exercício da medicina: "cura, alívio do sofrimento e recusa em tratar aqueles que foram vencidos por suas doenças". Aquelas enfermeiras experientes sentiram que Roy havia realmente sido vencido por sua doença, e os cuidados solicitados não eram apenas inúteis, mas também pareciam ser prejudiciais para o paciente. Para piorar a situação, o cirurgião parecia ter desconsiderado suas preocupações e elas se sentiram dominadas por ele e pela política do hospital.

Algumas enfermeiras se sentiram culpadas e envergonhadas por evitar o paciente. Algumas se fecharam completamente, moralmente apáticas. E algumas se sentiram moralmente indignadas, culpando o cirurgião pelo que pensavam ser um comportamento antiético. Todos eles sofriam de angústia moral.

Durante aquele encontro conosco, as enfermeiras perguntaram o que poderiam ter feito em um sistema médico dedicado a prolongar a vida *a qualquer custo*. Elas também queriam conselhos sobre como, em condições como aquelas, poderiam se livrar da reatividade emocional de querer abandonar o paciente ou de cair em apatia ou indignação moral. Elas sentiram que sua integridade havia sido seriamente comprometida no decorrer do atendimento àquele paciente e que haviam violado seus valores e princípios de cuidado compassivo. Além disso, elas haviam perdido a coragem moral e nos perguntaram como poderiam restaurar o respeito próprio e a integridade.

Nós escutamos. Oferecemos apoio ouvindo uns aos outros. Compartilhamos com eles como poderiam reformular a experiência. Exploramos cenários alternativos. E, então, sugerimos que explorassem o perdão: perdão a si mesmos, perdão um ao outro, perdão ao cirurgião e à instituição.

A história não terminou com aquela consulta. Durante um período de dois anos, meu colega continuou trabalhando com essa equipe ajudando-a a cultivar resiliência moral. A equipe explorou práticas de meditação para aprimorar a flexibilidade mental, o enraizamento e o insight em situações muito intensas. A equipe também examinou seus valores pessoais e os princípios que orientavam sua instituição. Eles viram que seus próprios princípios nem sempre estavam alinhados com as expectativas institucionais. Exploraram também o conceito de *resíduo moral*, o doloroso resíduo emocional que persiste depois de ações que violam o senso de integridade. Começaram a perceber que o resíduo moral é esperado após a maioria dos dilemas éticos e que aceitar o resíduo moral era uma parte importante da construção da resiliência.

Mas para os profissionais dessa equipe, esse processo não era apenas uma questão de cura. Aprender a ser moralmente resiliente os levou a um empoderamento. Essa equipe tomou a iniciativa de mudar a política para que pacientes cardíacos com prognóstico ruim pudessem receber cuidados paliativos adequados. Até o momento em que escrevo estas linhas, a maior parte dos profissionais dessa equipe continua trabalhando junto nessa unidade de terapia intensiva cardíaca.

A DOR DA LESÃO MORAL

Enquanto o sofrimento moral pode durar pouco, a lesão moral é um dano que pode levar muito tempo para ser curado, isso se puder ser curado. A lesão moral é uma ferida psicoespiritual e social complexa resultante de uma violação da nossa integridade quando testemunhamos ou participamos de atos intoleráveis. Geralmente afeta os militares, por razões óbvias. Assim como o líder do esquadrão My Lai, muitos soldados se sentem impotentes em afirmar suas crenças e valores individuais em oposição aos imperativos institucionais. Durante essas situações, o edifício da nossa integridade pode entrar em colapso, e pode acontecer de seguirmos ordens que julgamos erradas – ou que deixemos de intervir em meio a graves danos, mesmo que nossa consciência nos chame a fazer o contrário.

O termo *lesão moral* refere-se não apenas ao ferimento sofrido, mas também ao dano psicológico de longo prazo que causa. Os que sofrem são assombrados por sentimentos de dissonância que podem durar toda uma vida e podem incluir depressão, vergonha, culpa, isolamento e autoaversão. Os sentimentos associados à lesão moral também podem provocar a raiva e o nojo que levam à indignação moral e alimentar os comportamentos de adição que estão ligados à apatia moral.

A alienação é outra marca registrada da lesão moral. Ao retomar a vida civil, aqueles que retornam do serviço militar podem se sentir desconectados de seus colegas, amigos e familiares. Como a maioria dos civis não sabe como é servir nas forças armadas, eles têm dificuldade em se relacionar com a experiência dos veteranos, que podem temer ser vistos negativamente pelo que foram obrigados a fazer. Também podem temer ser elogiados como heróis se algumas de suas ações forem moralmente ambíguas ou transgressivas.

Obviamente, os militares não são os únicos que sofrem lesão moral. É uma ferida também sofrida pelo político que mente para ganhar votos e percebe que está comprometendo sua integridade; pelo funcionário de uma empresa de petróleo desmoralizada pela destruição ambiental com a qual é cúmplice; pelo educador que empurra seus alunos a passar nas provas a qualquer custo e se sente culpado por prejudicá-los; e mesmo por aqueles que tentam evitar esse dano, por simplesmente testemunhá-lo. Acredito que precisamos reconhecer até que ponto a lesão moral está presente em nossa sociedade para que possamos tratá-la da melhor forma.

Tive uma experiência de lesão moral na noite de 6 de novembro de 2001, quando Terry Clark foi morto por uma injeção letal na Penitenciária do Novo México. A pena capital – matar como punição por matar – é uma prática que causa lesão moral a muitos dos envolvidos, até mesmo àqueles que tentam evitá-la. Tenho uma visão perturbadora dessa prática, que ainda é mantida em 31 de nossos estados. Tocou minha vida para sempre.

Terry Clark havia sido condenado no início de 1986 por sequestrar e estuprar uma garota de seis anos de idade. Enquanto estava em liberdade naquele verão, estuprou e matou uma garota de nove anos, confessando seus crimes dias depois. Embora o Novo México não executasse um prisioneiro desde 1960, um júri condenou Clark à morte.

Encarcerado, Clark passou por processos de apelação até 1999, quando desistiu de prosseguir e começou a esperar por sua morte. Eu fazia parte de uma equipe que tentava convencer Clark a reverter sua decisão e restabelecer o processo de apelação para que não fosse executado. Obviamente, não tivemos sucesso.

Clark parecia ser um homem atormentado. Um colega e eu sentávamos no chão de concreto do lado de fora da cela e conversávamos com ele através da pequena porta para passagem da comida na imponente porta de metal que o separava de nós. Ele mal falava, praticamente sussurrava, e sua cela estava sempre cheia de fumaça e cinzas de cigarro.

Na noite de sua execução, cerca de cinquenta dos meus alunos e amigos se reuniram do lado de fora da penitenciária, localizada ao longo de uma estrada rural perto de Santa Fé. Em protesto, sentamos em silêncio, diretamente no chão naquela noite fria e escura. Mas não estávamos sozinhos. Perto de nós, a família e os vizinhos da garota assassinada estavam gritando: "Matem-no! Matem-no!" Depois de algum tempo, talvez influenciados por nossa quietude, eles se acalmaram e começaram a cantar "Jesus me ama, disso eu sei". Todos esperamos.

Às 19:30, um agente penitenciário saiu para nos informar que Terry Clark havia sido morto. Nosso grupo caiu em um silêncio ainda mais profundo. Eu me sentia enjoada. Mais triste foi ouvir os aplausos daqueles que apoiavam sua execução. Eu sabia que Clark havia cometido crimes terríveis. Ainda assim, não conseguia me reconciliar com a ideia de se cometer um assassinato como punição por um assassinato. O Buddha ensinou a não-violência. Ele trabalhou para transformar assassinos em vez de puni-los. Seguindo seus ensinamentos, a maioria dos budistas sente que a pena capital é antiética, que matar como punição por matar não absolve ninguém. Muitos de nós também se opõem ao conceito de "homicídio justificável" porque serve para normalizar homicídios não justificáveis (isto é, assassinatos).

Como não executava um prisioneiro há mais de quarenta anos, o Departamento de Correções do Novo México não estava preparado para realizar a execução. Eles tiveram que trazer uma equipe do Texas. Muitos funcionários da penitenciária conversaram comigo em particular sobre suas preocupações morais porque aquela execução aconteceria no turno deles.

No dia em que Clark foi executado, me disseram que ele estava tão assustado que pediu um tranquilizante. Enquanto a execução ocorria, um dos psicólogos da ala dos condenados à morte chorava enquanto Clark, aterrorizado, olhava em seus olhos. Meus associados que estavam na ala com Terry Clark nunca mais foram os mesmos e acabaram saindo do departamento penitenciário.

Não ouvimos histórias assim com muita frequência, mas muitos membros da equipe que realizam as execuções sofrem de uma angústia que dura muito tempo. "Quando o interruptor foi acionado pela primeira vez, e percebi que acabara de matar um homem, isso foi bastante traumático", disse o Dr. Allen Ault ao *The Guardian*.[71] Em meados dos anos 90, como comissário do Departamento de Correções da Geórgia na época, Ault deu a ordem de cinco execuções em cadeira elétrica. "Então, depois de ter que fazer isso de novo e de novo e de novo, cheguei a um ponto em que não conseguia mais continuar", disse ele.

Esses assassinatos premeditados fizeram Ault se sentir degradado a um nível "inferior ao da pessoa mais desprezível". Depois da quinta execução, a angústia de Ault foi tão intensa que ele renunciou ao cargo. Até hoje, ainda se sente assombrado pelos homens cujas vidas ele pôs fim. "Não me lembro

---

71 Ed Pilkington, "Eight Executions in 11 Days: Arkansas Order May Endanger Staff's Mental Health," *Guardian*, 29 de março de 2017. https://www.theguardian.com/world/2017/mar/29/arkansas-executioners-mental-health-allen-ault

dos nomes deles, mas ainda os vejo nos meus pesadelos", disse ele.[72]

Vários membros de sua equipe buscaram terapia para lidar com seus traumas. Ault disse que conhece pessoalmente três pessoas que participaram de execuções e que, mais tarde, cometeram suicídio. Eles não foram capazes de integrar o resíduo moral e, como resultado, sofreram lesão moral e morte.

Quando o resíduo moral nos mantém acordados e preenche nossos pesadelos com demônios, nós sofremos. Ault desistiu; outros tiraram suas próprias vidas. Assim como a dor física nos diz que algo está errado em nossos corpos, o sofrimento moral nos diz que nossa integridade está sendo violada, e essas informações podem nos ajudar a guiar nossas ações de volta ao alinhamento com nossos valores. Como Ault e meus colegas que foram embora, podemos nos afastar da situação à medida em que simultaneamente trabalhamos para mudar a violência institucional do sistema.

INDIGNAÇÃO MORAL E A ADERÊNCIA DA RAIVA E DA AVERSÃO

Existe, também, a indignação moral. Numa noite de verão nos anos sessenta, saí do prédio onde morava na cidade de Nova York e vi a cena surpreendente de um homem gritando com uma mulher. De repente, o homem arrancou uma antena de rádio do carro ao lado dele e começou a chicotear a mulher com a antena. Sem pensar, coloquei meu corpo entre eles e gritei para ele parar. Moralmente indignada, nem pensei em minha própria segurança. A cena de um homem abusando de uma mulher me incendiou e eu reagi.

A *indignação moral* é definida como uma resposta de raiva e aversão em relação a uma violação moral percebida. Naquela cena de rua, eu não estava apenas testemunhando uma violência física, mas também uma

---

72 Ibid.

violência de gênero. Cinquenta anos mais tarde, a sensação no meu corpo exposto àquela violência ainda está presente. Foi um choque de indignação e repulsa, e nada poderia ter me impedido de me colocar entre os dois.

Enquanto estava ali entre os dois, com o coração batendo forte, a mulher rapidamente me agradeceu e fugiu da cena. O homem jogou a antena na rua, rosnou para mim e se afastou. Em retrospecto, tenho certeza de que não estava agindo por motivações egoicas quando tentei impedir aquela violência; não estava querendo obter a aprovação dos outros nem aumentar minha autoestima. Não tive tempo para um pensamento autocentrado – simplesmente não consegui fugir daquela cena horrível sem intervir. O que motivou minha ação foi uma rápida e profunda onda de indignação moral combinada com compaixão.

Ao longo dos anos, testemunhei a indignação moral se manifestando de formas saudáveis e não saudáveis nos mundos da política, do ativismo, do jornalismo, da medicina e em minha própria experiência. Investigando um pouco mais profundamente, percebi que a indignação moral, assim como o altruísmo patológico, às vezes reflete uma necessidade não reconhecida de ser percebida como uma pessoa "boa", e podemos acreditar que nossa postura moral superior nos faz parecer mais confiáveis e honrados aos olhos dos outros. Nossa indignação justificada pode nos dar muita satisfação do ego e pode nos aliviar da culpa pela nossa própria culpabilidade: "Nós estamos certos, os outros estão errados; nós somos moralmente superiores, os outros são moralmente corruptos."

A crítica social Rebecca Solnit desmascara ainda mais a dimensão egoísta da indignação moral em seu ensaio publicado no *The Guardian*: "Poderíamos ser heróis: uma carta no ano das eleições". Ela observa que alguns de extrema esquerda frequentemente se envolvem em "amargura recreativa", transformando a indignação moral em um esporte competitivo, tornando o perfeito em inimigo do bom, encontrando falhas nos avanços, nas melhorias e até mesmo em vitórias diretas. Solnit observa que essa postura não promove nenhuma causa e, na verdade, mina a construção de alianças.⁷³ Por fim, me pergunto o quanto a amargura recreativa contribuiu para o resultado das eleições nos EUA em 2016, ampliando a divisão entre liberais e extrema esquerda.

A amargura recreativa e outras formas de indignação moral podem ser contagiosas, viciantes e infundadas, nos fazendo adoecer. Uma pequena dose pode nos levar adiante. Em excesso nos leva à exaustão e é isso que nossos adversários querem. Quando estamos com raiva e emocionalmente superestimulados, começamos a perder o equilíbrio e a capacidade de ver as coisas com clareza, ficando propensos a cair no abismo do sofrimento moral.

No entanto, muitos de nós sentimos estar violando nossa própria integridade se não responsabilizarmos os outros pelos danos que causam. Diante de violações morais, não podemos ser apenas observadores e nem nos proteger através da negação. Para preservar nossa integridade, precisamos expor a verdade ao poder. Isso é o que chamo de *indignação moral baseada em princípios*.

A indignação moral baseada em princípios envolve elementos de outros Estados Limite: altruísmo, empatia, integridade e respeito. Em 1981, o neurocientista Francisco Varela, juntamente com Harry Woolf, diretor do Instituto de Estudos Avançados de Princeton, e eu visitamos um laboratório que estudava primatas. O laboratório, localizado em um porão, abrigava dezenas de pequenas gaiolas com macacos rhesus. Harry e eu nos aproximamos de uma das gaiolas e vimos que o topo do crânio do macaco havia sido serrado e seu cérebro estava exposto. Os eletrodos estavam fazendo contato direto com o cérebro do macaquinho. O pobre macaco estava algemado e imobilizado, mas seus olhos diziam tudo – estavam cheios de dor e de horror. Harry desmoronou ao meu lado e se ajoelhou no chão em frente ao macaco. Ele parecia estar pedindo perdão. Bastante abalada, levantei-me e olhei nos olhos do macaco. Tomei o que senti ser

---

73 Rebecca Solnit, "We Could Be Heroes: An Election-Year Letter," *Guardian*, 15 de outubro de 2012 https://www.theguardian.com/commentisfree/2012/oct/15/letter-dismal-allies-us-left

sua dor e enviei compaixão àquele pequeno ser.

Mais tarde, disse a Francisco que achava aquele tipo de pesquisa absolutamente imoral. Os animais eram frequentemente sacrificados durante as pesquisas em neurociência. Diante daquele macaco, experienciei mais do que uma leve indignação moral. Algo se abriu em mim. Decidi usar minha raiva e aversão como uma maneira de aprofundar meu compromisso de acabar com o sofrimento. Resolvi nunca deixar as experiências com animais fora do meu radar. Quanto a Francisco, não demorou muito para que desistisse da pesquisa com animais também. Não sei o que Harry fez; perdi contato com ele logo depois. Mas não perdi aquele macaco de vista. Ele mora dentro de mim até hoje, quase quarenta anos depois.

Senti profunda compaixão por aquele macaco. E uma aversão dolorosa também fazia parte do emaranhado de emoções que senti naquele laboratório – aversão à crueldade com que os humanos são capazes de agir em relação aos outros seres sencientes. Uma qualidade importante da indignação moral é que ela envolve sentimentos de repulsa em resposta a uma violação da ética. Os psicólogos sociais estudaram o efeito da aversão no discernimento moral. Em um desses estudos, quando jurados em julgamentos simulados eram expostos a um cheiro repugnante, eles determinavam sentenças mais duras contra o acusado.[74] A aversão pareceu ampliar a experiência de indignação moral, levando a julgamentos mais rigorosos. Outro estudo mostrou que as pessoas que tendem a ter sentimentos mais fortes de nojo consideram as pessoas que fazem parte de seu círculo mais próximo mais atraentes e têm atitudes mais negativas em relação às pessoas pertencentes a outros grupos.[75] Essa pode ser uma

---

74 Liana Peter-Hagene, Alexander Jay eJessica Salerno, "The Emotional Components of Moral Outrage and their Effect on Mock Juror Verdicts," Jury Expert, 7 de maio de 2014. www.thejuryexpert.com/2014/05/the-emotional-components-of-moral-outrage-and-their-effect-on-mock-juror-verdicts

75 Carlos David Navarrete e Daniel M. T. Fessler, "Disease Avoidance and Ethnocentrism: The Effects of Disease Vulnerability and Disgust Sensitivity on Intergroup Attitudes," *Evolution and Human Behavior* 27, no. 4 (2006): 270–82, doi:10.1016/j.evolhumbehav.2005.12.001.

das razões pela qual a indignação moral pode ser tão polarizadora – ela amplia a distância entre o eu e o outro.

Internamente, podemos ter respostas conflitantes em razão da nossa própria indignação moral. Enquanto a raiva pode ativar a agressão, a aversão pode produzir retraimento – o que pode significar se esconder dentro do nosso círculo de iguais e objetificar e evitar o grupo de diferentes. Martha Nussbaum, eticista e jurista, usa a frase "a política da aversão" para criticar leis que discriminam a comunidade LGBT com base na aversão, como proibições de casamento entre pessoas do mesmo sexo e leis de uso de banheiros antitransgêneros. Ela observa que essas políticas apoiam o fanatismo, a intolerância e a opressão.

Como escreve a especialista em ética Dra. Cynda Rushton: "A indignação moral pode se tornar a cola que mantém um grupo unido por meio de um senso de solidariedade contra aqueles que ameaçam suas identidades pessoais ou profissionais, valores, crenças ou sua integridade. O sentimento de indignação moral pode se tornar contagioso e, se não for avaliado, pode exacerbar as diferenças e estimular a separação, em vez da conexão e da cooperação."[76]

Em meu trabalho com várias organizações sociais ao longo dos anos, aprendi que nossas predileções e nossos medos podem facilmente nos predispor a responder de determinadas maneiras a dramas morais. Quando senti que tinha que manifestar minhas preocupações sobre a má administração de uma organização com a qual estava envolvida, foi um grande esforço. Era amiga de longa data do CEO e me importava com ele. Eu havia expressado minhas preocupações diretamente a ele, mas o padrão de abuso persistia. Por fim, me senti moralmente obrigada a relatar diretamente ao conselho de administração minhas preocupações sobre a forma inadequada como o CEO lidava com funcionários, projetos e fundos. Sabia que minha afeição pelo CEO havia adiado minha decisão de tomar uma posição, mas finalmente senti que não tinha escolha. Senti

---

76 C. Rushton, "Principled Moral Outrage," *AACN Advanced Critical Care* 24, no. 1 (2013), 82–89.

aversão pela situação e estava decepcionada comigo mesma por não falar.

O pensamento racional desempenha um papel importante, é claro, mas frequentemente secundário. "O que faz com que o pensamento moral seja um pensamento moral é a função que desempenha na sociedade, não os processos mecânicos que estão ocorrendo no cérebro", diz Joshua Greene[77], professor de psicologia de Harvard. O que finalmente me levou a divulgar minhas preocupações ao conselho foi minha consciência, não minha mente conceitual.

Um capelão escreveu sobre problemas em seu local de trabalho, uma prisão para jovens adultos. "Descobri que me sentia realmente embaraçado em dizer que me feria ver o que constituía 'cuidado' no sistema e ver como o próprio sistema havia sido criado para ser violento, para provocar violência. Ao testemunhar esse sofrimento nos jovens, me sentia chateado, frustrado, indignado e profundamente envergonhado." Esse capelão estava sofrendo de angústia empática, de indignação moral e de culpa.

De certa forma, a indignação é uma resposta justificável a uma ação moralmente transgressora, como a tortura de macacos em um laboratório ou a negligência de jovens na prisão. Mas questões morais ainda menos sérias, como a má administração de uma instituição, podem nos causar raiva, aversão e indignação moral baseada em princípios. Quando a indignação moral é episódica e regulada, pode ser um instigador útil da ação ética. Há muitas razões para nos sentirmos indignados neste mundo, e a raiva pode nos dar a energia que precisamos para enfrentar a injustiça. Emoções intensas podem nos ajudar a reconhecer uma situação imoral e podem nos motivar a intervir, a tomar uma posição e até a arriscar nossas vidas para beneficiar os outros.

No entanto, quando a indignação moral é egoísta, crônica ou não regulada – quando se torna a própria lente pela qual vemos o mundo – pode ser viciante e divisiva. Aviltar, culpar e se sentir moralmente su-

---

[77] "Do Emotions and Morality Mix?" *Atlantic*, February 5, 2016. https://www.theatlantic.com/science/archive/2016/02/how-do-emotions-sway-moral-thinking/460014/

perior também nos coloca em uma posição superior de poder, que pode parecer satisfatória a curto prazo, mas que nos isola dos outros a longo prazo. E a estimulação excessiva constante pode ter efeitos sérios no corpo, na mente e no espírito – de úlceras a depressão e todos os problemas intermediários. Também pode ter efeitos sérios na maneira como os outros nos percebem. Em última análise, aprendi que a indignação moral pode ter consequências benéficas ou prejudiciais não apenas para nós mesmos, mas também para nossos relacionamentos e até para nossa sociedade. O discernimento, a percepção de nossas intenções e a capacidade de regular as emoções farão com que a indignação moral seja útil ou não.

APATIA MORAL E A MORTE DO CORAÇÃO

Vivemos em um mundo com extremos de violência direta e de opressão sistêmica, que nos proporciona muitas oportunidades de sofrimento moral. Como respondemos à corrupção corporativa e política, ao abuso de mulheres e crianças, à crise de refugiados, ao racismo, à injustiça econômica, à exploração ambiental, à falta de moradia? E a lista não termina aí. Parte do trabalho com violações morais é reconhecer e transformar os valores e comportamentos psicossociais que fazem com que a prevenção do sofrimento seja norma.

Sinto que é essencial não nos deixarmos aprisionar pela necessidade de sermos percebidos como uma pessoa "decente" *per se*. Frequentemente, precisaremos arriscar sermos rejeitados, ou coisa pior, para nos mantermos alinhados com nossos valores mais profundos. A autora Sarah Schulman observa que em vez de confrontar as transgressões morais de nossa sociedade, muitos de nós optamos pela "gentrificação mental", permitindo que o nosso senso comum e decência sejam colonizados por privilégios. Não queremos nos sentir desconfortáveis e nem incomodar os outros, somos avessos a conflitos, por isso evitamos a realidade do sofrimento – e assim os sistemas de violência se fortalecem. Muitos em nosso mundo hoje optaram pela gentrificação mental em vez de lidar com transgressões morais. "A revelação da verdade é tremendamente perigosa para a supremacia", escreve Schulman. "Temos uma sociedade na qual a felicidade dos privilegiados se baseia em nunca dar início ao processo de responsabilização".[78]

Essa quarta forma de sofrimento moral é a *apatia moral*, quando nossa negação, falta de cuidado ou ignorância voluntária nos permitem ignorar ou nos isolar do sofrimento dos outros. "Estou aterrorizado com a apatia moral", escreveu James Baldwin em *Remember This House*, "a morte do coração, que está acontecendo no meu país. Essas pessoas se iludiram por tanto tempo que realmente não acham que eu sou humano".[79]

Cresci em um lugar apelidado de "Cidade Branca", uma comunidade "restrita" no sul da Flórida, onde nem judeus nem afro-americanos podiam morar. Nossa família e nossa comunidade viviam em uma bolha. A contrapartida da "Cidade Branca" era a "Cidade de Cor", literalmente do outro lado dos trilhos da ferrovia.

Todo dia de semana, meu pai entrava em seu Ford Thunderbird ou Lincoln Continental e atravessava os trilhos e dirigia até a não tão Grande Avenida da Cidade de Cor para apanhar Lila Robinson. Minha família havia contratado Lila em 1946, quando fui atingida por uma doença grave aos quatro anos de idade. Ela era das Bahamas e suas raízes profundas eram africanas. Ela trabalhava para nós como governanta e cozinheira e, ao longo dos anos, tornou-se uma força de influência amorosa e de fortitude em nossa família.

Quando Lila chegou a nós, não fazia ideia de que em Coral Gables (nome verdadeiro da Cidade Branca) morávamos em uma comunidade de exclusão. Como peixes que não sabem que estão nadando na água, nossa família nadava em águas de racismo, classismo, privilégio e da crença de que nossa religião era "a" religião. Nós éramos ignorantes – ou

---

78 Sarah Schulman, *The Gentrification of the Mind* (Berkeley: University of California Press, 2013).

79 *I Am Not Your Negro*, dirigido por Raoul Peck (New York: Magnolia Pictures, 2016).

optávamos por não olhar – quanto à realidade do racismo que permeava nossas vidas. Sofríamos do pior tipo de apatia – a apatia que nasce da objetificação do outro e da negação que resulta de viver em uma bolha de privilégios.

Quando minha saúde começou a melhorar, eu viajava com meu pai para West Coconut Grove (nome verdadeiro da Cidade de Cor) para buscar Lila. Ainda me lembro do cheiro de comida frita, das lojas familiares com pouco estoque, dos automóveis desgastados, da boa música, do calor da comunidade. West Coconut Grove era outro mundo, muito distante da minha escola primária de crianças brancas e do nosso clube de campo, com seus jogos de golfe, de bridge e seus coquetéis. Não pude deixar de notar as diferenças gritantes entre esses mundos e, no entanto, não estava totalmente convencida de que estava vivendo no "melhor" deles.

Não sabia quanto Lila ganhava, mas quando vi onde ela morava com as três filhas, entendi que devia ser uma ninharia. Seu apartamento ficava dentro de um "monstro de concreto", o apelido para os arranha-céus miseráveis construídos em West Coconut Grove como uma espécie de versão equivocada da renovação urbana. Aquelas caixas de concreto cheias de mofo e infestadas de baratas assavam seus moradores no calor, e eu me preocupava com aquela pessoa que era tão gentil comigo e a quem eu tanto amava.

Quando Lila me disse que sua avó tinha sido escrava, fiquei chocada. A Escola Experimental Merrick não nos ensinou nada sobre escravidão, mas eu sabia o que era e que era realmente uma coisa bem ruim. Ainda assim, não falávamos sobre escravidão em nossa casa. Ouvia falar do golfe, das escoteiras Brownie e sobre negócios.

Lila e eu parecíamos viver em dois universos diferentes. No entanto, esses universos se cruzaram. O universo que minha família ocupava explorava o de Lila e se justificava transformando-os em "outros". Sem saber, Lila, através de sua humanidade, abriu meus olhos para o privilégio branco que protegeu nossa família da dura realidade do racismo. E isso me fez quem eu sou hoje, com uma profunda consciência de como a apatia moral continua envenenando nosso mundo.

Existem outras bolhas de apatia, como a bolha do isolamento. Anos atrás, um aluno meu que estava nas Forças Especiais me escreveu sobre a escolha do isolamento para evitar enfrentar o sofrimento em torno da lesão moral que sofrera como combatente. Em um e-mail, ele me contou que, como veterano de combate, havia se refugiado na bolha do isolamento para lidar com o trauma da guerra, mas seu isolamento se transformou em apatia.

> *Fui obrigado a viver situações criadas por homens com autoridade que postergaram a possibilidade de se livrarem de tais experiências. Vi que a guerra não cria nada além de vítimas. Até o momento, os Estados Unidos ainda não reconheceram oficialmente o número real de civis mortos na guerra do Iraque, nem responderão adequadamente aos efeitos debilitantes da guerra sobre seus próprios soldados e suas famílias. Em certo sentido, eu também era um dos invisíveis e, para lidar com isso, recuei para as montanhas para ficar sozinho. No meu isolamento, a meditação, leitura e reflexão sobre o Dharma ajudaram bastante, mas eu não tinha uma comunidade e nem um propósito. Meu isolamento acabou indo além da cura e se tornou uma muleta: fiquei apático e seguro.*

Esse homem teve a coragem de abandonar sua apatia e entrar no Programa de Treinamento de Capelania Budista do Upaya como uma maneira de explorar formas de servir aos outros. Ele tinha um grande processo de cura a ser feito. Quando falou sobre as missões em que serviu, pude ver que estava profundamente ferido pela guerra. Sua história me deu uma compreensão mais sutil sobre o que era estar moralmente ferido e se refugiar na apatia. Culpa, vergonha e autoaversão faziam parte de sua experiência de lesão moral, assim como a negação. E, no final, ele redescobriu sua coragem e compaixão. Sua vontade de ser curado era de fato admirável.

James Baldwin identificou o antídoto para a apatia: "Nem tudo o que é enfrentado pode ser mudado. Mas nada mudará se não for enfrentado."[80] Meu aluno das Forças Especiais entrou no Programa de Treinamento de Capelania Budista do Upaya como uma maneira de abandonar seu isolamento protetor e enfrentar seu sofrimento.

Do meu próprio modo, resisti à atração da apatia moral participando do Movimento dos Direitos Civis dos anos sessenta, porque me compeliu a enfrentar os horrores da injustiça racial. Também me mostrou a necessidade de entrar em terrenos de cremação do sofrimento para entendê-los melhor. Minhas experiências como voluntária em uma enfermaria de hospitais psiquiátricos em Nova Orleans com vinte e poucos anos, protestar contra a guerra no Vietnã e outras guerras posteriores, sentar-me com pessoas que estão morrendo, ensinar meditação na prisão e estar presente em Los Alamos e Auschwitz, provavelmente diminuíram a espessura do revestimento de privilégio com o qual nasci.

Roshi Bernie Glassman chama essas jornadas de "mergulhar". Ao mergulharmos, podemos nos transformar – e, idealmente, também podemos ajudar a transformar as instituições e culturas que causam danos aos outros. Mas para mergulhar e permanecer em um terreno de cremação – como a Síria, uma prisão ou uma doença – precisamos de vontade, determinação, perseverança e, finalmente, amor e sabedoria. É nesses ambientes que o caráter moral é moldado e é onde a verdadeira integridade pode nascer.

III. A INTEGRIDADE E OS OUTROS ESTADOS LIMITE

O sofrimento moral é um ecossistema que pode alimentar o lado tóxico de todos os Estados Limite: altruísmo patológico, angústia empática, desrespeito e esgotamento.

---

80 Ibid.

No verão de 2016, Kosho Durel, morador do Upaya, e Joshin Byrnes, que desenvolveu um projeto para moradores de rua no Upaya, conduziram um retiro de rua com nove praticantes em São Francisco, cidade onde cerca de 6.700 pessoas vivem nas ruas.[81] Como descrevi anteriormente, os Retiros de Rua foram desenvolvidos por Roshi Bernie como uma maneira de os profissionais mergulharem na realidade dos sem-teto e entenderem melhor as forças sistêmicas que mantêm as pessoas sujeitas à opressão. Os participantes do retiro dormem na rua, mendigam por dinheiro e comida, comem em cozinhas comunitárias, andam e conversam com quem quer que encontrem, testemunham tráfico de drogas, roubos e fome e acessam a vulnerabilidade que sentem nessa situação. A maioria dos participantes experiencia o sofrimento moral ao terem uma visão tão íntima do classismo, do racismo e da apatia moral de nossa sociedade. Eles são compelidos a praticar o Não-Saber e o Dar Testemunho e são frequentemente inspirados à Ação Compassiva.

Para o Retiro de Rua de São Francisco de 2016, Kosho e Joshin chegaram cedo para explorar as cozinhas comunitárias e os lugares seguros nas ruas onde eles poderiam dormir. Kosho escreveu que, andando pelo distrito de Tenderloin, "ficou chocado com o número de pessoas que morava na rua, com o uso de drogas, com o lixo e a poluição, com os prédios em ruínas e com os corpos de pessoas em ruínas".

Kosho e Joshin decidiram visitar a cozinha comunitária administrada pela Igreja Memorial Glide, uma igreja metodista historicamente progressista, envolvida com direitos de raças, classes e LGBTQ. A cozinha comunitária não era o que eles esperavam. Kosho descreve a cafeteria no porão como uma sala com piso de concreto, móveis de metal e paredes de dez metros de altura "pintadas em um azul-claro como de ambientes limpos, mas sujas, como uma piscina sem água". Ele conta que cinquenta

---

81 Heather Knight, "What San Franciscans Know About Homeless Isn't Necessarily True," *SFGate*, 29 de junho de 2016, https://www.sfgate.com/bayarea/article/What-San-Franciscans-know-about-homeless-isn-t-7224018.php

a cem pessoas estavam comendo naquele turno de refeição; eles comiam silenciosamente com a cabeça baixa e depois foram empurrados para fora para que o próximo turno pudesse entrar.

Ele e Joshin "saíram abalados" com a experiência, provavelmente com uma boa dose de sofrimento empático e de indignação moral. Seguiram, então, para a Praça das Nações Unidas, na área do Centro Cívico. "Lá, as pessoas fumavam crack junto à fonte, as pessoas com deficiência se moviam em cadeiras de rodas ou descansavam, e as pessoas com doenças mentais vagavam sem rumo. Outros ficavam sentados no chão de concreto conversando."

Kosho notou um pilar na praça gravado com o preâmbulo da Declaração Universal dos Direitos Humanos da ONU: "Considerando que o reconhecimento da dignidade inerente a todos os membros da família humana e de seus direitos iguais e inalienáveis é o fundamento da liberdade, da justiça e da paz no mundo, Considerando que o desprezo e o desrespeito pelos direitos humanos resultam em atos bárbaros [e assim por diante]."

O contraste dessas palavras com a realidade das ruas de São Francisco foi como um grande alarme de despertador para Kosho. "Jovens profissionais, principalmente homens, passavam com fones nos ouvidos conectados a smartphones sem nem notar outras pessoas, e pensei: 'É isso aí, estamos condenados. Isso é o caos. Isso é tão triste, mas tão triste.' As empresas de tecnologia têm sede literalmente pelo outro lado da linha férrea de Tenderloin... Imagino que esses jovens estejam ganhando salários de seis a sete dígitos. Para o sul, todos os quarteirões estão sendo reconstruídos com novos prédios de vidro, plástico, metal, com apartamentos modernistas para abrigar os privilegiados. As pessoas nas ruas de Tenderloin testemunharam a disparada dos custos de moradia. Para ter um abrigo nesse bairro indesejado, as pessoas precisam pagar US$ 1.500 por mês por um apartamento eficiente ou ter a sorte de ter alguma assistência do governo." Kosho então comentou: "Talvez você esteja sentindo um pouco da minha indignação moral".

Ele continuou dizendo: "E, no entanto, na esfera ética da minha espiritualidade, há um voto de não manter ressentimento e nem raiva. Há um voto de tomar consciência de todos os sentimentos, pensamentos e sensações que surgirem. Há confiança de permitir que toda a experiência – a praça toda – me penetre e me transforme. Esse é o trabalho de descobrir e de liberar minhas inclinações e meus preconceitos."

Creio que para Kosho, e realmente para a maioria de nós, isso não é tão fácil. As palavras dele me fazem lembrar da dolorosa questão que finalmente se tornou visível para mim quando era adolescente: que classe e raça nos dividem e são fonte de um profundo sofrimento. No entanto, os mundos de privilégios e pobreza *inter-são* – os que são privilegiados exploram direta e indiretamente aqueles que são pobres e os que têm menos recursos frequentemente servem os que são privilegiados. Quando vi a verdade disso, senti raiva, nojo e desamparo – mas esse também foi um ponto de virada que me despertou para a necessidade de servir àqueles que estão sujeitos à opressão estrutural e institucional, e também para transformar as crenças e as instituições que geram essa violência estrutural. Isso também me mostrou que somos todos responsáveis perante a feia verdade do racismo e os danos que ele gera. No entanto, não tenho certeza de que os brancos possam escapar do privilégio porque é algo que a sociedade inconscientemente nos dá, quer queiramos ou não. Em vez disso, podemos aprender a fazer uso dele para ajudar outras pessoas menos privilegiadas. Eu também tinha que ter cuidado para não cair no altruísmo patológico, o que facilmente poderia ter acontecido.

Acredito que Kosho teve uma experiência semelhante. "Veja, eu tenho esse gatilho de classe que é disparado", disse ele. "E então quero continuar atirando. É uma manifestação de raiva reforçada pelo que vi e pelo modo como tenho visto as coisas ao longo das minhas três décadas de vida. Talvez o medo tenha estreitado minha visão. Ver tudo como 'nós contra eles' pode ser uma maneira de lidar com a dor e me sentir seguro, mas é para evitar sentir a dor do privilégio e da opressão que a apreensão (o sofrimento) emerge".

Kosho descobriu que transformar a indignação moral não significa consertar a situação. "Muitas pessoas que participam dos Retiros de Rua sentem um impulso de ajudar e consertar, de ser o salvador das vítimas." Kosho reconheceu a tentação de usar estratégias patologicamente altruístas para aliviar a dor da indignação moral e do sofrimento empático. Ele escreveu: "Os participantes talvez tentem doar o dinheiro que pedimos para nos alimentar a alguém que está pedindo esmolas, o que reifica a identidade do que ajuda e do ajudado. Então, há sofrimento. Com menos frequência, vejo participantes com o desejo revolucionário de atacar os jovens profissionais, uma narrativa mítica que, sob certas condições, já se apossaram de mim... ambos os comportamentos de consertar ou de atacar surgiram quando fui morar nas ruas. Sou capaz de transformar o outro em estranho por meio de uma ajuda reativa e não-reflexiva, tanto quanto promovendo a guerra – mesmo quando não ajo, divisões são traçadas em minha mente. Minha mente e meu corpo podem ser e foram cúmplices na criação de limites e na destruição de bairros. Não acredito que tenha que ser assim." Aqui, o respeito se torna um fator importante: respeito pelos princípios e pelos votos que são forças orientadoras essenciais nessa situação; respeito pelos outros, sejam pobres ou privilegiados; e respeito por si mesmo, o que poderia facilmente desmoronar nesse ambiente tão tenso.

Kosho explicou: "No Retiro de Rua, somos encorajados a suspender a ação, a abandonar nossas opiniões formuladas sobre o certo e o errado e a deixar cair a necessidade de saber. Há uma grande oportunidade que surge desse processo. Vemos as coisas exatamente como elas são, sem os filtros da culpa e da reprovação. E assim senti que, por baixo da raiva, há o pesar pela dor da doença, da velhice e da morte e, por baixo da tristeza, que inclui todas essas emoções, há um profundo sentimento de estar conectado, de ser um corpo. Então a Ação Compassiva surge da pura motivação de fazer amizade com todos os meus vizinhos, sejam eles ricos ou pobres, dando e recebendo o que for necessário. Este é um relacionamento profundo, uma ação para curar um ao outro e a nós mesmos."

Reagindo ao sofrimento moral, podemos facilmente prejudicar a nós mesmos e àqueles a quem desejamos servir. Kosho aprendeu que lesão moral e indignação, que geralmente são originadas por angústia empática, podem levar ao altruísmo patológico. A lesão e a indignação moral podem levar a comportamentos que são inadvertidamente desrespeitosos e destrutivos. Podem levar também ao esgotamento, quando sentimos que não conseguimos ajudar mais um ser em sofrimento. A abordagem sábia de Kosho de estar com pessoas sem teto nos dá uma noção de como podemos nutrir os Estados Limite, sentados corajosamente no fogo dos terrenos de cremação internos e externos.

IV. PRÁTICAS QUE APOIAM A INTEGRIDADE

Nós enfrentamos dilemas morais todos os dias – alguns verdadeiramente confusos, outros menos importantes. Como podemos nos manter firmes na beirada estreita do abismo da integridade sem cair? E quando deslizamos para o pântano do sofrimento moral, como podemos retornar à terra firme da compaixão? Quando seu coração se despedaça e sua consciência vaza pelas rachaduras, é melhor você olhar profundamente, não apenas para o seu próprio coração, mas também para o coração daqueles que sofrem e para o coração daqueles que fazem sofrer. É assim que podemos reconhecer a verdade do sofrimento e nos comprometer a permanecer na beirada elevada da integridade, de onde podemos ver a dificuldade e a dignidade.

EXPANDINDO O CÍRCULO DE INVESTIGAÇÃO

Nossa prática de meditação nos ajuda a estar atentos às transgressões da consciência e a calibrar nossa bússola moral. Quando somos confrontados com uma questão moral que ameaça nossa integridade, é bom nos enraizarmos e observar o que o corpo está nos dizendo. Podemos começar inspirando e expirando, permitindo que nossa atenção se estabeleça no corpo. Se sentirmos rigidez nos ombros, no peito ou no abdômen, devemos prestar atenção a essas informações. Frequentemente, o corpo sabe que estamos sob as garras do perigo antes da mente conceitual.

Em seguida, levamos nossa atenção para o coração, fazemos contato com a nossa intenção e percebemos todas as emoções que estão surgindo no momento. Nossas emoções podem influenciar a maneira como percebemos os dilemas morais, por isso tentamos perceber o que estamos sentindo sem sermos inundados pelas emoções. Como o poeta Rainer Maria Rilke disse em seu poema "Vá até os limites do seu anseio": *Nenhum sentimento é final*.

Sintonizados com os nossos sentimentos, voltamos nossa atenção para quaisquer pensamentos que estejam surgindo. Tomar consciência dos pensamentos nesse momento pode nos ajudar a estarmos mais conscientes da maneira pela qual conceituamos nossa experiência. Nossas visões, preconceitos e opiniões geralmente nos motivam a agir, e as ações decorrentes das opiniões podem não servir. (Roshi Bernie sempre diz: isso é apenas a minha opinião!) Portanto, traga consciência aos pensamentos – mas não tire conclusões precipitadas e nem se mova rápido demais. Podemos usar o processo de investigação para reconhecer nossa tendência a reagir ou a nos retirar e regular nossos sentimentos antes que eles nos levem a ações pouco sábias.

Uma vez que tenhamos uma noção da nossa própria situação, podemos começar a expandir nossa consciência para incluir a experiência de outras pessoas. Quais seriam as perspectivas deles? Em sintonia com os corpos e corações dos outros, vendo a situação através dos olhos dos outros, podemos perguntar: o que está em jogo para eles?

Podemos, então, expandir nosso círculo de investigação para o contexto mais amplo em que um conflito moral está ocorrendo. Precisamos examinar profundamente os sistemas que estão alimentando o conflito. O que o sistema pode precisar de nós e de outros para que um resultado construtivo seja possível? E como também podemos nos sentar com o "não-saber" e aprender com a incerteza?

A sabedoria nos diz que não há solução perfeita e, muitas vezes, não há um caminho fácil. Provavelmente teremos que conviver com pelo menos um pouco de resíduo moral. Mas podemos nos comprometer a aprender com nossa experiência e a desenvolver um relacionamento mais claro com a nossa própria integridade.

VOTOS PARA SEREM VIVIDOS

Tomei meus primeiros preceitos budistas há mais de quarenta anos, sem saber o quanto precisava deles. Quando jovem, era curiosa a respeito de tudo. Também gostava de experimentar, era bastante destemida e socialmente engajada – e não me importava em correr riscos e testar limites. De alguma forma, sabia que precisava de um conjunto de práticas que ajudassem a abrir meu coração, abrir minha vida a outras pessoas e expandir meu potencial para servir. Eu também precisava de orientações sobre como não causar mal. Precisava de um caminho para despertar, amar e cuidar mais corajosamente dos outros. Em retrospecto, tenho certeza de que seguir os preceitos reduziu o dano que eu poderia ter causado a outros. Serviram também como um caminho para testar e aumentar minha integridade em direção a outro tipo de liberdade.

Podemos ver os votos como promessas, diretrizes, práticas e valores. No budismo, eles são o pivô que nos leva à estabilidade e à sabedoria. Eles também refletem nosso compromisso em viver uma vida de integridade: tratar os outros e a nós mesmos com consideração, cuidar dos outros, cultivar uma mente e um coração firmes e inclusivos, dar as mãos ao mundo. Eles refletem o que importa para nós, quais são nossas prioridades, que escolhas fazemos e o que precisamos abandonar.

Quando não tenho certeza sobre qual caminho seguir, posso me perguntar: o que Buddha faria? Não se trata de pedir o impossível a mim mesmo. Pelo contrário, é um lembrete de que as sementes da liberdade já estão em mim. Meus votos regam essas sementes, e essa pergunta aparentemente inocente me ajudou a evitar uma boa dose de dano.

Para nos ajudar a lembrar dos Cinco Preceitos do Budismo, criei esta versão, que é muito simplificada da versão original dos Cinco Preceitos do Budismo, mas ainda assim é bem abrangente.

Sabendo o quão profundamente nossas vidas se entrelaçam, faço o voto de:

1. Não prejudicar e reverenciar toda vida
2. Não roubar e praticar generosidade
3. Evitar a má conduta sexual e praticar respeito, amor e compromisso
4. Evitar falas prejudiciais e falar de forma verdadeira e construtiva
5. Evitar intoxicantes e cultivar uma mente sóbria e clara

Esses cinco votos nos dão material suficiente para alimentar uma vida inteira de prática. Eles podem servir como uma bússola moral que nos mostra o caminho e nos diz quando estamos nos desviando. Quando os seguimos, geralmente nos posicionamos com mais firmeza na beira do abismo limite e evitamos cair no sofrimento moral. Essa não é uma fórmula à prova de falhas, é claro. Somos humanos e não conseguimos manter os preceitos perfeitamente, nem viver de acordo com nossos valores sempre. Mas, ao longo desses muitos anos, aprendi que precisamos manter a *intenção* de praticá-los. Devemos fazer o melhor que pudermos, aconteça o que acontecer. Quando falhamos de alguma maneira, a humildade pode nos fortalecer, nos ajudando a sermos mais compassivos com aqueles que prejudicam os outros.

Não importa o que aconteça, nutrir a humildade não é uma coisa ruim – evita que fiquemos presos na armadilha do julgamento e da indignação moral em relação àqueles cujo comportamento parece ser menos ético que o nosso. Viver de acordo com os votos é um convite para assumirmos a responsabilidade pelo nosso próprio sofrimento e pelo nosso próprio despertar e, muitas vezes, implica escolhas difíceis. Às vezes, temos que fazer o que é mais difícil para nós.

PRATICANDO A GRATIDÃO

Há mais um voto que considero essencial à integridade: o voto de praticar a gratidão. Sabemos que a integridade implica a inteireza do espírito e a grande bondade para com o mundo. O Buddha também deixou claro que a gratidão é uma expressão de integridade: "E qual é o nível da pessoa que não tem integridade? Uma pessoa sem integridade é ingrata, não reconhece a ajuda que lhe é dada. Essa ingratidão, essa falta de reconhecimento é o costume entre pessoas sem integridade. Isto está totalmente de acordo com o nível das pessoas falsas. E qual é o nível da pessoa íntegra? Uma pessoa íntegra é grata e reconhece a ajuda que lhe é dada. Essa gratidão, esse reconhecimento é o costume entre as pessoas verdadeiras. Isto está totalmente de acordo com o nível das pessoas íntegras"[82].

Percebi que a capacidade de nos sentirmos gratos não depende necessariamente das circunstâncias da nossa vida. No meu trabalho com as comunidades materialmente pobres e com pessoas à beira da morte, tenho visto que a gratidão é um estado de mente e de coração que é, fundamentalmente, generoso e aberto e que não se curva (ao menos no momento) ao desejo de que as coisas fossem diferentes.

No trabalho com as Clínicas Nômades no Nepal, nossos amigos e pacientes nepaleses expressam sua gratidão muito livremente, incorporando a civilidade e a integridade de que o Buddha falou. Receber essa gratidão é uma experiência enraizada na confiança mútua e nos sabores da alegria.

Também sou grata pelos presentes que recebi de meus pacientes à beira da morte. Um anel de casamento. Um poema de Pablo Neruda. Um gorro de tricô vermelho. Uma pequena estátua do Buddha. Um guardanapo dobrado em forma de guindaste. Um pacote de chiclete. O aperto de mão bem suave. Um sorriso gentil de agradecimento. Senti a bênção de cada um desses tesouros pois refletiam a integridade, o humor, a generosidade e a

---

[82] Thanissaro Bhikkhu, trans., "Kataññu Suttas: Gratitude," Access to Insight, 2002, https://www.accesstoinsight.org/tipitaka/an/an02/an02.031.than.html

confiança dessas pessoas. Elas também inspiram a minha gratidão.

Às vezes, porém, nossa capacidade de dar ou de receber gratidão é bloqueada pela "mente da pobreza", um estado de mente e de coração que nada tem a ver com pobreza material. Quando ficamos presos na mente de pobreza, nos concentramos no que nos falta; sentimos que não merecemos amor, ou nos sentimos dissociados do amor, ignorando tudo o que nos foi dado. A prática consciente da gratidão é a saída dessa mentalidade de pobreza que corrói o coração e, com ele, a nossa integridade.

Em resposta a qualquer desânimo que eu possa sentir no final de um dia, reservo um tempo para recordar com gratidão tudo o que me foi dado. Às vezes, me lembro do pôr do sol que acabei de testemunhar, ou de um e-mail de um aluno que não via há anos, ou da luz nos olhos de um aluno que me diz que está indo bem, ou mesmo de um momento difícil que me ensinou uma boa lição. Reunir esses momentos no final do dia é uma prática de gratidão que me dá uma noção do valor da vida e do relacionamento. É uma espécie de contagem de bênçãos. Mas não posso guardar essas bênçãos. Em meu coração ou diretamente, eu as compartilho com alguém que poderia fazer uso dessa bondade ou aprender com o meu dia.

Também tento escrever pelo menos a uma pessoa todos os dias para agradecê-las pelo bom trabalho que estão fazendo, pelas bênçãos que me trouxeram e que contribuíram com a minha vida ou pelo amor que deram aos outros. Como abade do Upaya Zen Center, alguns dias tenho a alegria de escrever vários e-mails ou cartões de agradecimento pelo apoio ao nosso centro. Acredito que, assim como a compaixão, a prática da gratidão beneficia tanto quem dá quanto quem recebe e enriquece a experiência da conexão.

A meditação também nutre a gratidão porque pode nos tornar mais conscientes e capazes de apreciar o momento presente. A meditação aprimora nossa capacidade de enxergar os dilemas morais com mais clareza e nos fornece um nível de equanimidade emocional que apoia a gratidão. Também nos oferece a oportunidade de recordar nossos valores e intenções e de lembrar nosso voto de beneficiar os outros. E nos conscientiza da impermanência, o que nos ajuda a deixar as reclamações de lado; se o momento atual não é agradável, lembramos que ele mudará e podemos perguntar: O que posso aprender aqui?

Nossos votos e compromissos, incluindo a prática da gratidão, dizem respeito a viver uma vida de consciência, de coragem e de não causar mal. São uma maneira de abrirmos nossas vidas à verdade mais profunda de que não estamos separados uns dos outros – que compartilhamos um corpo comum, uma vida comum e uma aspiração comum de bem-estar para todos. Quando compreendemos isso, vivenciamos isso, praticamos isso, uma alquimia de gratidão acende os nossos corações com o calor e com a honra da integridade.

V. AS DESCOBERTAS NO LIMITE DA INTEGRIDADE

Nestes tempos complicados, temos muitas oportunidades para transformar o sofrimento moral em resiliência moral, aquilo que a eticista Cynda Rushton define como "a capacidade de um indivíduo de sustentar ou de restaurar sua integridade em resposta à complexidade moral, à confusão, à angústia ou aos contratempos."[83] Quando temos resiliência moral, somos capazes de permanecer fortes em nossa integridade, mesmo em meio à adversidade moral.

Existe uma prática japonesa chamada *kintsukuroi*, que significa "reparo de ouro". Kintsukuroi é a arte de reparar cerâmica quebrada com ouro em pó ou platina misturada com laca para que o reparo reflita a história da quebra. O objeto "reparado" reflete a fragilidade e a imper-

---

83 Cynda Hylton Rushton, *Cultivating Moral Resilience, American Journal of Nursing* 117, no. 2 (Fevereiro de 2017): S11–S15, doi:10.1097/01.NAJ.0000512205.93596.00.

feição da vida – e também sua beleza e força. O objeto retorna à sua inteireza, à integridade.

Não estou sugerindo que devamos buscar a quebra como forma de fortalecer a integridade, embora algumas culturas busquem por crises em seus ritos de passagem como forma de desenvolver o caráter e abrir o coração. Em vez disso, estou propondo que as feridas e danos causados pela queda da beira do abismo no sofrimento moral possam ter um valor positivo sob as circunstâncias corretas. A angústia moral, a dor da lesão moral e da indignação e até mesmo o entorpecimento da apatia moral podem ser os meios para o "reparo de ouro", para desenvolvermos uma maior capacidade de permanecermos firmes em nossa integridade sem sermos sacudidos pelo vento.

Durante os anos de viagem ao Japão, segurei vários desses vasos requintadamente restaurados em minhas mãos. Vi que o "reparo de ouro" não é um reparo oculto. Ele mostra claramente o dano que o vaso sofreu sem qualquer disfarce. Combina coisas comuns e metais preciosos para reparar a rachadura, mas não escondê-la. Creio que é assim que a transformação moral acontece e que a integridade surge – não rejeitando o sofrimento, mas sim incorporando-o a um material mais forte, o material da bondade, para que as partes quebradas da nossa natureza, da nossa sociedade e do nosso mundo possam se reunir no ouro da inteireza.

4. RESPEITO

*Respeito é um dos grandes tesouros do ser humano;
nos enobrece e nos abre para amar.*

Quando eu tinha quatro anos, fiquei gravemente doente e perdi a visão por dois anos. Depois que me recuperei, tive dificuldade em acompanhar meus companheiros de mesma idade. Eu era menor e mais magra do que muitos dos meus colegas da minha primeira série. Um grupo de garotas criou o esporte de me atacar e de me humilhar. Não recordo das palavras delas, mas lembro de como me sentia menosprezada. Também me lembro de um dia ter entrado chorando no banco de trás da caminhonete de nossa família depois da escola. Eu não conseguia entender. Minha mãe me confortou, mas suas palavras não ajudaram muito para acalmar a dor daquela agulhada de desprezo.

As lições que aprendi ao sofrer assédio me acompanharam durante todos esses anos. Atualmente, minha preocupação com o desrespeito é bem mais ampla porque a falta de civilidade está aumentando. Fui sensibilizada não apenas por esses episódios da infância, mas também por minhas experiências habitando o corpo de uma mulher, trabalhando na academia e em vários conselhos administrativos. E mais, fico alarmada ao observar o abuso que as pessoas em nosso país sofrem por causa da cor de sua pele, status de imigração, habilidades físicas ou orientação sexual. É especialmente perturbador ver outras pessoas sendo ameaçadas de sofrer marginalização social e de serem banidas do nosso país. Preocupo-me com o que isso causa ao próprio tecido de nossa sociedade, onde a dignidade não é valorizada, o desrespeito está se normalizando e a falta de civilidade parece estar corroendo nossa sensibilidade moral.

Por outro lado, acho que a maioria de nós está ciente da importância do respeito em nosso mundo de hoje. A vida pode depender disso! Ter respeito pelos outros significa honrar sua autonomia e seu direito à privacidade, agir com integridade, ser leal e verdadeiro com eles. Também exige que tenhamos autocompreensão suficiente para perceber que compartilhamos um destino comum com os outros; somos todos humanos, sofremos e morreremos.[84]

O antropólogo William Ury escreve em seu livro The Third Side: "Os seres humanos têm uma série de necessidades emocionais – de amor e reconhecimento, de pertencimento e identidade, de propósito e significado para viver. Se todas essas necessidades tivessem que ser incluídas em uma única palavra, poderia ser respeito."[85] Quando nos sentimos respeitados, nos sentimos valorizados e "vistos". Quando respeitamos os outros, permanecemos fundamentados na humildade, na moralidade e nos preocupamos com os outros e com nós mesmos. O respeito cria empatia e integridade saudáveis (dois *Estados Limite*); também confere dignidade e profundidade às nossas relações humanas e à nossa relação com o planeta. É a base do amor e da justiça e o caminho para transformar o conflito em reconciliação.

É por isso que vejo o respeito como um Estado Limite. Quando estamos na borda elevada do respeito, expressamos o melhor do coração humano. Podemos libertar os outros e a nós mesmos da opressão interna e externa, enquanto nutrimos as raízes da civilidade, da segurança e da sanidade. Podemos olhar profundamente para as coisas e para os seres como eles são, com todas as suas

---

[84] T. L. Beauchamp, J. Childress. *Principles of Biomedical Ethics* (5a ed.). (New York: Oxford University Press, 2001).
[85] William Ury, *The Third Side: Why We Fight and How We Can Stop* (New York: Penguin Books, 2000).

virtudes e falhas, sustentando-os com compaixão e discernimento.

Mas também é muito fácil cair no abismo, em um pântano tóxico de desrespeito. Se nossas personalidades ou valores colidirem com os de outra pessoa, talvez expressemos nosso desrespeito por meio de uma depreciação sutil ou não tão sutil. Quando negamos a humanidade básica dos outros, sufocamos nossa própria humanidade. E quando outros negam nossa humanidade por desrespeito, podemos nos sentir diminuídos, desempoderados e desmoralizados.

Na dimensão individual, o desrespeito aumenta os conflitos e causa sofrimento a todos os envolvidos. Na dimensão sistêmica, o desrespeito corrói a própria fundação da nossa sociedade e do nosso mundo. Se reconhecermos o respeito como um Estado Limite, poderemos evitar ser sugados para o pântano do desrespeito. E se formos sugados, talvez possamos encontrar compaixão e coragem nessas águas escuras. Com sorte, podemos descobrir que o respeito é um dos grandes tesouros de ser humano – nos enobrece e nos abre para o amor.

I. À BEIRA MAIS ELEVADA DO ABISMO DO RESPEITO

Numa reunião de neurociência em Dharamsala, vi Sua Santidade, o Dalai Lama, parar no meio de um discurso científico emocionante, pegar um cartão e mover gentilmente o cartão por sobre a pele do outro antebraço. Ele, então, entregou o cartão a Tsoknyi Rinpoche, que estava sentado ao lado dele. Sua Santidade havia notado um pequeno inseto rastejando em seu braço, o apanhou com o cartão e entregou a Tsoknyi Rinpoche para que pudesse ser libertado. Quando Tsoknyi Rinpoche removeu cuidadosamente o inseto da sala, Sua Santidade retornou à discussão de alto nível. Ressaltei para mim mesma que Sua Santidade parece tratar todos os seres com respeito, mesmo os menores de nós.

No programa de capelania do Upaya, exploramos o que é e o que não é respeito. Para sentir respeito, devemos estar fundamentados na integridade, no entendimento e no autoconhecimento. Para demonstrar respeito pelos outros, precisamos nos comunicar de maneira verdadeira e construtiva, cumprindo nossas promessas, mantendo a dignidade e honrando escolhas e limites.

O respeito pelos outros é um reflexo do respeito por nós mesmos, bem como do respeito pelos princípios éticos que servem de base às sociedades saudáveis. Além disso, trabalhando com médicos, educadores e alunos, aprendi que o respeito *não* significa deixar de oferecer uma opinião construtiva para evitar conflitos ou de tolerar comportamentos de outras pessoas que violam a integridade.[86] Respeito e integridade são Estados Limite conectados; eles inter-são e o respeito, muitas vezes, exige que "digamos a verdade ao poder", ou que sejamos claros sobre o que percebemos como dano e que exijamos que seja posto um fim.

O respeito também é um ingrediente crítico em todo tipo de relacionamento – se o respeito sofrer algum dano e se este não for reparado, as parcerias estarão em perigo. Ao longo dos anos servindo como abade do Upaya, aprendi que é essencial que os membros da comunidade se tratem como amigos e colaboradores, não como concorrentes. Também precisamos cultivar profunda consideração pelo bem-estar um do outro e precisamos também confiar uns nos outros o suficiente para que possamos nos comunicar respeitosamente sobre situações de abuso. Trata-se de criar uma cultura de integridade e respeito.

RESPEITO PELOS OUTROS, PELOS PRINCÍPIOS E POR NÓS MESMOS

O respeito tem três aspectos: respeito pelos outros; respeito pelos princípios e valores; e respeito por si próprio. Ter respeito pelo outro significa

---

[86] Tom L. Beauchamp e James F. Childress, *Principles of Biomedical Ethics*, 5a ed. (Oxford, UK: Oxford University Press, 2001).

reconhecer seu mérito e seu valor. Podemos respeitar nossos oponentes e é de se esperar que respeitemos nossos familiares. Podemos discordar seriamente do que eles dizem e fazem, não entendendo completamente quem são – mas, em algum nível, nós os apreciamos como pessoas e nos damos conta de que todos nascemos vulneráveis e provavelmente morreremos vulneráveis.

Podemos respeitar até mesmo aqueles que nos prejudicam se tivermos uma compreensão mais profunda de sua situação. Anos atrás, eu não era uma admiradora do vice-presidente do nosso país. Muitas vezes tive que lutar contra a aversão que sentia por aquele homem. Um dia, decidi me concentrar nele em minha prática de meditação. Eu o vi como um bebê, depois como um menino. Considerei o fato de que um dia ele morreria e que a morte talvez não fosse tão fácil para ele, dado todo o sofrimento que causara aos outros. Reconheci que, embora eu não quisesse jantar com essa pessoa, ele era um ser humano – e humilhá-lo não nos faria nenhum bem. Compreendi também que se eu fosse chamada para sentar ao lado dele em seu leito de morte, estaria ali presente com ele. Ao mesmo tempo, tinha muita clareza sobre o imperativo de me posicionar contra os princípios que ele representava. Consegui separar o homem de suas ações. Seria capaz de abrir meu coração para a pessoa e, ao mesmo tempo, me opor a suas ações em relação aos outros.

Desde então, tenho visto mais claramente a verdade do sofrimento naqueles que abusam dos outros. Essa visão me ajudou a evitar ficar presa no pântano da aversão quando encontro uma pessoa que é perigosa para outras pessoas. Não sou apática com relação ao mal que estão causando – mas imaginá-los como um bebê ou uma pessoa que está morrendo coloca suas vidas em perspectiva para mim. Se a hostilidade deles é voltada contra mim, essa prática me ajuda a não tomar suas afrontas de maneira tão pessoal – o desrespeito deles tem provavelmente mais a ver com eles do que comigo. E, dessa forma, como quando trabalhava na penitenciária com pessoas que haviam cometido assassinato, sustento a verdade da delusão dessa pessoa juntamente com a minha percepção de quem ela realmente é, sob as camadas profundas de seu sofrimento. Eu as considero responsáveis por seus atos e também pelo seu próprio despertar.

DUAS MÃOS UNIDAS

Quando respeitamos alguém, nós compreendemos nossa interconexão com eles. Meus amigos no Nepal ritualizam o respeito mútuo e a interconexão unindo as mãos, curvando-se em frente ao outro enquanto dizem "Namaste", que significa "eu me curvo a você" ou "ao divino dentro de você". Esta é uma expressão da interconexão entre o outro e eu e um reconhecimento de quem o outro realmente é. Observei que uma das primeiras coisas que uma criança nepalesa aprende é unir as mãos em um gesto de conexão e respeito e, em seguida, oferecer esse gesto a familiares, amigos e estranhos.

A primeira vez que encontrei Sua Santidade o Dalai Lama, na década de 80, notei que ele se curvava bastante ao se aproximar dos outros, como se dissesse: "Eu respeito você". Não importava se estava encontrando um tibetano que havia acabado de cruzar a fronteira ou um chefe de estado – Sua Santidade sempre oferece a mesma reverência profunda de humildade, nunca se mantendo acima dos outros. Essa simples postura conquistou milhões de pessoas. "Minha religião é a bondade", diz ele; a forma profunda com que se curva aos outros nos lembra exatamente disso.

A segunda forma de respeito é o respeito pelos princípios morais. Trata-se de nos conectarmos aos nossos valores mais profundos e agirmos a partir desse local, mesmo em circunstâncias difíceis. A escritora Joan Didion chamou esse tipo de respeito de *fibra moral*[87]. De uma perspectiva budista, ter fibra moral envolve nos mantermos firmes em nossos princípios e preceitos e reconhecermos a verdade da originação interdependen-

---

[87] Joan Didion, "On Self-Respect: Joan Didion's 1961 Essay from the Pages of Vogue," 22 de outubro de 2014 www.vogue.com/article/joan-didion-self-respect-essay-1961.

te: "Isto é porque aquilo é". Sentada diante de um professor budista que está comendo um bife, vejo os elos de causa e efeito, seja o sofrimento dos animais ou o impacto da indústria do gado nas mudanças climáticas. Faço uma escolha consciente naquele momento de não contribuir com mais sofrimento e peço o ensopado de lentilha. Mais tarde, compartilho com ele minhas opiniões sobre preferências alimentares.

O respeito próprio, a terceira forma de respeito, consiste em se livrar das correntes da vergonha e da autorreprovação. Didion diz que a fonte do respeito próprio é o "caráter – a disposição de aceitar a responsabilidade pela própria vida". Ela explica: "O respeito próprio é uma disciplina, um hábito mental que nunca se pode fingir, mas pode ser desenvolvido, treinado e incentivado"[88].

Didion continua: "Ter um senso de valor intrínseco que, para o bem ou para o mal, constitui o respeito próprio, é potencialmente ter tudo: a capacidade de discriminar, de amar e de permanecer indiferente. Sem isso, ficamos trancados dentro de nós mesmos, paradoxalmente incapazes de amar ou de sermos indiferentes."[89] Em outras palavras, quando conhecemos verdadeiramente nossa bondade básica, nos destrancamos da armadilha do pequeno eu, daquele que está isolado de suas conexões, que está preso na apatia. Desse modo, podemos nos entregar ao abraço do respeito próprio, nos tornamos um eu inclusivo, que está interconectado com todos os seres.

LAVAR OS PÉS DOS OUTROS

Quando eu era pequena, frequentava uma escola episcopal para meninas, onde era obrigatório estudar a Bíblia. Guardei para sempre uma história sobre Jesus: a história de como ele lavou os pés de seus discípulos na Festa da Páscoa, na noite anterior à sua crucificação. Esse ato de respeito e hu-

---

88 Ibid.
89 Ibid.

mildade foi uma lição profunda para seus seguidores sobre amor e serviço.

Na quinta-feira santa de 2016, outro homem se ajoelhou diante de refugiados em um albergue nos arredores de Roma. Os refugiados eram da Eritreia, Mali, Paquistão e Síria, pertencendo a diversas crenças: muçulmana, hindu, cristã copta e católica. Em meio ao crescente sentimento anti-imigrante na Europa, o Papa Francisco lavou os pés dos migrantes e dos que pediam asilo naquele dia sagrado. Ele disse: "Hoje, neste momento, quando faço o mesmo ato de Jesus lavando os pés de doze de vocês, vamos todos fazer um gesto de fraternidade, e vamos todos dizer: 'Somos diferentes, somos diferentes, temos diferentes culturas e religiões, mas somos irmãos e queremos viver em paz.'"[90]

Viver em paz. Respeitar os outros. Ser um servo dos mais vulneráveis dentre nós. Pensei no ato altruísta de amor e de compaixão do Papa Francisco quando, no outono de 2016, nossa equipe da Clínica Nômades que trabalha em Dolpo, no Nepal, decidiu lavar os pés de nossos pacientes. Senti que era uma maneira de doação mais profunda aos moradores a quem estávamos servindo. Na Ásia, os pés são considerados impuros, e tocar os pés dos outros é uma expressão de humildade e respeito. Nossa equipe lavou os pés não de uma dúzia, mas de centenas de homens e mulheres. A princípio, estávamos hesitantes. Seria mesmo bom fazer isso? As pessoas se sentiriam envergonhadas, ou seria uma maneira de superar as diferenças culturais e estabelecer uma conexão amorosa com nossos pacientes?

O primeiro a colocar as mãos na água morna e ensaboar os pés de uma mulher de meia idade de Dolpo foi um jovem advogado chamado Pete. Ele tocava os pés daquela mulher com tanto respeito e ternura que ambos ficaram surpresos. Então, um jovem do norte da Califórnia começou a trabalhar; Sean trouxe muita alegria ao seu serviço ao lavar os pés

---

90 "Pope Francis: Gestures of Fraternity Defeat Hatred and Greed," Vatican Radio, 24 de março de 2016, http://en.radiovaticana.va/news/2016/03/24/pope_francis_gestures_of_fraternity_defeat_hatred_and_greed/1217938.

gastos do fazendeiro e do pastor. Tonio fez o mesmo; via-se a alegria em seu rosto enquanto lavava cuidadosamente os pés de jovens e idosos. Bill, um conhecido escritor sobre restauração, se pôs de joelhos para lavar os pés de um homem idoso, cujos dedos dos pés eram torcidos como uma corda velha.

Bacias e mais bacias de água morna chegavam aos lavadores de pés. Todos os dias de trabalho na clínica eram preparados os sabonetes, buchas e bacias. No final, nossa equipe lavou centenas de pés – pés velhos, pés jovens, pés com joanetes doloridos, pés retorcidos e artríticos, pés que talvez nunca tivessem sido lavados e pés que caminharam por muitas montanhas. Foi um ato de amor, de respeito, de humildade e de expiação.

Mais tarde, perguntei ao chefe espiritual da vila, Dolpo Rinpoche, o que ele tinha achado. Ele disse: "Me contaram o que vocês fizeram. Isso fez o povo de Dolpo confiar muito em vocês. Ninguém nunca toca os pés dos nossos aldeões. Mas seu povo tocou não apenas os pés, mas também o coração. Isso que vocês fizeram foi algo muito budista. Mas isso também nunca havia acontecido em Dolpo. Nosso povo nunca esquecerá vocês.

ÁGUA É VIDA

Para os budistas, a água simboliza a clareza, a pureza e a tranquilidade da mente e do coração, qualidades que tornam a compaixão possível. A água é oferecida nos altares em muitas partes da Ásia para que possamos nos lembrar de nutrir essas qualidades em nós mesmos. Nossas estações de lavagem de pés em Dolpo eram uma espécie de altar e, com a água, podíamos fazer uma oferenda de respeito a cada pessoa. Também acho que essa prática foi, em um nível inconsciente, uma maneira de pedir perdão a todos os povos indígenas por gerações de desrespeito, abuso, exploração e genocídio nas mãos dos ocidentais. Foi um ato de reparação.

Enquanto lavávamos os pés em Dolpo, pessoas de todo o mundo

chegavam a Standing Rock, Dakota do Norte, para protestar contra a construção do oleoduto Dakota Access (sigla em inglês – DAPL). O oleoduto passaria por baixo das fontes de água potável de Standing Rock, do rio Missouri e do lago Oahe, colocando-os em perigo. Enquanto eu caminhava pelo Himalaia áspero e bruto, pensava na grande e antiga reverência que o povo lakota e os povos indígenas de Dolpo têm pela água: a água como caminho; água como doadora e portadora de vida; água como purificadora e nutridora. A água simboliza lágrimas, limpeza, imersão, o feminino e a sabedoria. E sem água, nada cresce, nada vive.

Quando caminhava pelas montanhas com nossa equipe, observando os fios de água minguantes no Himalaia seco, ouvi dentro de mim as palavras lakota *mni wiconi* – água é vida. Os lakota dizem que aquelas águas são sangue da avó Terra, a fonte de toda a vida. Refleti sobre Flint, Michigan, sua água envenenada pelo chumbo e pelo racismo. Lembrei-me de minha amiga Wendell Berry me contando sobre os rios e riachos negros e doentes do Kentucky, onde as montanhas haviam sido destruídas pelo carvão.

Quando retornei para Dolpo, meus amigos e alunos me contaram que as palavras *mni wiconi* ecoavam pelos campos de Standing Rock – os protetores da água clamavam por retomar o respeito pelo sagrado, o respeito pelos costumes tradicionais e pelo nosso planeta. Fiquei muito comovida ao saber que o movimento Standing Rock havia sido iniciado por um grupo de adolescentes como forma de combater uma epidemia de drogas e suicídio nas proximidades da Reserva do Rio Cheyenne. Para combater a forte onda de sofrimento, esses adolescentes decidiram fazer a cura com suas mãos ajudando os jovens de sua comunidade a transformar a autodestruição em ações compassivas. Eles estavam conscientemente explorando o ativismo sagrado como uma poderosa força compensatória não apenas contra a "serpente negra" do DAPL, que ameaçava a água potável da Reserva Standing Rock, mas também contra a doença do ódio que afligia seu povo. Depois de aprender sobre desobediência civil com ativistas ambientais, eles começaram a compreender que havia um tipo mais profundo de obediência ao Espírito e a seus modos tradicionais.[91]

Uma das minhas alunas de capelania, Karen Goble, apresentou-me a Sophie Partridge, mãe e escritora, que veio de Londres para Standing Rock no frio duro de dezembro para apoiar os protetores da água. Ela compartilhou que, além de *mni wiconi*, a frase que ouvia com mais frequência era *mitakuye oyasin*, que significa "todas as minhas relações". Durante as orações e reuniões, as pessoas usavam essa frase quando queriam falar e quando terminavam de falar. Os ouvintes então repetiam a frase para afirmar que haviam sido ouvidos.

Mitakuye oyasin, um sinal de respeito e amor, é um reconhecimento de que estamos todos interconectados, como Sophie escreveu, "a todas as coisas e a todos os outros... vermes e lesmas, bem como a águias... espinhos, cogumelos e urtigas, bem como grandes sequoias e arco-íris." Estamos relacionados não apenas às pessoas que amamos, mas também "àquelas pessoas que preferiríamos estar separadas de nós mesmos por um oceano".

"O que tornou minha experiência em Standing Rock tão poderosa", Sophie escreveu em um e-mail que foi compartilhado comigo, "foi que as pessoas que eu realmente respeitava *incluíam* aqueles que se opunham a elas em suas preces – aqueles que as feriam, atiravam spray de pimenta, usavam mangueira de água em dias congelantes, aqueles que disparavam balas de borracha contra elas, aqueles que as colocavam em gaiolas, que as tratavam como criminosas, que mentiam sobre elas; elas realmente incluíram essas pessoas em suas preces. Suas preces eram pela água e pela terra. Não é uma guerra entre um lado bom e um lado ruim, com um inimigo a ser derrotado. Todos precisamos de água. Estamos todos juntos nisso. O que é bom para meus descendentes é bom para os seus [...]. Nós não somos diferentes em nossas necessidades".

---

[91] "The Youth Group That Launched a Movement at Standing Rock," *New York Times*, 31 de janeiro de 2017, www.nytimes.com /2017/01/31/magazine/the-youth-group-that-launched-a-movement-at-standing -rock.html?smid=fb-share&_r=1.

A violência enfrentada pelas pessoas nos campos de Standing Rock – spray de pimenta e gás lacrimogêneo, os cães de ataque, as balas de borracha, os jatos de água nas noites geladas – poderia ter despedaçado aquela comunidade. Para enfrentar a violência, eles poderiam ter respondido com violência. Mas a comunidade havia feito o voto de responder com não-violência e respeito.

Algum tempo depois, li que Eryn Wise, uma líder do acampamento de 26 anos, viu no Facebook Live um vídeo de sua irmã sendo atacada com spray de pimenta. Ela correu para onde sua irmã estava sendo atacada pela polícia e pulou na briga, atirando-se para cima da polícia, de acordo com o *The New York Times*[92]. De repente, havia seis mãos em seus ombros – protetores da água puxando-a para trás. Wise avistou o rosto de seu irmão, que parecia estar coberto de tinta de guerra. "Ele estava apontando por cima do meu ombro e gritando: 'Vamos rezar por você, vamos rezar por você!' Ela percebeu que o rosto dele estava coberto de gás lacrimogêneo, mesmo assim ele ainda estava rezando pelos agressores. "Aquilo me trouxe de volta", disse ela. Seu irmão a manteve enraizada no respeito.

Mitakuye oyasin, todas as minhas relações, compartilha com o budismo a poderosa perspectiva de que todos os seres, todas as coisas estão interconectadas: águas e montanhas, policiais e protetores da água, povos indígenas e seus colonizadores. Em Dolpo e quando voltei aos Estados Unidos, refleti sobre um ensinamento do fundador da Escola Soto Zen, Eihei Dogen. No século XIII, ele escreveu: "A mente é montanhas, rios e a terra; a mente é o sol, a lua e as estrelas."[93]

Essa visão de uma identidade inclusiva e a verdade da interconexão no budismo é expressa na prática de *metta* de uma forma particularmente interessante, onde podemos enviar bondade a um "inimigo". Quando sentimos desrespeito, desconfiança ou até ódio por alguém, podemos dar um salto até a borda superior do abismo do respeito e ver que estamos

---

92 Ibid.
93 Kazuaki Tanahashi, ed., *Treasury of the True Dharma Eye: Zen Master Dogen's* Shobo Genzo (Boston: Shambhala, 2013), 46.

todos interconectados, de uma maneira ou de outra; no mínimo, compartilhamos o sofrimento. Então, podemos nos estabelecer em nossos corações, como os protetores da água repetidamente, rezando para que nossos adversários se livrem do sofrimento. Podemos não respeitar suas ações – mas podemos respeitar sua humanidade essencial e, portanto, seu potencial de transformação. É uma maneira de curar nosso próprio sentimento de desamparo, de sofrimento e de raiva e, de novo, nos mantermos firmes no respeito.

II. CAINDO NO ABISMO DO RESPEITO: O DESRESPEITO

Durante minha primeira visita ao Tibete em 1987, testemunhei soldados chineses intimidando os tibetanos que faziam obras nas estradas no extremo oeste do país. Os soldados zombavam dos trabalhadores, insultando-os, ridicularizando-os. Não pude deixar de sentir raiva e medo também. Depois de alguns minutos, meu coração se apertou ainda mais quando um homem idoso que carregava pedras deu um sorriso gentil para seu torturador. Eu pensei: Como ele consegue fazer isso? Onde está sua indignação? Ele não se sente humilhado? Ele não se sente vitimizado? Mais tarde, percebi que era bem possível que esse velho trabalhador tibetano tivesse visto a verdade do sofrimento de seu torturador, a verdade de sua vergonha e estava respondendo com compaixão. Foi uma lição bastante forte para mim e um lembrete de que o respeito pode assumir muitas formas, inclusive uma expressão de profunda sabedoria.

Aquele senhor parecia ter uma visão de não-separação que a maior parte da nossa cultura não tem. Nossa tendência é ver o eu e o outro como não conectados. Com muita facilidade, objetificamos o outro como opressor ou vítima, nos objetificamos como vítima ou deixamos que outros nos objetifiquem como vítima, opressor ou salvador. Essa atitude de separação provavelmente estava na raiz do comportamento intimidador do soldado chinês e constitui a base do déficit global de respeito que vemos hoje em dia.

Matamos insetos e comemos carne de animais sem pensar. Olhamos para os sem-teto com nojo e desdém, sem nos darmos conta. Compartilhamos uma refeição com nosso parceiro com a nossa atenção cooptada por dispositivos digitais. Falamos rispidamente com a criança que pede atenção na sala de aula quando toca o sino do recreio. Diante de nossas demandas de trabalho, deixamos de lado rudemente a reclamação de um funcionário ou de um eleitor. E podemos facilmente depreciar e intimidar outros que são diferentes de nós.

Às vezes, pode parecer que existem razões justificáveis para o desrespeito. Quando os nossos valores conflitam com os dos outros, quando discordamos de suas decisões ou somos ofendidos por suas palavras ou ações, podemos perder o respeito por eles. Quando outros são agressivos ou ameaçadores em suas interações, o respeito pode ser perdido. Se alguém nos desrespeita, é difícil não responder da mesma forma. E apesar de o desrespeito poder assumir diferentes formas, ele nunca é justificável.

BULLYING

O *bullying* (assédio) é uma das formas mais comuns de desrespeito. Bullying é o uso de força, ameaças ou ridicularização para dominar e diminuir os outros. Muitos de nós conhecem essa experiência; seja no pátio do colégio, nos corredores da academia, na sala de reuniões, no quarto de um paciente, perto de um bebedouro ou na capital de nosso país, experienciamos ou testemunhamos o sofrimento causado pela ridicularização. Talvez tenhamos intimidado outros ... ou nos depreciado. E, talvez, tenhamos sido menosprezados por aqueles que se sentem em uma posição menos afortunada do que nós. A maioria de nós também foi intimidada por pessoas em posições de poder – nossos pais, professores ou chefes.

O assédio pode ser intenso ou sutil, agressivo ou passivo-agressivo. Podemos intimidar sendo desdenhosos, como se a pessoa ao nosso lado não merecesse nossa atenção; ou podemos ser simplesmente rudes e cruéis. Formas menos sutis de assédio incluem envergonhar, ridicularizar e humilhar outras pessoas. O assédio pode vir de nossos colegas, de nossos superiores ou daqueles abaixo de nós em uma hierarquia social. Ocorre no nível individual e social, podendo até se originar na mídia.

O assédio como forma de desrespeito se tornou foco do meu interesse quando conheci Jan Jahner, uma enfermeira experiente que estudou no Programa de Treinamento de Capelania Budista do Upaya. Jan comentou comigo que as enfermeiras "devoram as mais jovens e umas às outras", uma frase cunhada pela pesquisadora Kathleen Bartholomew. Achei isso uma maneira bastante alarmante de descrever profissionais conhecidos por sua compaixão. Pedi a Jan que me contasse mais sobre como isso funciona na enfermagem.

Jan me disse que *hostilidade horizontal* é um comportamento desrespeitoso entre pessoas que compartilham a mesma posição geral em uma hierarquia organizacional ou social. Também conhecida como *agressão entre pares*, a hostilidade horizontal pode ser encontrada em muitos contextos. Os gerentes corporativos enfraquecem uns aos outros, os pares ignoram e excluem uns aos outros, e os políticos ridicularizam uns aos outros; até os professores espirituais podem menosprezar uns aos outros. A escritora feminista Denise Thompson[94] define a hostilidade horizontal como um "transformar em bode expiatório aqueles que são acessíveis porque eles não são muito diferentes em termos de poder e de privilégio."

O assédio não acontece apenas entre os pares. Pessoas de posição desigual em uma hierarquia podem depreciar ainda mais umas às outras, em um fenômeno conhecido como *violência vertical*. Nos ambientes de trabalho, a maioria dos agressores são chefes e outros em posições de

---

[94] Denise Thompson: *A Discussion of the Problem of Horizontal Hostility*, November 2003, 8. http://users.spin.net.au/~deniset/alesfem/mhhostility.pdf.

poder e privilégio.[95] Além de locais de trabalho, os professores podem humilhar os alunos, os oficiais militares costumam provocar novos recrutas, os pais podem menosprezar os filhos, os médicos podem ser rudes com as enfermeiras e os chefes de Estado insultam grupos minoritários.

Aprendi com a experiência pessoal e com as histórias de outras pessoas que a violência vertical também pode vir de baixo para cima, quando pessoas em posições hierárquicas inferiores tentam obter o poder das pessoas mais próximas do topo, ou quando os desprovidos de privilégios revidam em resposta ao abuso dos superiores.

HOSTILIDADE HORIZONTAL

Todos os anos, nos programas de treinamento do Upaya para clínicos, encontro enfermeiras que foram maltratadas por seus colegas e pensam em abandonar sua profissão. Jan me disse que cerca de 20% das enfermeiras deixam a enfermagem não por causa de dificuldades com pacientes ou médicos, mas por causa do assédio e grosseria de seus colegas. O custo da hostilidade horizontal para a profissão de enfermagem, bem como o custo para pacientes e instituições de saúde é espantoso.

Em sua tese de capelania, Jan contou sua própria experiência com a hostilidade horizontal no local de trabalho. Ela trabalhava como enfermeira do serviço de emergência quando perdeu o irmão para o câncer. Seu desempenho no trabalho caiu devido à sua dor profunda e perturbadora. Ela escreveu:

> *O que se seguiu, dentro de uma equipe que teve grande estima por mim por um longo tempo, parecia uma bola de neve. Pequenos erros que eram comuns em um cenário acelerado tornaram-se gran-*

---

[95] Gary Namie, *2014 WBI U.S. Workplace Bullying Survey* (Bellingham, WA: Workplace Bullying Institute, 2014), 10, http://workplacebullying.org/multi/pdf/WBI-2014-US-Survey.pdf.

> *des eventos; emoções se tornaram assunto de fofocas e insinuações. À medida que a atenção que se dava ao meu desempenho aumentava, aumentavam também a ansiedade, a sensação de estar sobrecarregada e a sensação de pavor. Não tinha me dado conta de que minha vulnerabilidade deixava a maioria dos meus companheiros desconfortáveis ou que os ataques sutis e a sabotagem eram uma forma de autoproteção. Eu sabia que dobrar a esquina e encontrar um grupinho de enfermeiras que subitamente se calavam significava que o tema da conversa era eu, assim como eu tinha visto acontecer com outras enfermeiras ou auxiliares que estavam sendo afastados da equipe. Eu me sentia observada, vigiada.[96]*

Jan tirou uma licença de seis semanas e voltou se sentindo muito mais estável e pronta para trabalhar. No entanto, sua equipe não estava pronta para deixá-la voltar.

> *A frieza e uma miríade de ataques sutis, abertos e encobertos, deixaram bem claro que eu deveria procurar um lugar em outro departamento ... O cenário em que eu prosperara havia se tornado hostil, e aprendi que "a minha história", seja lá como fosse agora, estava por todo o hospital. Me deparava com ela nos lugares mais inusitados. Parecia que algumas enfermeiras do meu pequeno hospital estavam realmente se alimentando da minha antiga angústia, tentando manter viva a versão da minha crise. Pareciam abutres, procurando algo suculento para atacar; ficavam à espreita, próximos dos meus esforços para normalizar minha vida profissional.[97]*

Por fim, Jan assumiu uma nova posição em cuidados paliativos em

---

96 Jan Jahner, "Building Bridges: An Inquiry into Horizontal Hostility in Nursing Culture and the use of Contemplative Practices to Facilitate Cultural Change" (Buddhist Chaplaincy Training Program thesis, Upaya Zen Center, Santa Fe, NM: 2011), 46–47, www.upaya.org/uploads/pdfs/Jahnersthesis.pdf.

97 Ibid., 47.

um prédio do outro lado da rua. Seus novos colegas reconheceram sua dor como normal e ela prosperou em seu novo trabalho. Ainda assim, seu senso de autoestima havia sido prejudicado pela experiência de agressão e rejeição de colegas e, durante anos, ela teve que se preparar sempre que entrava no hospital. "De alguma forma, aqueles meus colegas acessaram algo muito central e profundamente sensível durante um período desafiador de profunda vulnerabilidade", escreveu Jan.

Por que a agressão entre pares é tão prevalente na enfermagem, uma profissão caracterizada pelo cuidar? Se explorarmos o comportamento do grupo oprimido podemos ter uma visão de sua presença na enfermagem e na sociedade em geral.

Aprendi muito sobre agressão entre colegas no início dos anos 70 quando o feminismo estava se firmando nos Estados Unidos. Muitas de nós, dentro do movimento, logo nos demos conta do desrespeito que surgia entre colegas. De fato, o termo *hostilidade horizontal* surgiu do movimento feminista; a renomada feminista, ativista dos direitos civis e advogada Florynce Kennedy cunhou esse termo. Ela escreveu: "A hostilidade horizontal pode se expressar na rivalidade entre irmãos ou no duelo competitivo, que destrói não apenas a tranquilidade dos escritórios ou a vida doméstica na periferia, mas também em alguns grupos políticos radicais e, deve-se dizer, lamentavelmente, em alguns grupos de libertação de mulheres... [É] a raiva mal direcionada que, com razão, deveria se concentrar nas causas externas da opressão."[98]

Kennedy atuou no Movimento dos Direitos Civis em Nova York, ao mesmo tempo em que eu trabalhava como pesquisadora em Columbia. Eu a conheci em eventos do movimento ao longo dos anos. Ela era dura e se expressava muito bem, sem nunca desrespeitar ninguém. Filha de um porteiro de Pullman, Kennedy cresceu negra em um bairro predominantemente branco de Kansas City. Quando a KKK tentou expulsar sua família,

---

[98] Florynce Kennedy, *Color Me Flo: My Hard Life and Good Times* (Englewood Cliffs, NJ: Prentice-Hall, 1976).

seu pai os afastou com uma espingarda. Ela lutou por seu lugar de direito como estudante na Faculdade de Direito de Columbia, onde era a única pessoa negra e uma das oito mulheres de sua classe. Em 1965, ela foi presa tentando chegar em casa na rua Quadragésima Oitava Leste porque a polícia se recusou a acreditar que ela morava naquele bairro. Essa experiência a transformou em ativista e, mais tarde, fundou o Partido Feminista.

OPRESSÃO INTERNALIZADA

Sobre a hostilidade horizontal, Kennedy escreveu: "Criticamos um ao outro ao invés do opressor porque é menos perigoso"[99]. O opressor também é, às vezes, mais indefinido, ou até mesmo invisível.

Mas a razão mais insidiosa da hostilidade horizontal, observou Kennedy, é que as pessoas oprimidas podem ser cúmplices de sua própria opressão. Ela escreveu: "Não pode haver um sistema de opressão realmente pervasivo, como o dos Estados Unidos, sem o consentimento dos oprimidos". Quando a opressão é o status quo, mesmo os que pertencem ao grupo dos oprimidos tendem a assumir papéis que reforçam o padrão de dominação. Por exemplo, as mulheres podem internalizar a mensagem de que são mais fracas que os homens e, em seguida, inconscientemente, se comportam de maneira submissa em relação aos homens. Esse fenômeno é conhecido como *opressão internalizada*. As pessoas marginalizadas são, por definição, mais assediadas do que as que estão no poder – e, muitas vezes, internalizam esse assédio profundamente, manifestando-se como o assédio interno da vergonha e da falta de respeito próprio.

A opressão internalizada, a violência sistêmica e as várias formas de abuso hierárquico criam marginalização e as condições perfeitas para a hostilidade horizontal. "Dividir e conquistar – é o que tentam fazer com qualquer grupo que tente fazer mudanças sociais", escreveu Kennedy. "Os

---

[99] Gloria Steinem, "The Verbal Karate of Florynce R. Kennedy, Esq.," *Ms.*, 19 de agosto de 2011, https://msmagazine.com/2011/08/19/the-verbal-karate-of-florynce-r-kennedy-esq/

negros têm que se voltar contra os porto-riquenhos. As mulheres têm que se voltar contra suas mães e sogras. Todos nós devemos competir entre nós pelos favores da classe dominante[100].

Aprendi desde jovem que quando os homens assediam as mulheres para manter sua dominação, geralmente o fazem através de abusos diretos, de cima para baixo – desde comportamentos condescendentes, paternalistas, que sexualizam ou envergonham, como "papai-sabe-tudo" a abuso físico e sexual de fato. Por outro lado, vi no movimento feminista que as mulheres usam a agressão de colegas e a violência vertical de baixo para cima a partir de uma posição de vulnerabilidade, numa tentativa de nivelar a experiência de desequilíbrio de poder. Observei que as mulheres que se sentiam menos capazes frequentemente tentavam prejudicar as mulheres que consideravam mais poderosas. Vemos isso com muita frequência em mulheres na política, na vida acadêmica, na liderança empresarial e religiosa. Eu mesma já recebi esse tipo de tratamento e é bem difícil. Mulheres que demonstram força podem se tornar alvos – não apenas para homens e para a mídia, mas também para outras mulheres. No entanto, não devemos perder de vista o fato de que homens assediam mais comumente do que mulheres. Dois terços de todos os assediadores são homens, de acordo com a Pesquisa de Assédio no Trabalho de 2014, realizada pelo *Workplace Bullying Institute* nos EUA. [101]

Jan explicou como o respeito próprio se encaixa no fenômeno da marginalização em sua experiência como enfermeira:

> *Historicamente, a enfermagem sempre recrutou jovens que valorizavam o cuidado do paciente, o serviço e o autossacrifício. As enfermeiras foram confrontadas com a percepção comum de serem, de alguma forma, inferiores a seus colegas médicos (em maturidade,*

---

100 Ibid.
101 Workplace Bullying Survey: Namie, *2014 WBI U.S. Workplace Bullying Survey*. NT. Uma nova pesquisa dessa série foi realizada em 2017, após o lançamento deste livro nos EUA. https://workplacebullying.org/download/2017-wbi/

pensamento crítico e habilidades) em um sistema de saúde composto principalmente por médicos do sexo masculino (mais velhos). Essas enfermeiras, carentes de poder, autonomia e autoestima, assumiam, às vezes, o comportamento dos marginalizados, buscando aprovação dos poderosos e degradando seu próprio poder.[102]

O estresse de ser marginalizado é um fator que leva à agressão entre os enfermeiros, além do estresse de enfrentar emergências médicas com riscos físicos e emocionais. No caso de Jan, a hostilidade horizontal começou durante seu processo de mentoria. Ela escreve que enquanto alguns de seus mentores de enfermagem ouviam e orientavam, "outros observavam e esperavam oportunidades para humilhar, sob o pretexto de 'eliminar os fracos', possivelmente em decorrência de sua própria socialização na profissão de enfermagem".

VIOLÊNCIA VERTICAL

O bullying de cima para baixo, ou violência vertical, é prevalente tanto no nível individual quanto no social. As pessoas com mais privilégios geralmente rejeitam aqueles que têm menos, por meio de comentários, comportamentos e políticas que reforçam estruturas sexistas, racistas, classistas, heterossexistas e que discriminam os idosos. O *Workplace Bullying Institute* revelou que os não-brancos são alvos de bullying no local de trabalho a taxas significativamente mais altas do que os brancos[103].

O bullying de cima para baixo foi uma característica central da campanha presidencial dos EUA em 2016. O candidato republicano zombou abertamente e menosprezou "outros" de todos os tipos: mulheres, negros, muçulmanos, pessoas com deficiência, imigrantes mexicanos e certamente o outro candidato. Alguns de seus apoiadores adotaram o

---

102 Jahner, "Building Bridges."
103 Namie, 2014 WBI U.S. Workplace Bullying Survey.

exemplo dado por esse indivíduo em posição elevada como permissão para intimidar e ameaçar as pessoas desses grupos durante a campanha e depois dela. Em uma escola no oeste do Oregon, estudantes brancos começaram a cantar: "Construa um muro! Construa um muro!", no meio de uma aula de física. Logo depois, um aluno pendurou um cartaz caseiro na escola com o título "Construa um muro", levando os estudantes latinos da região a fazerem uma paralisação.[104] Em outros lugares, as crianças muçulmanas eram chamadas de "terroristas", "ISIS" e "bombardeiros". O *Southern Poverty Law Center* publicou um relatório concluindo que "a campanha está produzindo um nível alarmante de medo e ansiedade entre crianças de cor e inflamando tensões raciais e étnicas na sala de aula. Muitos estudantes têm medo de ser deportados."[105]

Como Karen Stohr escreveu em seu artigo para *The New York Times*, o assédio moral de cima para baixo tem maiores consequências do que outras formas de assédio moral. "O desprezo expressado pelos socialmente poderosos em relação aos socialmente vulneráveis é um perigo moral muito maior do que o desprezo que flui na direção oposta. Como presidente, Trump ocupa uma posição de poder social excepcional. O desprezo reforçado por esse poder se torna muito mais eficaz e, portanto, muito mais ameaçador para os nossos valores democráticos fundamentais."[106]

Minha aluna de capelania Michele Rudy trabalhou no Arizona com os *DREAMers*, crianças sem documentos que receberam proteção de Obama. Ela me disse que os *DREAMers* estavam se escondendo com medo dos ataques de imigração e fiscalização aduaneira dos EUA em suas casas, escolas e locais de trabalho. "As crianças não querem ir à escola", escreveu Michele. "Uma mãe nos disse que seu filho não saiu do quarto por

---

104 Nicholas Kristof, «Donald Trump Is Making America Meaner», New York Times, 13 de agosto de 2016, www.nytimes.com/2016/08/14/opinion/sunday/donald-trump-is-making-america-meaner.html
105 «The Trump Effect: The Impact of the Presidential Campaign on Our Nation's Schools», Southern Poverty Law Center, 13 de abril de 2016, www.splcenter.org/20160413/trump-effect-impact-presidential-campaign-our-nations-schools
106 Karen Stohr, Our New Age of Contempt, New York Times, 23 de janeiro de 2017, www.nytimes.com/2017/01/23/opinion/our-new-age-of-contempt.html

três dias. As pessoas têm medo legítimo de ser perseguidas e de que suas vidas sejam destruídas."

Michele fazia parte de uma equipe formada para responder a esse momento. "Para começar, os *DREAMers* irão com suas famílias às igrejas evangélicas brancas para expor sua humanidade e o que isso significa para eles. Isso é muito doloroso para eles porque têm que mostrar sua dor na frente dos outros, até de outros que possam se opor, para que isso acorde as pessoas da sua ilusão. Pediremos às igrejas que cuidem dos mais vulneráveis se forem perseguidos."[107]

O bullying também pode vir de baixo para cima. Costumo pensar sobre o que o presidente Barack Obama enfrentou todos os dias de seus oito anos no cargo, com desrespeito racial por pessoas que tentam minar sua posição. Obama sempre falou, pelo menos publicamente, com respeito por e para com todos. Como a famosa primeira-dama Michelle Obama disse: "Quando eles descem, nós subimos".[108]

Como a maioria das pessoas em posições de responsabilidade e autoridade, tive minhas próprias experiências em ser objeto de bullying de baixo para cima ao longo dos anos; a maioria dos professores entende o que é isso. A primeira vez que tive essa experiência foi em 1976 quando lecionava antropologia na *New School for Social Research*. Eu tinha 150 alunos na turma. No fundo da sala havia três mulheres mais velhas que faziam comentários depreciativos sobre mim durante toda a aula. Depois de tolerar esse tratamento por muito tempo, e seguindo o conselho do chefe de meu departamento, convidei cordial e firmemente as mulheres a irem para a frente da classe.

A princípio elas resistiram. Era Nova Iorque nos anos setenta e intimidar figuras de autoridade intimidadora era "bacana". Mas eu gentilmente insisti e, finalmente, elas concordaram. No segundo dia com elas na primeira fila, parecíamos ter alcançado uma certa paz.

---

107 Michelle Rudy, mensagem enviada por correo eletrônico à autora.
108 Michelle Obama: "When They Go Low, We Go High". MSNBC, 26 de julho de 2016, www.msnbc.com/rachel-maddow-show/michelle-obama-when-they-go-low-we-go-high.

Provavelmente, ganhei um ou dois pontos de respeito por não tolerar mais os insultos. Mas também aprendi que essas mulheres vinham de contextos de abuso; a *New School* era um lugar seguro para elas e me menosprezar era uma maneira de se elevar. No entanto, no final, estabelecemos uma conexão, e acho que era isso que elas realmente queriam. Às vezes, é preciso arriscar-se a ter mais problemas com as pessoas a fim de abrir a possibilidade de a conexão acontecer. Essas mulheres me ensinaram que o assédio moral de baixo para cima geralmente decorre do desamparo e da raiva que as pessoas sentem por aqueles que estão no poder e, algumas vezes, a equalização do poder pode acontecer de maneiras surpreendentes.

PODER COM E PODER SOBRE

O respeito e o desrespeito estão intimamente ligados à dinâmica do poder: poder com e poder sobre. O respeito pode ser uma forma de poder saudável, de poder *com*. Respeito por nossos pais, professores, colegas ou pessoas vulneráveis e desprotegidas. Quando usamos nosso poder para promover aqueles que estão em uma posição mais frágil, agimos com respeito e poder. Quando usamos nosso poder para promover nossos próprios interesses em detrimento de outros, agimos com desrespeito e com poder *sobre*.

O poder tem muitas armadilhas. Pode tornar as pessoas mais absorvidas em si mesmas, priorizando suas próprias necessidades sobre as dos outros. O poder pode desinibir as pessoas a ponto de desconsiderarem as normas sociais de respeito, bondade, consideração e conscienciosidade. E também pode ser embotado e, dessa forma, torna-se tóxico. Acredito que os agressores costumam ficar bêbados com o poder e viciados em explorar as diferenças de poder a seu favor para que possam controlar o ambiente e manipular os outros.

Mesmo em grupos onde os colegas compartilham o mesmo status social geral, diferenças sutis de poder podem se desenvolver com base em fatores como carisma, qualidades de liderança, altura, idade, atratividade e força física. Os agressores sabem como transformar esses sutis desequilíbrios de poder em disparidades maiores, tirando proveito da vulnerabilidade.

No nível macro, o poder *sobre* se manifesta como racismo, sexismo e os outros "ismos". Quando o desrespeito é institucionalizado em sistemas e estruturas sociais, torna-se *opressão sistêmica*. A opressão sistêmica foi o que levou os políticos de Flint, Michigan, a decidirem que não há problema em colocar em risco a água potável da maioria da população negra com o objetivo de economizar dinheiro; durante anos, o chumbo neurotóxico fluiu através dos canos de casas de famílias com crianças. Aparentemente, a opressão sistêmica estava por trás da decisão de desviar o oleoduto de Dakota (DAPL) de Bismarck, de maioria branca, para baixo do Rio Missouri, a fonte de água dos Sioux de Standing Rock. Em 2016, isso sem dúvida desempenhou um papel no fato de uma mulher não ter conseguido, finalmente, quebrar o telhado de vidro dos Estados Unidos e se tornar presidente. Está na raiz das leis de "liberdade religiosa", "sobre uso de banheiros" e outras políticas que legalizam a discriminação contra pessoas LGBTQ. Também se manifesta de maneiras mais sutis que revelam as mentalidades que impregnam as profundezas desse iceberg, como microagressões do tipo "não o vejo como negro".

A opressão e o desrespeito sistêmicos são condicionados por se ver os outros como "outro" – a outremização. A estudiosa e crítica feminista indiana Gayatri Chakravorty Spivak define *outremização* como "um processo pelo qual o império pode se definir contra aqueles que coloniza, exclui e marginaliza"[109]. Nos Estados Unidos, essa colonização se manifestou literalmente como a aquisição de terras indígenas e a outremização de nativos americanos – e figurativamente como a marginalização de pessoas de cor, pessoas com deficiência, pessoas LGBTQ e até mesmo de pessoas que estão no sistema correcional. Também alimentou o assédio sexual e a violência de gênero. Quando somos marginalizados, envergonhados e sujeitos à outremização, pode ser difícil manter nosso respeito próprio. Nossa baixa

---

109 Bill Ashcroft, Gareth Griffiths e Helen Tiffin, Key Concepts in Post-Colonial Studies (Londres: Routledge, 2000), 173.

autoestima pode não ser devido a déficits de personalidade, mas por termos internalizado as atitudes opressivas da sociedade.

PRIVADOS DE DIGNIDADE

Por consequência, há o nosso sistema penitenciário industrial, um lugar onde o desrespeito e a humilhação são normalizados. Quando eu era voluntária no sistema prisional do Novo México, desenvolvi um programa de vinte semanas para prisioneiros que incluía várias formas de meditação, incluindo a prática de *metta* (bondade amorosa). O programa também enfatizava a ética e a comunicação.

Na manhã em que iria ensinar a prática de metta, um novo prisioneiro foi escoltado algemado para a capela onde as aulas eram dadas. Ele era um homem enorme, de aparência rude, com um rosto marcado e as palavras IRMANDADE ARIANA estavam tatuadas na parte de trás da cabeça raspada. Depois de olhá-lo, pensei brevemente que talvez fosse melhor mudar o tema da aula daquele dia. Lembro-me do nome dele – era John; ele também era conhecido como "o motociclista nazista". O guarda desalgemou John, deixou a capela e logo apareceu na guarita de vidro que só podia ser acessada por fora da sala de reuniões.

Começamos com uma conversa inicial. John não disse nada, apenas olhava zangado como espectador. Enquanto fazíamos alguns exercícios de alongamento, ele permanecia calado e imóvel, como ferro frio. Então comecei a parte do treinamento mental, sugerindo que os alunos fechassem os olhos ou os deixassem abertos, da forma que se sentissem à vontade. Meus olhos estavam bem abertos e os olhos desse novo prisioneiro também.

Comecei a meditação guiada, pedindo aos "alunos" que se acomodassem no corpo e se lembrassem de alguém que eles conheciam que realmente havia sofrido. Então, recitei lentamente frases metta. "Que você possa ficar seguro; você possa ficar em paz..." Não havia passado nem um minuto nessa parte do programa quando John deu um salto enorme e gritou: "Sua p____! Você não sabe de que p____ está falando!" E, com o rosto vermelho e transtornado, continuou gritando palavrões.

Não tive nem tempo de pensar em como mudar a situação. Olhei bem nos olhos vermelho-sangue de John e disse com uma espécie de humildade firme e bem-humorada: "Concordo com o que você está dizendo. Só não gosto da maneira como você está dizendo!"

A sala imediatamente se derreteu em gargalhadas estridentes. Só então o guarda entrou, provavelmente esperando me encontrar encolhida no canto ou tomada como refém. Mas eu estava bem. Acredito que meus anos de prática me ajudaram a estar alerta e receptiva à quase catástrofe que ajudei a criar. Parece que minhas palavras, ao menos naquela vez, tinham sido acertadas.

Senti-me grata por ter conseguido ir até o final daquela sessão e em meio a risadas. Mas o fato é que aquela foi uma situação difícil para John e para mim.

Vi John apenas mais uma vez, mais de um ano depois. Nesse período, ele havia matado outro preso. John, que tinha se envolvido em um crime capital e era considerado muito perigoso, estava se preparando para tirar a roupa para ser revistado antes de ser escoltado para sua cela. Nossos olhos se conectaram por um momento e eu pude sentir sua raiva fria enquanto os guardas o preparavam para esse ritual de humilhação. Refleti sobre nossa breve e complicada troca no ano anterior, me ocorrendo que ele certamente havia sido submetido a muita degradação desde que eu o encontrei e que também havia provocado grandes quantidades de raiva.

Em nosso encontro anterior, ele havia me objetificado; e eu também o havia objetificado com minha observação defensiva e bem-humorada, o que provavelmente o envergonhou na frente de seus colegas. Não tinha pensado nisso até aquele breve momento no corredor da prisão quando olhei para seu torso nu, marcado e tatuado por choques elétricos. Parecia não importar o fato de uma mulher estar por perto. Notei um forte aperto no meu peito enquanto passava apressada por essa cena humilhante. E senti que qualquer chance de redenção daquele homem gigantesco provavelmente estava perdida.

John estava sendo privado de sua dignidade junto com tudo o mais. Por mais intimidador que ele fosse, os agentes penitenciários que lidavam com ele eram ainda mais poderosos como opressores, afirmando seu desrespeito e domínio com uma sensação de total indiferença, como se estivessem lidando com um objeto inanimado.

Sentia náuseas e dor de estômago enquanto passava pelo corredor. Estava testemunhando a violência vertical e a opressão sistêmica naquele momento – dinâmica que também pode ser encontrada em nossas forças armadas, hospitais, escolas, instituições religiosas e governo. Podia sentir a raiva gerada pelo desamparo de John; também conseguia sentir a maldade fria e dominadora dos guardas, sentindo um pouco a compreensão sobre como os intimidadores são construídos.

ANGULIMALA

A opressão internalizada é um elemento encontrado na violência vertical bem como na hostilidade horizontal. Aqueles que sentem a opressão internalizada podem tentar subjugar ou prejudicar aqueles que consideram inferiores por meio do bullying de cima para baixo. Ou podem se tornar assediadores de baixo para cima, desafiando aqueles que consideram superiores, como John fez. Os agressores e tiranos também podem inconscientemente modelar o comportamento aprendido ou tentar equalizar a injustiça percebida.

Trabalhando dentro do sistema prisional, aprendi que as pessoas não tiranizam porque se sentem mais fortes que outras, mas porque se sentem *mais fracas* e, muitas vezes, porque sofrem de vergonha não reconhecida. Eles temem sua própria vulnerabilidade e atacar os outros se torna um método de autopreservação.

Enquanto trabalhava "lá dentro", eu frequentemente refletia sobre a história budista do assassino em série Angulimala, que demonstra como o ódio, nas circunstâncias certas, pode ser transformado. Durante a vida do Buddha, só ouvir o nome *Angulimala* causava arrepios na espinha, pois a palavra significava "um colar de dedos" – os dedos das pessoas que Angulimala havia assassinado. Segundo o *Sutra de Angulimala*, Angulimala "era um assassino, com as mãos tingidas de sangue, habituado a golpes e violência, impiedoso com os seres vivos."[110] Ele destruía vilarejos inteiros, regiões inteiras, com sua propensão a matar.

Certo dia, quando o Buddha pedia esmolas, aldeões, pastores e fazendeiros avisaram que Angulimala estava por perto e que ele deveria se manter seguro. O Buddha não deu ouvidos a seus conselhos; pelo contrário, ele continuou calmamente pedindo suas esmolas. Logo em seguida, ele ouviu o som de passos correndo, depois um grito de raiva atrás dele ordenando que parasse. O Buddha continuou andando devagar, despreocupado, exercendo um poder misterioso que mantinha Angulimala a distância, por mais que ele corresse. Irritado e frustrado, o assassino gritou para o Abençoado: "Pare, contemplativo! Pare!"

O Buddha respondeu: "Parei, Angulimala, de uma vez por todas. Você é quem não parou."

Assustado, Angulimala finalmente conseguiu entrar no caminho do Buddha. O Buddha olhou para ele com olhos pacíficos e límpidos. Agora ainda mais surpreso, Angulimala perguntou ao Buddha por que ele não estava com medo. O Buddha olhou para ele como se fosse um velho amigo.

Angulimala disse: "Monge, você disse que parou há muito tempo, mas ainda está andando. Você disse que eu não parei. O que quer dizer com isso?"

O Buddha respondeu que havia parado de prejudicar os outros e havia aprendido a apreciar a vida dos outros.

Angulimala disse que uma vez que os seres humanos não se importam uns com os outros, por que ele deveria se importar com eles? Ele não

---

110 Thanissaro Bhikkhu, trad., Angulimala Sutta: Angulimala, Acesso ao Insight, 2005, https://www.acessoaoinsight.net/sutta/MN86.php

descansaria até que todos fossem mortos.

O Buddha respondeu calmamente que sabia que Angulimala havia sofrido nas mãos de outras pessoas, que fora ferido por seu professor e menosprezado por seus colegas. "Os seres humanos podem ser cruéis graças a sua ignorância", explicou o Buddha, "mas os seres humanos também podem ser compreensivos."

O Buddha então olhou profundamente nos olhos de Angulimala e disse que seus monges prometeram praticar a compaixão e proteger a vida dos outros. "O caminho para transformar o ódio e a agressão em bondade é o caminho do Dharma."[111]

O Buddha disse a Angulimala que ele estava no caminho do ódio e o persuadiu a escolher o perdão e o amor. Ao ouvir isso, Angulimala estremeceu. Ele percebeu que havia ido longe demais no caminho do mal e temeu que fosse tarde demais para voltar atrás.

O Buddha respondeu que nunca é tarde demais e instou Angulimala a se voltar para a margem da compreensão. Fez o voto de cuidar de Angulimala se ele se dedicasse a uma vida de bondade e compaixão. Angulimala se pôs em soluços e largou suas armas, prometendo abandonar o ódio e a agressão e se tornar um discípulo do Buddha.

Quando li este sutra pela primeira vez, senti que, para Angulimala, magoar os outros era provavelmente uma reação ao fato de ter sido tiranizado por seus colegas e por seu professor quando criança. A história era familiar para mim. Conheci muitos homens como Angulimala na prisão de segurança máxima. Feridos. Fechados. Bravos. Mas Angulimala sentiu a bênção da transformação porque ele foi profundamente visto pelo Buddha. Sim, Angulimala era um assassino em série. Mas ele também tinha o poder do bem dentro dele; Buddha viu quem ele realmente era e trouxe isso à tona.

Ao pensar na história de Angulimala, percebi que havia perdido minha chance com John. John havia assassinado três homens. Ele era duro,

---

111 Ibid.

mas, olhando mais profundamente, eu podia sentir que ele estava ferido. Não havia como voltar no tempo e eu nunca mais o veria. Mas ele permaneceu comigo, como uma lição de fracasso.

Em um outro dia na prisão, um homem encarcerado me disse: "É a primeira vez na minha vida que alguém me trata com respeito e bondade". Minha garganta se apertou quando olhei em seus olhos. Palavras não seriam suficientes. Mas o olhar que ele me deu de volta estava desarmado. Com o tempo, esse homem tornou-se um prisioneiro modelo – alguém que seguiu seu caminho para a liberdade interna e, por fim, também para a liberdade externa.

CAUSAS E EFEITOS

Através das lentes da coemergência interdependente, podemos ver que o desrespeito pelos outros surge devido a múltiplas causas e condições. Em termos de personalidade, os intimidadores sentem uma falsa sensação de superioridade, que tem origem em sentimentos de inferioridade, vergonha não reconhecida, falta de autoconsciência, embotamento emocional e cegueira, e um mecanismo de defesa que objetifica os outros. Em termos de motivação, pode haver uma razão aparentemente justificável para o desrespeito, como quando outras pessoas fazem coisas que violam nosso senso de moralidade e integridade. Externamente, culturas organizacionais competitivas e a opressão institucionalizada alimentam o desrespeito.

Também devemos ter em mente que os efeitos emocionais, físicos e espirituais do desrespeito podem ser mortais. Em um estudo sobre indelicadeza na profissão médica, cinco razões foram apresentadas: carga de trabalho, falta de apoio, segurança do paciente, hierarquia e cultura[112]. Ainda assim,

---

[112] Arieh Riskin, Amir Erez, Trevor A. Foulk, Kinneret S. Riskin-Geuz, Amitai Ziv, Rina Sela, Liat Pessach-Gelblum e Peter A. Bamberger, Rudeness and Medical Team Performance, *Pediatrics* (Janeiro de 2017), http://pediatrics.aappublications.org/content/early/2017/01/06/peds.2016-2305.

quando somos alvo de desrespeito, hostilidade, intimidação e grosseria, podemos sentir raiva, vergonha, humilhação, cinismo e futilidade – uma espiral de emoções que pode levar ao ódio e ao dano a si mesmo. Fisicamente, podemos sentir insônia, fadiga e as respostas ao estresse relacionadas à ameaça de brigas, fuga ou congelamento. Também podemos desenvolver doenças de acordo com nossas vulnerabilidades específicas.

Existem consequências interpessoais também. Se formos desrespeitados, podemos atacar o agressor ou puni-lo. Podemos nos afastar da situação a ponto de abandonarmos nosso trabalho ou a comunidade. Ou podemos tentar nos vingar encontrando alvos para intimidar, como Angulimala fazia, alimentando assim o ciclo de poder tóxico. E nossos mecanismos de enfrentamento, como abuso de substâncias, podem levar ao isolamento social, problemas de saúde mental e até comportamento criminoso. Os agressores também podem sofrer algumas dessas consequências mentais, físicas e interpessoais à medida que suas emoções tóxicas cobram seu preço.

Quando nos encontramos presos no pântano do desrespeito, precisamos tentar sair de lá o mais rápido possível. Para Angulimala, essa era a crise que ele precisava para se conectar mais profundamente com quem ele realmente era. Assim como as causas podem nos levar ao desrespeito, os efeitos também podem nos levar de volta ao caminho do respeito, da civilidade e da consideração. Foi assim com Angulimala; então pode ser assim para nós também.

III. O RESPEITO E OS OUTROS ESTADOS LIMITE

Segundo as definições convencionais, respeito significa "uma atitude de consideração ou de grande apreço". O respeito é fruto da integridade e da empatia. Origina-se das nossas visões, valores e emoções. A etimologia da palavra respeito é interessante. Respeito em latim significa "olhar para trás e ponderar". Por outro lado, *desrespeito* sugeriria "menosprezar" e não considerar profundamente. Quando respeitamos conscientemente outra pessoa, um princípio ou até nós mesmos, experienciamos uma pausa natural, um retorno para refletir mais profundamente. Desse ponto de vista, respeito não é apenas um substantivo, mas também um verbo – um processo.

Ao pensar sobre o processo do respeito e como isso afeta os outros Estados Limite, lembro-me da experiência de Susan, uma médica militar que me pediu conselhos sobre como manter respeito por si mesma e por seus valores e princípios, imaginando como seria prestar serviço sob uma nova administração política, que ela sentia exemplificar o lado tóxico do nosso sistema político. Ela me confidenciou que, muitas vezes, se sentia em conflito por participar das forças armadas por causa do sofrimento causado pela guerra. Ao mesmo tempo, também sentia que tinha uma missão mais profunda. Ela disse: "Fico preocupada por fazer parte integrante de um sistema prejudicial, mas também sinto que minha presença cria uma oportunidade de mudar o sistema a partir de dentro, de uma maneira mais eficiente e mais potente, do que trabalhar para mudar a partir de fora do exército."[113]

Durante sua mais recente missão no Afeganistão, Susan sentiu que seu papel como médica era o Modo de Vida Correto, um termo budista que significa trabalho ético, que lhe proporcionava a oportunidade de "trazer luz para um lugar escuro" e de oferecer cuidados respeitosos àqueles que haviam sofrido os ferimentos e traumas da guerra. Mas ela compartilhou comigo que, como alguém determinada a fazer o bem, ocasionalmente, sentia-se sob o domínio do altruísmo patológico. Às vezes, também ficava sobrecarregada com o sofrimento que encontrava (angústia empática) e com a intensidade das demandas de trabalho (burnout), sentindo-se em conflito por trabalhar para uma instituição cujo *ethos*, da forma como via,

---

[113] Comunicação pessoal com a autora, 2016.

estava de certa forma enraizado na violência (sofrimento moral).

Nas mensagens que me enviou, ela reconhecia que para preservar sua autoestima, precisava considerar a desobediência, caso lhe pedissem para executar ordens ilegais. Mesmo com esse compromisso, ela se debatia. "Eu poderia continuar treinando a próxima geração de médicos para oferecerem mais do que apenas assistência médica – para que pudessem amenizar e enfrentar a dor e a raiva que testemunham com a mais profunda compaixão. Poderia continuar sendo a voz da dissidência e do questionamento dentro de um sistema que se perpetua. Mas seria isso suficiente? Minha presença não seria um consentimento implícito? Não seria uma aprovação tácita do status quo?"

Sentei-me com as palavras de Susan. Podia sentir seu conflito – prestar os cuidados necessários aos feridos e moribundos e, ao mesmo tempo, sentindo que estava violando sua integridade e seu respeito próprio. Meu caminho não é aconselhar, mas perguntar. Pensei em meu pai e no que a lesão moral dele e a consequente perda de respeito por si mesmo haviam me ensinado. Também pensei nos meus alunos que sofreram o trauma do combate. Lembrei-me da minha experiência de voluntariado dentro do complexo industrial prisional, uma instituição onde o desrespeito, o bullying e a violência são o status quo.

E escrevi para Susan:

> *Fiz perguntas semelhantes a mim mesma a respeito da sua situação, e também da minha, quando trabalhei como voluntária no sistema prisional. Em que medida estamos contribuindo para a violência estrutural por estarmos dentro de instituições que causam danos? Acho que é preciso explorar isso em profundidade. Nossas motivações (como planos de aposentadoria ou status) podem nos comprometer, acabando por nos degradar psicologicamente porque somos cúmplices em prejudicar os outros de alguma forma e, dessa maneira, nos prejudicar. Por outro lado, será que existe uma forma de permanecermos dentro do sistema e exemplificarmos e defendermos os valores que*

norteiam nossas vidas? Aprofunde-se nas perguntas que você está se fazendo e também imagine sua vida em cinco anos, dez anos... O que você vê lá adiante? Quem você quer ser? Quem você é agora? E se restasse a você um ano de vida, o que gostaria de fazer com ela?

Nos dias que se seguiram a essa troca de mensagens, meus pensamentos frequentemente se voltavam para Susan. O respeito próprio e os nossos princípios podem ser comprometidos por muitos fatores, incluindo nosso próprio idealismo, nossa resposta inconsciente às expectativas sociais, nossos desejos por segurança material, compromissos que assumimos e que temos medo de quebrar, nossa falta de consciência da profundidade do dano em um sistema do qual fazemos parte e pelo altruísmo fora de lugar.

Susan logo entrou em contato comigo novamente. Estava acompanhando os eventos em Standing Rock e se sentiu inspirada pelas ações do clero e do povo de fé em seus esforços corajosos para proteger a terra. Tinha certeza de que se recusaria a participar de qualquer intervenção militar contra os protetores da água de Standing Rock. Respeitava profundamente os protetores da água por adotarem uma postura de não-violência e achava alarmante a violência contra eles.

Naquele momento, Susan pretendia continuar em seu trabalho de médica "ao lado daqueles que são colocados mais diretamente nas profundezas do sofrimento criado pela guerra". Mas ela tinha um novo nível de compromisso com a dissidência – um que envolvia falar proativamente. Ela escreveu:

> *Estou deixando de lado o dever de segurar minha língua para permanecer alinhada com o Estado de direito militar. Aceito o risco de ser sancionada, submetida à corte marcial ou ser dispensada por isso. Há momentos em que terei que falar a verdade, independentemente da ordem que recebi de não participar de discussões políticas devido ao meu status. É certo que isso parece um risco enorme e que*

me causa desconforto, mas também me sinto confiante de que manifestará novas maneiras de estar neste momento difícil.

Quando vi Susan algumas semanas depois, ela tinha chegado a uma nova decisão – tinha dado os primeiros passos para solicitar um cargo militar oficial como objetora de consciência (OC). Ela me disse que os militares a intimidavam sutilmente para abandonar sua reivindicação de status de OC, insinuando que ela estava com problemas psicológicos. Ela olhou para mim e nós duas sorrimos. Eu sabia que ela era não apenas perfeitamente sã – ela tomara sua decisão tendo por base o respeito próprio e o respeito por seus princípios, tendo a integridade como guia.

Enquanto explorava seu dilema, Susan passara por um cuidadoso processo de discernimento. Respeitava seu próprio processo de deliberação e absteve-se de tirar uma conclusão rápida. Em um determinado momento, percebeu que estava disposta a correr o risco de violar a lei militar e suportar a depreciação de seus colegas a fim de permanecer alinhada com seus valores. Por fim, sentiu que a única opção era solicitar o status de OC. Eu sabia que a decisão não havia sido tomada levianamente.

Aprendi com Susan e com outras pessoas que o respeito e o desrespeito existem em um ecossistema complexo com os outros Estados Limite. O desrespeito pelos outros muitas vezes revela uma falta de altruísmo, de empatia e de integridade saudáveis. Ativar conscientemente essas qualidades pode nos ajudar a transformar o desrespeito em respeito. O desrespeito também causa sofrimento moral que, como Susan, experienciamos como uma violação da integridade. Os locais onde trabalhamos e servimos podem ser um terreno fértil para o bullying e, se estivermos sujeitos ao assédio, entraremos em burnout mais rapidamente. Pessoas que prestam serviços humanitários, militares e cuidadores em burnout também são propensos a descontar suas frustrações em seus colegas, superiores ou mesmo naqueles a quem servem, tratando-os com desrespeito.

Por outro lado, o respeito infunde força nos outros quatro Estados Limite. O altruísmo é uma poderosa expressão de respeito. A empatia pode ser uma porta de entrada para o apreço incondicional pelos outros. Os princípios éticos e morais que contribuem para indivíduos, organizações e sociedades saudáveis incluem o respeito. E o engajamento pode ser aprimorado pelo respeito. Muitas vezes penso sobre a grande regra de ouro que é compartilhada de diferentes formas por muitas culturas: trate os demais da forma como gostaria de ser tratado. Essa máxima corporifica o respeito pelos outros, o respeito pelos princípios e o respeito por si próprio.

IV. PRÁTICAS QUE APOIAM O RESPEITO

Como podemos lidar com o desrespeito de uma maneira hábil quando sentimos que ele surge dentro de nós ou quando somos alvo do desrespeito? Que práticas podem nos apoiar, práticas enraizadas no respeito e que nos ajudam a cultivar mais respeito?

O TRIÂNGULO DRAMÁTICO

No Programa de Treinamento de Capelania Budista do Upaya, ensinamos a nossos alunos o triângulo dramático de Stephen Karpman, utilizado como modelo social para analisar e processar a dinâmica interpessoal em torno do desrespeito, medo e desempoderamento. Seja no trabalho, na vida familiar ou em nossas amizades, a maioria de nós é pega no triângulo dramático, mais cedo ou mais tarde. Embora não seja budista em si, o modelo tem uma orientação budista. O modelo nos ajuda a tomar consciência de nossas respostas habituais baseadas no medo a interações tóxicas. O modelo também fornece uma perspectiva que nos ajuda a ver mais profundamente quem realmente somos.

O Triângulo Dramático mapeia os papéis em que as pessoas ficam presas como perpetrador, vítima ou salvador. Normalmente, o drama começa quando um perpetrador hostiliza uma vítima – ou quando uma vítima percebe ou até procura o ataque de um perpetrador. Sentindo-se ameaçada e desrespeitada, a vítima solicita a ajuda de um salvador ou um salvador se oferece para corrigir a situação. Os salvadores geralmente acreditam que estão agindo a partir do altruísmo, mas, muitas vezes, é uma forma patológica de altruísmo que reforça o ego do salvador, mantendo a vítima dependente.

À medida que os jogadores desempenham seus papéis, o triângulo perde a estabilidade; mais cedo ou mais tarde, a dinâmica muda e, com ela, os papéis. Por exemplo, quando o salvador se ressente das necessidades da vítima, ele pode passar para o papel de vítima, e a vítima se torna o novo perpetrador. Ou o salvador pode atacar com raiva, tornando-se um perpetrador. O perpetrador pode alegar que está sendo perseguido, assumindo o papel de vítima. De fato, um jogador em qualquer função pode mudar para qualquer outra função.

A conexão entre o Triângulo Dramático e o bullying é óbvia. Perpetradores e vítimas são ingredientes necessários para criar hostilidade horizontal ou vertical, condições que atraem salvadores. Além disso, uma pessoa que se sente tiranizada ou intimidada pode facilmente passar para o papel de perpetradora, envergonhando e culpando o perpetrador original. Ou, um salvador pode usar o respeito simulado como uma desculpa para assumir o papel do perpetrador.

A base do triângulo dramático é a conexão entre responsabilidade pessoal e poder. A vítima não se responsabiliza por seu próprio poder, mas tenta obter ajuda de um salvador. O salvador assume a responsabilidade não por si, mas pela vítima identificada. O perpetrador também se recusa a assumir a responsabilidade por suas próprias ações, negando sua contribuição para o sofrimento.

Para romper essa dinâmica disfuncional, precisamos examinar a situação de um ponto de vista mais amplo e, em seguida, assumir a responsabilidade por nossa parte nas dificuldades. Fleet Maull, durante o Programa de Treinamento de Capelania Budista do Upaya, fornece boas orientações sobre como sair do triângulo dramático: devemos ficar atentos às situações que nos provocam e permanecer enraizados. Não levar as coisas para o lado pessoal. Não fazer suposições. Manter bons limites internos e externos. Fazer e manter acordos claros. Renegociar tratos, se necessário. Manter as coisas em perspectiva. E trabalhar com as seguintes qualidades: vulnerabilidade, responsabilidade, autorresponsabilidade, confiança, conexão e destemor.

OS CINCO GUARDIÕES DA FALA

Um recurso poderoso para trabalhar com o Triângulo do Drama é a Fala Correta, uma prática budista que é uma das bases para a conexão e para o cuidado. Quando os professores Zen nos Estados Unidos começaram a explorar profundamente o papel da fala nos sistemas em que habitamos, percebemos a frequência com que o desrespeito e o menosprezo são encontrados nas estruturas familiares, nos locais de trabalho e em nossas comunidades religiosas. Começamos a utilizar os Cinco Guardiões da Fala, perguntas originadas nos ensinamentos do Buddha como uma ferramenta para a comunicação apropriada. Praticá-los significa que, antes de abrirmos a boca, ponderamos:

1. É verdade?
2. É gentil?
3. É benéfico?
4. É necessário?
5. Este é o momento adequado?

Essas perguntas são uma maneira de analisar profundamente se o que queremos dizer é necessário no momento e se realmente será útil. É este o momento em que nossas palavras são necessárias para mudar a situação para melhor? Ou nosso feedback pode ser recebido como intimidação, desrespeito ou desempoderamento?

No entanto, ao responder a essas perguntas, tive que me lembrar de um elemento importante do discurso correto que Thích Nhất Hạnh tem enfatizado ao longo dos anos. Em casos de injustiça, desrespeito, dano, abuso, assédio, violência, é nossa responsabilidade denunciar o dano em nome da compaixão. Nhất Hạnh interpreta o preceito budista da fala correta com as seguintes palavras: "Não diga coisas falsas nem por interesse pessoal, nem para impressionar as pessoas. Não diga palavras que causam divisão e ódio. Não espalhe notícias que você não sabe se são verdadeiras. Não critique ou condene coisas das quais você não tem certeza. Sempre fale a verdade, de maneira construtiva. Tenha a coragem de levantar sua voz quando vir uma situação injusta, mesmo quando, ao fazer isso, você coloca sua segurança em perigo."[114] O discurso correto é um discurso corajoso. O discurso compassivo e destemido é fundamentado em respeito autêntico. É também uma das maneiras pelas quais podemos escapar do Triângulo Dramático.

TROCANDO DE LUGAR COM OS OUTROS

Empatia, bondade, insight e compaixão são antídotos poderosos contra o desrespeito. Consciente disso, descobri que a prática de "trocar de lugar com o outro" é de grande apoio para aprofundar o respeito, nutrir a sabedoria e fortalecer a resiliência quando sofremos desrespeito.

Esta prática foi delineada por Shantideva, monge budista indiano do século VIII, que escreveu Um Guia para o Modo de Vida do Bodhisattva.

Começamos nos lembrando primeiramente da nossa aspiração de trazermos benefícios para os outros, e de que todos os seres querem se livrar do sofrimento.

---

114 Thich Nhat Hahn, Interbeing: Fourteen Guidelines for Engaged Buddhism, ed. rev. (Berkeley, CA: Parallax Press, 1993).

Em seguida, pensamos, com toda a honestidade, sobre como nosso próprio egoísmo e autocentramento não nos trouxeram a verdadeira felicidade. O que nutriu nosso bem-estar foi respeitar, amar e cuidar dos outros.

Observando profundamente, também devemos ver que tudo o que nos beneficia vem de outras pessoas, seja os nossos corpos, os alimentos que comemos, as roupas que vestimos, a casa em que vivemos e até o ar que respiramos.

Portanto, é importante entender que, de um certo ponto de vista, não há diferença entre o eu e o outro e que todos os seres e coisas são totalmente interdependentes e dignos de respeito e cuidado.

Embora, para a maioria de nós, geralmente nós mesmos sejamos o foco da nossa atenção, agora concentramos nossa atenção e nosso amor no outro.

Para essa parte da prática de trocar nosso autocentramento pelos outros, traga à sua mente alguém que está sofrendo. Imagine que você é essa pessoa, que vive sua vida e precisa enfrentar suas dificuldades.

Imagine o sofrimento dela como fumaça escura e inspire essa fumaça. Ao expirar, envie todas as suas boas qualidades para essa pessoa.

Depois de algum tempo fazendo essa prática, retorne ao seu vasto coração e permita-se repousar em uma presença sem condicionamentos.

Encerre a prática dedicando o mérito ao bem-estar dos outros.

Essa prática é uma maneira poderosa de cultivar amor e respeito pelos outros.

V. AS DESCOBERTAS NO LIMITE DO RESPEITO

No budismo, tentamos investigar profundamente as raízes do sofrimento de cada pessoa. Podemos reconhecer Angulimala no intimidador, no tirano, no abusador – aquele que precisa das circunstâncias certas para redescobrir quem realmente é.

E existe ainda Mara, o "diabo", que apareceu várias vezes na vida do Buddha, tentando intimidá-lo. Como escreve Thích Nhất Hạnh, o Buddha respondia: "Olá, velho amigo. Eu conheço você"[115] – e Mara fugia. Em outra versão da história, o Buddha enumerou para Mara as forças pessoais que ele usaria para derrotá-lo: "Pois tenho fé e energia / e tenho também sabedoria ... Seus esquadrões densos, que o mundo / Com todos os seus deuses não conseguiu derrotar, eu agora os despedaçarei com a sabedoria / Como com uma pedra quebrando uma panela de barro."[116] Depois de derrotar Mara, Buddha foi chamado de "O Vitorioso", o que significa que ele havia superado todos os obstáculos. Ele tinha o poder de transformar as aflições de sua própria mente.

Mara é um arquétipo que representa nossa angústia, nosso ódio, nossa fixação, nossa confusão, nossas ilusões, nosso medo. Talvez, quando encontrarmos nosso próprio Mara, possamos dizer, com uma certa compaixão: "Olá, velho amigo, eu conheço você". Resistimos ao impulso de tiranizar, permanecendo enraizados na compreensão e no respeito. Também podemos usar a fórmula da fé, da energia e da sabedoria do Buddha para superar nosso Mara pessoal e encontrar a liberdade.

No Padhana Sutta, Mara reclama: "Durante sete anos eu segui cada passo do Buddha / No entanto, com o Buddha desperto, não tive chance. / Como um corvo que sobrevoa uma grande pedra colorida / Pensando 'possamos encontrar uma tenra iguaria' / Voa para longe desapontado / Com desgosto, desisto de Gotama."

Não dê ao tirano nenhuma iguaria para se deliciar! Seja uma grande pedra colorida! Esteja o tirano dentro de nós ou seja ele um agressor externo, devemos primeiro olhar profundamente para dentro de nós mesmos. Podemos tentar cultivar compaixão destemida pelo sofrimento e delusão do tirano. Assim, podemos obter o insight necessário

---

115 Thich Nhat Hahn, The Heart of the Buddha's Teaching: Transforming Suffering into Peace, Joy, and Liberation (Nueva York: Broadway Books, 1999).
116 Collected Wheel Publications, vol. XXVII, núm. 412-430 (Sri Lanka: Buddhist Publication Society, 2014), 140.

para evitar alimentar nossos próprios estados mentais opressivos. Podemos também cultivar compaixão por nós mesmos e apreciar nossas forças. Quando nosso autorrespeito é forte, não precisamos depreciar os outros.

Quando estamos a ponto de despencar na beira do abismo do desrespeito, nossos sentimentos de desconforto podem ser suficientes para nos fazer voltar para dentro, para descobrirmos nossa compaixão pelos outros; para descobrirmos como podemos transformar relacionamentos difíceis e instituições através da força do respeito e do amor. Essas experiências podem ser uma porta para mudarmos nossas respostas habituais, para aprendermos a nos comunicar de forma hábil e compassiva e para realizarmos o poder de cura da interconexão com nossos semelhantes e com todos os seres. À medida que aprendemos a elevar os outros, também nos elevamos.

5. ENGAJAMENTO

Não se pode atingir a iluminação mantendo-se ocupado.

Anos atrás, no Upaya, notei um jovem trabalhador mexicano que empilhava lenta e cuidadosamente blocos de adobe para serem usados na reforma de um de nossos edifícios. Durante o projeto, ele seguiu trabalhando com a mesma qualidade de atenção plena e, muitas vezes, com um leve sorriso no rosto enquanto posicionava os canos ou rebocava uma parede. No final do trabalho, convidei José para ficar no Upaya como nosso ajudante de manutenção.

José entrou no fluxo da vida cotidiana do Upaya, inspirando alguns de nossos residentes e convidados. Certo dia, enquanto trabalhava ao lado de José em um projeto de jardinagem, lembrei de uma conversa entre o mestre zen japonês do século XVII, Bashō, e um de seus monges. "Qual é a essência da sua prática?" o monge perguntou a Bashō. O mestre respondeu: "O que quer que seja necessário." Como Bashō, José parecia se envolver com o que fosse necessário, não apenas funcionalmente, mas também existencialmente, como se seu trabalho fosse uma prática espiritual. Quer estivesse lidando com problemas de encanamento, com falhas elétricas ou fazendo prevenção de inundações, José parecia trabalhar com conexão total e sem qualquer estresse.

É claro que José não estava trabalhando em uma sala de aula cheia de adolescentes rebeldes. Ele também não estava lidando com a dor intratável de uma pessoa que estava morrendo ou com as demandas emocionais de um trabalhador desempregado. Aqueles que trabalham em ambientes onde o sofrimento está presente cotidianamente correm o risco de se sentirem desgastados e desanimados. Ainda assim, acredito que um engajamento saudável pode acontecer em todas as profissões.

Tenho uma colega que dá aulas no ensino fundamental em um bairro de baixa renda. Ela começa suas aulas com meditação. Nas paredes, estão penduradas as pinturas das crianças. Nos peitoris das janelas se vê vasos com plantas florescendo. Seus alunos têm as melhores notas em matemática, comparados a alunos da mesma idade, e ela atribui isso à maneira como eles começam o dia; ela me diz que seus dias também são bons. Sou muito amiga de um político do Cinturão Industrial que nunca parece se afastar das necessidades de seus eleitores. Ouvi dizer que ele quase sempre tem um sorriso no rosto, mesmo quando lida com as complexidades de Washington. Ele é um praticante de meditação há muito tempo.

E há também uma Diretora Geral que mudou as prioridades de sua empresa para implementar a participação nos lucros e o compartilhamento da visão. Ao mesmo tempo, ela criou quatro filhos saudáveis e segue florescendo. E o poeta-fazendeiro de Kentucky, que mantém seus princípios de responsabilidade ambiental, mesmo com os cumes das montanhas próximas estarem sendo destruídos. Seu humor, sua aversão à tecnologia, amor à terra e à poesia o mantêm equilibrado, são e prolífico.

Aprendi com todos eles, mas talvez especialmente com José. Através da minha amizade com ele, percebi que nossa identidade mais profunda reside menos no que fazemos e mais em como mantemos o que fazemos – em como nos envolvemos com nosso trabalho, seja colocando tijolos, fazendo leis ou nos sentando com pessoas que estão morrendo.

Segundo a descrição feita pela psicóloga Dra. Christina Maslach, o termo "engajamento" se refere a um relacionamento saudável com nosso trabalho e serviço aos outros, enquanto o burnout é a fadiga e o desânimo resultantes de um relacionamento pouco saudável com a nossa vocação. Quando comecei a examinar o engajamento e o burnout, percebi que o engajamento é um Estado Limite.

Quando sustentamos uma base sólida de engajamento, encontramos força em nosso trabalho. Nosso serviço aos outros pode implicar momentos desafiadores, mas de maneira geral somos absorvidos e gratificados pelo que fazemos. Nosso meio de vida melhora a qualidade das nossas vidas, ao mesmo tempo que idealmente melhora a qualidade de vida de outras pessoas. Porém, quando trabalhamos muitas horas, em circunstâncias insustentáveis, por uma recompensa emocional muito pequena – ou quando sentimos que nossos esforços não estão fazendo diferença positiva para os outros – esses fatores podem nos empurrar ao limite do que somos capazes de suportar. A partir daí, é fácil cair no abismo e entrar na paisagem sombria do burnout, onde nos sentimos cansados e desmoralizados, onde perdemos a esperança e o prazer pelo trabalho, onde perdemos o desejo de servir.

A violência do excesso de trabalho pode se tornar habitual e nos levar ao esgotamento, um pântano de onde pode ser difícil de sair. Alguns ficam presos ali por anos, incapazes de reacender sua paixão. Mas quando encontramos o caminho para sair do burnout e retomar um meio de vida que nutre os outros e a nós mesmos, encontramos também a resiliência e talvez até sabedoria.

I. À BEIRA DO ABISMO DO ENGAJAMENTO

No budismo, há uma história bem conhecida sobre o mestre Zen Pai-chang Huai-hai, que viveu durante a dinastia Tang da China. Como um bom cidadão chinês, ele trabalhou todos os dias de sua vida – exceto no dia em que seus monges esconderam suas ferramentas. A essa altura, Pai-chang já tinha uma idade bem avançada e seus monges pensavam que ele deveria levar uma vida mais calma. Mas Pai-chang não gostou da brincadeira. Protestou dizendo que, sem trabalho, não havia virtude. "Um dia sem trabalho é um dia sem comer", proclamou e iniciou uma greve de fome até que seus monges cederam e o deixaram voltar ao trabalho. O aforismo de Paichang se tornou um princípio orientador do Zen por mais de 1.200 anos: uma ética do trabalho Zen, uma ética de engajamento, uma ética de ser "o que quer que sirva".

ENERGIA, ENVOLVIMENTO, EFICÁCIA

De acordo com a Dra. Maslach[117], renomada especialista sobre o burnout, o engajamento no trabalho é caracterizado por energia, envolvimento e eficácia. Quando estamos envolvidos, nos sentimos nutridos pelo trabalho. Temos a capacidade e os meios para obter resultados. Temos a sensação de que nosso trabalho faz diferença para os outros, para nós mesmos e talvez até para o mundo. Embora seja normal experienciar nosso quinhão de frustração e resistência, nosso compromisso com o trabalho – e, com sorte, nosso amor pelo trabalho – nos dá força e sabedoria para enfrentarmos as ondas dos momentos menos gratificantes.

Durante um programa que ensinei com o monge beneditino, o Irmão David Steindl-Rast, ele compartilhou conosco que o antídoto para o burnout não é necessariamente tirar férias. "É entregar-se de coração!" ele exclamou, sorrindo alegremente. Gosto do termo "entregar-se de coração" porque implica que todo o nosso coração está comprometido. Aponta para uma sensação de genuína conexão e amor pelo trabalho que fazemos. Numa outra conversa, o Irmão David compartilhou que o engajamento era sua própria estratégia pessoal para evitar o burnout.

O poeta David Whyte relata uma conversa crucial que teve com o irmão David, que o aconselhou:

---

[117] C. Maslach y M.P. Leiter, The Truth About Burnout: How Organizations Cause Personal Stress and What to Do About It (San Francisco: Jossey Bass, 1997).

> *Você está muito cansado porque boa parte do que você faz aqui nesta organização não tem nada a ver com as suas verdadeiras capacidades ou com o ponto que alcançou em sua vida. Apenas metade de você está aqui, e a metade que está aqui vai matá-lo daqui a algum tempo. Você precisa de algo ao qual você possa dedicar toda a sua força... [O] cisne não cura sua timidez se dando tapas nas costas, movendo-se mais rápido ou tentando se organizar melhor. Ele faz isso se movendo em direção à essência da água à qual pertence. É o simples contato com a água que lhe dá graça e presença. Você só precisa tocar as águas essenciais da sua própria vida e isso transformará tudo. Mas você precisa se permitir cair nessas águas deixando o chão onde seus pés estão, e isso pode ser difícil. Especialmente se achar que pode se afogar.*

O Irmão David prosseguiu:

> *Esse permitir-se cair... exige coragem, e a palavra coragem em inglês vem da palavra francesa antiga coeur, coração. Você deve fazer algo com o coração, e rápido. Abandone todo esse esforço e se deixe cair, ainda que meio sem jeito, nas águas do trabalho que deseja para si mesmo. Saiba que está tudo bem ganhar a vida com algo menos importante até que seu trabalho amadureça, mas depois que ele amadurecer e atingir uma plenitude transparente, seus frutos precisam ser colhidos. Você já amadureceu e está esperando para ser colhido. Sua exaustão é uma forma de fermentação interna. Você está começando, muito lentamente, a apodrecer na videira.*[118]

De fato, apodrecendo na videira! Para evitar esse destino desagradável, devemos imergir nas águas do trabalho que queremos para nós mesmos e para o mundo e nos conduzir a esse espaço de plenitude, entregar o coração na nossa forma de servir.

---

118 David Whyte, Crossing the Unknown Sea: Work as a Pilgrimage of Identity (New York: Riverhead Books, 2001).

Segundo a Dra. Maslach, aqueles que se relacionam de maneira engajada com o trabalho e que encontram nele um senso de propósito e de protagonismo são menos propensos ao burnout. Eles se permitiram cair nas águas da vida. A pesquisadora Ayala Pines estudou agentes de seguros, trabalhadores cujos empregos podem parecer tediosos para o observador comum. Ela descobriu que agentes que sobreviveram a uma experiência traumática relacionada ao uso do seguro, como um incêndio ou uma inundação, podem trabalhar por um longo tempo sem se esgotar porque sentem um chamado profundo à profissão e acreditam que seu trabalho está realmente servindo as pessoas.[119]

Como é que um mesmo trabalho pode levar algumas pessoas ao burnout e outras não? A história de uma família que parece se alegrar com uma vocação que poucos de nós poderíamos suportar me serviu de grande inspiração. Em 2012, Cori Salchert e seu marido, Mark, começaram a adotar o que podemos chamar de "bebês terminais", bebês com doenças que os levarão à morte. Os Salcherts já tinham oito filhos biológicos, mas se sentiam chamados a cuidar desses bebês abandonados pelos pais, incapazes de lidar com seus cuidados complexos ou de testemunhar o fim da vida de seus filhos.

Cori Salchert, uma ex-enfermeira perinatal que vive em Sheboygan, Wisconsin, tinha o conhecimento necessário para lidar com isso. Ela também tinha um coração corajoso. O primeiro bebê terminal que sua família adotou foi uma menina de duas semanas sem nome que nasceu com anomalias cerebrais graves. Eles lhe deram o nome de Emmalynn; ela viveu cinquenta dias antes de morrer nos braços de Cori. "Emmalynn viveu mais em cinquenta dias do que muitas pessoas na vida", disse Cori.[120]

Em seguida, a família adotou Charlie, um menino de dezoito meses cuja vida dependia de aparelhos. Apesar de todo seu equipamento,

---

119 Jennifer Senior, Can't Get No Satisfaction, Nova Iorque, 24 de outubro de 2007, http://nymag.com/news/features/24757/

120 Cori Salchert, How One Mom's Extraordinary Love Transforms the Short Lives of Hospice Babies, Today, 20 de junho de 2016, www.today.com/parents/how-one-mom-s-extraordinary-love-transforms-short-lives-hospice-t67096

a família o levava em excursões sempre que podia. Ele morrerá; não há como mudar isso", disse Cori à Sheboygan Press. "Mas podemos fazer a diferença na maneira como ele vive, e a diferença para Charlie é que ele será amado antes de morrer."[121]

A história dessa família é de altruísmo e também de engajamento corajoso e desinteressado. A família Salchert realmente nada nas águas da vida, mesmo quando testemunha o morrer e a morte. Como essa família incrível faz para não se esgotar? Cori fala do forte senso de propósito de sua família e do poder da fé cristã. Eles também têm uns aos outros[122]: toda a família se abriu para essa prática de amor e de conexão incondicionais, fatores que afastam o risco de burnout.

Lembro-me muitas vezes destas palavras do grande poeta sufi Jalāl ad-Dīn Muhammad Rūmī: "Deixe que a beleza que amamos seja o que fazemos. Existem centenas de maneiras de se ajoelhar e beijar o chão." O que essa família fez por essas crianças doentes é belo. E esse tipo de beleza não é separada da entrega do coração.

A BÊNÇÃO DE SE OCUPAR

Não tenho dúvidas de que os Salcherts são incrivelmente ocupados. Cuidar de crianças que estão morrendo requer muito tempo e inúmeras pequenas tarefas. No entanto, em nossa cultura, fazer coisas é uma faca de dois gumes: pode ser uma manifestação de engajamento saudável, uma maneira de servir profundamente e um resultado de inspiração e de fé. Ou pode se transformar em um vício, com listas de tarefas, compromissos e distrações que crescem a cada dia. Ou pode até ser os dois ao mesmo tempo.

---

121 Leah Ulatowski, Sheboygan Family Opens Home to Hospice Kids, Sheboygan Press, 2 de janeiro de 2016, www.sheboyganpress.com/story/news/local/2016/01/02/sheboygan-family-opens-home-hospice-kids/78147672/
122 Ibid.

Ocupar-se, de um certo ponto de vista, é uma forma de buscar um comportamento que é estimulado pelo neurotransmissor dopamina. A dopamina faz com que nos sintamos motivados, nos faz querer e buscar. Ela amplifica nossos níveis de excitação e nos torna mais curiosos. Poderíamos chamá-la de suco que alimenta o mecanismo de busca do nosso cérebro. Também pode melhorar nossos processos mentais e trazer energia para nossa vida emocional. A neurociência mostra que, mais do que alcançar objetivos, o ato de buscar pode aumentar a satisfação humana através da produção desse neurotransmissor.[123]

Pesquisas recentes sobre americanos de meia-idade e idosos sugerem que estar ocupado e engajado pode ter efeitos benéficos no funcionamento mental. Em um desses estudos, pessoas com mais de cinquenta anos que levavam vidas ocupadas apresentaram resultados melhores em várias funções cognitivas, incluindo velocidade de processamento cerebral, memória para eventos específicos, habilidades de raciocínio e de vocabulário.[124]

Esse estudo me faz lembrar do filantropo Laurance Rockefeller, que trabalhou a maior parte dos dias de sua vida e também praticou meditação por um longo tempo. Com pouco mais de noventa anos, ele ainda estava envolvido ativamente em áreas que abrangiam desde a conservação até o capitalismo de risco, dos negócios ao budismo. Certo dia, quando tinha noventa e quatro anos foi, como de costume, para a sala 5600 do Rockefeller Center. No final da manhã, não se sentiu bem e voltou para casa para descansar. Pouco depois, morreu em paz. Ele se manteve aguçado, motivado, curioso e com muito bom humor até o fim.

Tive a sorte de conhecer o Sr. Rockefeller nos seus últimos anos de vida. Quando fundei o Upaya Zen Center, ele me orientou sobre como

---

[123] Olivia Goldhill, Neuroscience Confirms That to Be Truly Happy, You Will Always Need Something More, *Quartz*, 15 de maio de 2016, http://qz.com/684940/neuroscience-confirms-that-to-be-truly-happy-you-will-always-need-something-more/

[124] Sara B. Festini, Ian M. McDonough y Denise C. Park, «The Busier the Better: Greater Busyness Is Associated with Better Cognition», Frontiers in Aging Neuroscience (17 de maio de 2016), doi:10.3389/fnagi.2016.00098.

estruturar uma instituição que se tornaria muito robusta e próspera. Aprendi com Laurance que, para evitar o burnout, é importante promover as qualidades de apreciação, gratidão, humor e curiosidade, bem como estar aberta para o que quer que aconteça e a disposição de correr riscos. Ele também me ensinou que é importante não ter grandes expectativas em relação a nós mesmos ou aos outros, e não se apegar a resultados, mas simplesmente fazer o possível para beneficiar os outros. Suas lições se provaram inestimáveis para mim e influenciaram minha forma de liderar quando o Upaya se transformou em uma grande organização.

Durante muitos anos, tenho me empenhado em cuidar deste lugar e de suas pessoas e manter uma prática de meditação comprometida, além de dar ensinamentos por todo o mundo e realizar projetos de serviço. Tem sido bom para minha saúde. Amo meu trabalho. Aprecio meus alunos, meus estudos, minha prática. É uma vida plena e real para uma pessoa de qualquer idade. Segundo as pesquisas, até mesmo o estresse que sentimos quando damos uma palestra ou temos que cumprir um prazo de entrega de um projeto tem efeitos benéficos no corpo semelhantes ao estresse do exercício – mobiliza células do sistema imune e pode melhorar a memória e o aprendizado. Por enquanto, tudo está indo bem.[125]

Acredito que quando somos capazes de infundir nosso trabalho com um senso de conexão e propósito, dedicação e sinceridade, fé e alegria, podemos nos manter no limite de um engajamento saudável. No entanto, quando nosso trabalho assume uma qualidade compulsiva e viciante e ficamos presos no ciclo da dopamina, combinado com o gosto metálico do medo na boca, o cinismo e o burnout geralmente estão à espreita, como afirma a Dra. Maslach.

O trabalho diz respeito à nossa energia. A própria palavra *trabalho* tem a mesma raiz da palavra energia. Através do nosso trabalho, damos energia ao mundo, aos outros e a nós mesmos.

---

125 Kristin Sainani, What, Me Worry? Stanford, Maio-Junho de 2014, https://alumni.stanford.edu/get/page/magazine/article/?article_id=70134

Digo aos meus alunos: *Dirija-se ao poderoso limite do trabalho significativo e dê o seu melhor. Use bem seus dias para realmente beneficiar os outros e trazer alegria para si mesmo.* Na minha opinião, há poucas coisas mais gratificantes na vida do que um trabalho saudável e dedicado ao amor pelos outros e pelo mundo.

Portanto, se você é um médico, um professor, um diretor de empresa, alguém que trabalha com direitos humanos, pedreiro, artista, mãe ou um praticante Zen sentado em uma almofada, eu digo, vá em frente! Não faça nada menos do que entregar-se de coração – e deixe que "a beleza que amamos seja o que fazemos".

II. CAINDO DO ABISMO DO ENGAJAMENTO: O *BURNOUT*

Quando nosso engajamento se desequilibra e nosso trabalho parece impulsionado pelo medo, pelo escapismo ou pela compulsão, ficamos vulneráveis ao burnout – aquela experiência sombria de fadiga, de pessimismo, de cinismo e até mesmo de doenças físicas, acompanhada da sensação de que nosso trabalho é de pouco ou nenhum benefício para ninguém, incluindo a nós mesmos.

Para tentar entender a experiência do burnout, li sobre a vida do homem que tornou esse termo famoso. Enquanto contemplava os detalhes de sua história pessoal, pensei que talvez o Dr. Freudenberger não sofresse de burnout, em si, mas ele certamente estava comprometido na pesquisa e no mapeamento do processo quase como uma obsessão.

Herbert Freudenberger nasceu na Alemanha em uma família judia apenas sete anos antes de Hitler chegar ao poder. Depois que a fábrica de sua família foi confiscada e sua avó espancada pelos nazistas, Freudenberger fugiu da Alemanha sozinho aos doze anos, usando o passaporte de seu pai. Viajou para Nova York e foi morar com uma tia, que o manteve no sótão e o fez dormir sentado em uma cadeira quando percebeu que seu pai não poderia mais pagar pelos cuidados do menino, como havia sido prometido. Freudenberger escapou dessa situação insustentável aos quatorze anos e viveu nas ruas de Manhattan até ser acolhido por um primo.

Quando seus pais finalmente chegaram aos Estados Unidos, Freudenberger foi trabalhar na fábrica para ajudá-los.[126] Ao mesmo tempo, frequentava a escola noturna no Brooklyn College, onde conheceu Abraham Maslow, o eminente psicólogo. Maslow o encorajou a estudar psicologia e se tornou seu mentor. Freudenberger continuou seu mestrado e doutorado enquanto continuava trabalhando na fábrica.

Assim, Freudenberger iniciou uma carreira na prática psicanalítica bem-sucedida em 1958. Na década de 1970, começou a trabalhar em uma clínica gratuita para usuários de drogas no East Harlem, onde se voluntariava após um dia inteiro no consultório. Na clínica gratuita e em outras comunidades terapêuticas, Freudenberger observou o que acontecia com os terapeutas de saúde mental e adição a substâncias quando se sentiam desmoralizados pelos resultados dos pacientes. Em 1974, provavelmente inspirado no romance *A Burnt-Out Case*, de Graham Greene, ele introduziu o termo burnout. Esse trabalho o levou ao status de um dos principais psicólogos do país.

Freudenberger era um homem motivado – trabalhava quatorze ou quinze horas por dia, seis dias por semana, até três semanas antes de sua morte, aos setenta e três anos. Como seu filho, Mark Freud, disse ao *The New York Times*: "Os primeiros anos de sua vida, infelizmente, nunca o deixaram em paz realmente. Ele era um homem muito complicado e em profundo conflito por conta do que sofreu quando jovem. Teve uma infância muito curta. Era um sobrevivente."[127] Temos que nos perguntar se seu verdadeiro objeto de estudo sobre o burnout não teria sido ele

---

126 Herbert Freudenberger, *Wikipedia*, https://en.wikipedia.org/wiki/Herbert_Freudenberger.
127 Douglas Martin, Herbert Freudenberger, 73, Coiner of "Burn-out" Is Dead, New York Times, 5 de dezembro de 1999, www.nytimes.com/1999/12/05/nyregion/herbert-freudenberger-73-coiner-of-burnout-is-dead.html

mesmo – ou se ele foi capaz de permanecer dentro do reino saudável do engajamento. Seja como for, o burnout se tornou sua causa e sua identidade profissional.

Freudenberger definiu burnout de diversas maneiras, como "um estado de exaustão física e mental causada pela vida profissional" e "a extinção de motivação ou do incentivo, especialmente quando a devoção a uma causa ou relacionamento falha em produzir os resultados desejados". Segundo Freudenberger e seu colega Gail North, o burnout tende a seguir uma certa história linear: nos sentimos compelidos a provar nosso valor, dando 100% ao nosso trabalho. Trabalhamos tanto que surgem conflitos familiares e com colegas. Cometemos erros devido à falta de sono. O trabalho duro se torna nosso novo sistema de valores. À medida que nossa perspectiva se estreita, negamos os problemas que acabam surgindo. Outras pessoas enxergam a nossa situação, mas nós não. Nós nos afastamos dos nossos entes queridos e nos tornamos cada vez mais isolados socialmente. Nos sentimos apáticos e cada vez mais despersonalizados. Para preencher nosso vazio interno, talvez adotemos comportamentos viciantes. Nos sentimos deprimidos, talvez tenhamos um colapso mental e físico e, ao extremo, podemos até pensar em suicídio.[128]

QUEM ENTRA EM *BURNOUT*?

Em 1981, a Dra. Maslach desenvolveu um estudo detalhado conhecido como Maslach Burnout Inventory (MBI). Considerado o padrão da psicologia para medir o burnout, o MBI faz perguntas sobre o sentimento da pessoa com respeito a três fatores principais: exaustão emocional, cinismo e ineficácia.[129] (Esses fatores são opostos aos que ela usa para

---

128 12 Phase Burnout Screening Development Implementation and Test Theoretical Analysis of a Burnout Screening Based on the 12 Phase Model of Herbert Freudenberger and Gail North, ASU International Edition. https://www.asu-arbeitsmedizin.com/originalia/12-phasen-burnout-screening

129 Jesús Montero-Marín, Javier García-Campayo, Domingo Mosquera Mera, e Yolanda López del Hoyo, A New Definition of Burnout Syndrome Based on Farber's Proposal, *Journal of Occupational*

definir o engajamento: energia, envolvimento e eficácia.)

Esses fatores, até certo ponto, se correlacionam com a profissão e com o estilo de vida. O primeiro fator, exaustão emocional, tende a afetar pessoas em profissões com altas demandas emocionais, como assistência médica, assistência social, ativismo e educação. Também afeta pessoas que têm menos apoio social, incluindo pessoas solteiras, bem como as que têm depressão e ansiedade.

O segundo fator, o cinismo, tende a afetar os mais idealistas, incluindo os mais jovens, mais propensos à desilusão quando a realidade não corresponde às suas expectativas. Qualquer um de nós pode estar propenso a sentir o terceiro fator – um sentimento generalizado de ineficácia – como se estivéssemos falhando no que pretendemos alcançar, apesar dos nossos melhores esforços. A partir desse ponto, a queda é rápida – acreditamos que nosso trabalho é simplesmente sem sentido, ponto final. E esses são os fatores que compõem uma crise, especialmente quando a nossa autoestima e a nossa identidade estão ligadas ao trabalho. Se nosso trabalho não significa nada, que significado tem a nossa vida?[130]

Não sei como é se sentir impotente, frustrado e cínico como resultado do trabalho, mas ouvi as histórias de centenas que foram aprisionadas pelas terríveis garras desses sintomas – assistentes sociais, guardas prisionais, professores, paramédicos, médicos e enfermeiros. O burnout é um risco ocupacional em qualquer profissão e em qualquer país. As estatísticas das escolas públicas de Nova York mostram que 45% dos professores deixaram seus empregos em um prazo de cinco anos, provavelmente devido ao burnout.[131] A prevalência de burnout na medicina levou a uma taxa de suicídio assustadoramente alta: os médicos do sexo masculino têm 1,4 vezes mais chances de tirar a própria vida do que os homens da população em geral; nas médicas, a probabilidade é 2,3 vezes maior.[132]

Medicine and Toxicology 4 (2009): 31, www.ncbi.nlm.nih.gov/pmc/articles/PMC2794272/
130 Senior, Can't Get No Satisfaction.
131 Ibid.
132 Judith Graham, Why Are Doctors Plagued by Depression and Suicide? A Crisis Comes into

O burnout também atinge pessoas em empregos corporativos altamente estressantes, como diretores de empresas, advogados, empregados de empresas de alta tecnologia e banqueiros de Wall Street – aqueles que levam o trabalho para casa todas as noites e se sentem extremamente pressionados para ter boa performance. Com smartphones tão onipresentes, muitas pessoas sentem não conseguir escapar do trabalho, nem mesmo para ter uma boa noite de sono. Pesquisas mostram que quando estamos envolvidos apenas pelo dinheiro, e não por um conjunto mais elevado de valores, como ajudar os outros ou obter satisfação criativa, tendemos a nos esgotar mais rapidamente.[133]

O burnout é tão comum que criou seu próprio mercado; nos Estados Unidos, toda uma indústria de treinadores, terapeutas, conselheiros e médicos surgiu em torno do tratamento do burnout e trauma laboral.

VICIADOS EM SE OCUPAR

Ser atarefado tem sido considerada uma virtude, pelo menos desde os tempos do santo católico Jerônimo, que cunhou a frase: "Mãos ociosas são a oficina do diabo". O protestantismo também vê o trabalho como inerentemente virtuoso. Sua famosa ética de trabalho enfatiza a produtividade como uma maneira de manter o diabo a distância. Por meio dessas e de outras influências, o trabalho se tornou um aspecto central das nossas identidades culturais e individuais na América moderna. Que tipo de trabalho temos, quantas horas passamos trabalhando e o que conseguimos realizar no trabalho são essenciais para o modo como as pessoas veem a si mesmas. Nossos egos e o senso de valor próprio estão envolvidos com isso. "O que você faz?" é normalmente a primeira pergunta que fazemos a um novo conhecido e nossa tendência é formar opiniões

---

Focus, Stat, 21 de julho de 2016, www.statnews.com/2016/07/21/depression-suicide-physicians

133 Senior, Can't Get No Satisfaction.

sobre eles com base em suas respostas.

O trabalho é tão importante para nós que tornou-se um vício, um símbolo de status no local de trabalho, com colegas competindo entre si para ver quem saiu mais tarde do escritório na noite passada ou quem trabalhou mais horas no fim de semana. O vício no trabalho é realmente esperado em muitos ambientes e serviços, tanto no Ocidente como no Oriente. É uma forma de dependência particularmente insidiosa porque é socialmente tolerada; afinal de contas é produtiva e muitos acreditam que o trabalho tem um valor moral inerente. O vício em trabalhar e em se manter ocupado tornou-se, para muitos, um princípio orientador, um tipo de religião, mas desprovida da verdadeira espiritualidade, em maior ou em menor grau.

Thomas Merton escreveu,

> *Existe uma forma generalizada de violência contemporânea à qual o idealista sucumbe mais facilmente: o ativismo e o excesso de trabalho. A pressa e a pressão da vida moderna são uma expressão, talvez a mais comum, de sua violência inata. Permitir-se ser arrastado por uma infinidade de preocupações conflitantes, render-se às muitas demandas, comprometer-se com muitos projetos, querer ajudar a todos em tudo, é sucumbir à violência. O frenesi do nosso ativismo neutraliza nosso trabalho pela paz. Destrói nossa própria capacidade interna de paz. Destrói a fecundidade do nosso próprio trabalho porque mata a raiz da sabedoria interna que faz com que o trabalho frutifique.*[134]

Também aprecio as palavras do professor e escritor Omid Safi: "Vivemos em uma cultura que celebra a atividade. Colapsamos nosso senso de quem somos no que fazemos para viver. A exibição pública do quanto somos ocupados é a forma como demonstramos uns aos outros que somos importantes. Quanto mais as pessoas nos veem cansados, exaustos,

---

[134] Thomas Merton, Conjectures of a Guilty Bystander (New York: Image/Doubleday, 1968).

sobrecarregados, mais pensam que devemos ser de alguma forma... indispensável. Que fazemos diferença."[135]

Anos atrás, eu tinha um escritório na Biblioteca do Congresso, próximo ao escritório do Dr. George Chrousos, um endocrinologista especializado em estresse. Perguntei a ele se as pessoas poderiam se tornar viciadas em seus próprios neurotransmissores. Ele respondeu com um enfático "Sim". Ele disse que a nossa sopa bioquímica de neurotransmissores facilmente estimula nossa antecipação e busca de recompensas compulsiva no ciclo da dopamina e pode nos estressar gravemente.

Alguns anos depois, conheci o Dr. Kent Berridge em uma reunião do *Mind and Life Institute* em Dharamsala. Ele nos mostrou um vídeo de ratos em seus experimentos que foram estimulados a desejar intensamente água salina, embora naturalmente não gostassem. Os ratos ficaram presos no ciclo da dependência. Dr. Berridge comentou que o consumo induz a mais consumo, mesmo quando não é agradável.

Da mesma forma, fazer coisas alimenta nosso apetite por fazer mais coisas, mesmo que com o tempo nossa atividade compulsiva se torne menos satisfatória e mais estressante. Nunca é suficiente e, ao corrermos nessa esteira hedônica, nossa atenção pode ser completamente cooptada por nossa busca interminável por estímulos (mesmo por estímulos desagradáveis ou prejudiciais), e podemos nos afastar da intimidade e conexão.

Quando o trabalho toma conta das nossas vidas e psiques, nos tornamos como um fantasma faminto, um arquétipo tradicional no budismo que representa uma pessoa que está na esteira hedônica do anseio e do vício. É uma criatura voraz com braços e pernas muito magros, um pescoço fino como um fio de cabelo, um estômago inchado, uma boca minúscula e um apetite que nunca pode ser satisfeito. Ainda mais perturbador é que tudo o que o fantasma faminto coloca na boca se transforma em veneno. O vício em trabalho nos leva ao território maligno do fantasma faminto. É como se estivéssemos empurrando mais e mais horas de trabalho e atividades incan-

---

[135] The Thief of Intimacy, Busyness, 13 de novembro de 2014, On Being, https://onbeing.org/blog/the-thief-of-intimacy-busyness/

sáveis para dentro das nossas bocas minúsculas, inchando nossos estômagos com os produtos químicos venenosos do burnout.

BEBENDO O VENENO DO ESTRESSE NO TRABALHO

Uma pesquisa da Gallup feita em 2015 constatou que 48% dos americanos sentem que não têm tempo suficiente para fazer o que realmente querem fazer. Essa taxa tem se mantido mais ou menos estável nos últimos quinze anos. E 90% das mães que trabalham dizem que correm o tempo todo ou quase o tempo todo, de acordo com uma pesquisa do Pew Research Center feita nesse mesmo ano.

Para alguns de nós, essa pressão internalizada para realizar começa na faculdade ou mesmo no ensino médio. Parece que apreciamos o que Hermann Hesse chamou de "pressa agressiva"[136]. Temos uma carga horária pesada, passamos noites todas em claro para escrever trabalhos e estudar para os exames. Esse padrão continua em nossos anos de treinamento, como nas residências médicas com turnos noturnos e turnos dobrados. Durante nossa vida profissional ou de serviço, as jornadas normalmente ficam mais longas. Muitos de nós realmente apreciam isso no começo. A imersão concentrada, associada à privação do sono, pode nos colocar em um estado alterado que nos energiza. O estresse libera dopamina[137] – e quando essa energia desaparece, precisamos de outra dose. Portanto, é fácil perceber por que, nos Estados Unidos, dez milhões de pessoas trabalham mais de sessenta horas por semana e 34% dos trabalhadores não tiram nem um único dia de férias a que têm direito.[138]

Na era do inglês antigo, *bisig* significava "atento, ansioso". A palavra *busy* (ocupado) evoluiu em uma direção diferente, mas uma certa inquie-

---

[136] Hermann Hesse, My Belief: Essays on Life and Art (New York: Farrar, Straus & Giroux: 1974).
[137] Rasmus Hougaard y Jacqueline Carter, Are You Addicted to Doing? *Mindful*, 12 de janeiro de 2016, www.mindful.org/are-you-addicted-to-doing/.
[138] Brandon Gaille, «23 Significant Workaholic Statistics», Brandon Gaille's website, 23 de maio de 2017, http://brandongaille.com/21-significant-workaholic-statistics/.

tação ainda persiste. Nos sentimos pressionados pelo tempo, e a falta de tempo nos coloca em um estado crônico de pressa que, em última análise, e ironicamente, nos torna menos eficientes no tempo que temos. O cérebro humano tem uma resposta à escassez: a percepção de que temos muito pouco de algo nos torna obsessivos a ponto de prejudicar outras habilidades e capacidades[139]. A escassez de tempo causa a liberação de cortisol, um hormônio de luta ou fuga que tem efeitos deletérios no corpo ao longo do tempo, incluindo o enfraquecimento do sistema imunológico. Como a dopamina, o cortisol é, a princípio, energizante e nos acelera, mas leva mais rapidamente à exaustão. Novamente, a curto prazo, nossos corpos respondem muito bem ao estresse, mas quando o estresse é crônico, pode causar uma série de problemas de saúde.

O estresse crônico no trabalho provavelmente nos levará ao burnout e à sua prima, à *exaustão vital*, uma constelação de sintomas físicos e emocionais que inclui exaustão física e sentimentos de desesperança. A exaustão vital geralmente precede as doenças cardíacas, possivelmente como um fator causal.[140] Também está ligada a distúrbios autoimunes, depressão e comprometimento cognitivo.[141]

Muitas vezes o burnout também está intimamente ligado às condições no local de trabalho. Segundo Maslach, isso inclui trabalhar com pouco apoio social, pouca autonomia ou pouco controle; trabalhar em um ambiente injusto ou a serviço de valores que não respeitamos; e trabalhar com muito pouca recompensa financeira, social ou emocional. Maslach pedia que se estudassem os ambientes de trabalho e como eles se relacionam com o burnout. Como ela escreveu em 1982, "Imagine investigar a personalidade dos pepinos para descobrir por que eles se transformaram em picles

---

[139] Cara Feinberg, «The Science of Scarcity», Harvard Magazine, maio-junho de 2016, http://harvardmagazine.com/2015/05/the-science-of-scarcity.

[140] Douglas Carroll, Vital Exhaustion, em Encyclopedia of Behavioral Medicine, eds. Marc D. Gellman e J. Rick Turner (New York: Springer, 2013),
http://link.springer.com/referenceworkentry/10.1007%2F978-1-4419-1005-9_1631.

[141] Sainani, What, Me Worry.

azedos, sem analisar os barris de vinagre em que estavam submersos!"[142] No entanto, Maslach enfatizou que o burnout geralmente não é apenas "falha" da instituição, mas também a combinação entre a instituição e o indivíduo.

Nos levar ao burnout pode ser quase benéfico para os locais de trabalho – nos mantém tão entorpecidos que não temos motivação para mudar as condições e as políticas que favorecem o burnout. Ou eles podem nos recompensar por bebermos o próprio veneno do estresse e da aceleração do trabalho, pagando-nos horas extras, por produtividade ou estabelecendo metas de produção elevadas, incluindo cotas de pacientes. Essa é uma forma de opressão sistêmica que inclui os danos que as instituições e suas políticas infligem às pessoas que trabalham para elas.

III. O ENGAJAMENTO E OS OUTROS ESTADOS LIMITE

Todos os Estados Limite podem alimentar o burnout. O altruísmo patológico e a angústia empática podem nos exaurir, assim como o sofrimento moral e a exposição ao desrespeito. Quando nos identificamos demais com o sofrimento (angústia empática) e nos dedicamos demais a eliminar o sofrimento (altruísmo patológico), é comum que isso nos leve ao burnout. Quando nossa integridade é comprometida (sofrimento moral) ou nos confrontamos com o desrespeito aos outros ou a nós mesmos, o burnout também é comum. Ou quando estamos sujeitos à opressão sistêmica ou à violência estrutural com base em privilégios e poder, então a raiva, a futilidade e o burnout podem ser o resultado.

Viajo todos os anos para o Japão e ensino práticas para cultivar a compaixão aos profissionais clínicos. Normalmente, diante de mim, há uma sala cheia de médicos e enfermeiras que trabalham muito duro. Eles me

---

142 Senior, Can't Get No Satisfaction.

dizem que estão sempre de plantão, trabalham pelo menos sessenta horas por semana e sentem que nunca podem fazer o suficiente pelos pacientes ou pelas instituições em que trabalham. Esses clínicos enfrentam duras expectativas internas e externas, não muito diferentes dos colegas coreanos e chineses; nos três países, a morte por excesso de trabalho é bem conhecida.

Alguns médicos japoneses compartilharam comigo que se identificam fortemente com os pacientes em sofrimento. Isso os leva à ladeira escorregadia da angústia empática, onde experienciam a exaustão emocional, a despersonalização e a falta de sentido, que são características do burnout. Não são poucos os que têm histórias para contar sobre sofrimento moral com relação aos valores de suas instituições, às ações de colegas de trabalho ou às intervenções médicas que são obrigados a realizar. Frequentemente isso resulta em desilusão, cinismo e futilidade e, por fim, em burnout. As enfermeiras são especialmente vulneráveis ao bullying por médicos, colegas de enfermagem e até mesmo pacientes. Obviamente, ser alvo de desrespeito e hostilidade no local de trabalho pode levar aos sintomas físicos e psicológicos do burnout.

Vários anos atrás, sentei-me com enfermeiras japonesas que foram intimidadas por um paciente do sexo masculino que sofria de câncer. As enfermeiras pareciam chocadas. Isso já vinha acontecendo há muito tempo, e elas estavam totalmente exaustas por enfrentar a agressão desse paciente dia após dia. Elas compartilharam abertamente o desespero por não serem capazes de lidar com aquilo e por serem constantemente abusadas por alguém que estavam tentando ajudar. Estavam cansadas, esgotadas, acabadas.

Enfermeiras japonesas são muito dedicadas. Usam os recursos de que dispõem para cuidar de seus pacientes. Mas aquelas enfermeiras não tinham mais recurso nenhum e pareciam estar sentadas em um cemitério. Altruísmo patológico, angústia empática, sofrimento moral e desrespeito acabaram com elas, e cada uma delas foi desmoralizada e completamente drenada. Também sentiam-se culpadas e envergonhadas por não conseguirem lidar com a situação. Relataram-me ainda o sentimento de falha com o paciente, com o hospital, uma com a outra e consigo mesmas.

Tive pouco tempo com elas. Depois de ouvir cada uma falando abertamente de sua exaustão e de seu desespero, ofereci uma revisão do GRACE, a prática de cultivar a compaixão à medida que interagimos com os outros. Sugeri que, antes de ir atender o paciente, elas tomassem um tempo para si mesmas para se enraizarem, parando na porta do quarto do paciente e respirando profundamente. Elas poderiam também se lembrar do motivo de terem escolhido cuidar de pessoas que estavam morrendo e tomar uns instantes para tomarem consciência de seu potencial para reagir e, também, do sofrimento físico e mental de seus pacientes; isso poderia, de fato, colocar as coisas em perspectiva. Reconhecer que o medo deles era compreensível, considerando que o bullying também é manifestação de sofrimento. Ele estava morrendo de câncer e estava aterrorizado. Estava com dor e não conseguia lidar com aquilo. Havia perdido a independência pessoal, a capacidade de controlar o curso de sua própria vida e a maneira como estava morrendo.

No final do encontro com aquelas enfermeiras, sugeri também que elas o visualizassem como um bebê, desamparado e com medo. Ele já havia estado lá muito tempo atrás e talvez estivesse lá novamente por estar tão doente.

Além disso, poderiam procurar não tomar os ataques como algo pessoal, vendo também que agir defensivamente provavelmente piorava as coisas. E era importante praticar a escuta profunda com ele e umas com as outras. Talvez isso pudesse ajudá-las a entender como estabelecer limites e como cuidar de si e das outras nas tempestades de desrespeito a que estavam sendo submetidas.

Vim a saber mais tarde que nosso tempo juntas havia sido útil ao grupo. Quando o próximo paciente com comportamento semelhante entrou na unidade de cuidados paliativos, elas foram capazes de dissipar seus sentimentos de medo e futilidade e abordar esse segundo paciente com mais equilíbrio e compaixão.

Outra história sobre o burnout vem da minha associada Maia Duerr, que trabalhou no sistema de saúde mental dos EUA por dez anos e, ao final, entrou em burnout, não por causa do relacionamento com seus clientes ou colegas de trabalho ou por seu horário de trabalho, mas por sua resposta compreensível ao sistema de saúde mental. "Testemunhei a porta giratória de pacientes saindo do hospital, indo para suas comunidades e sendo readmitidos pouco tempo depois", escreveu ela. "Parecia que estávamos deixando de ver uma peça essencial. Meu trabalho exigia que eu apresentasse planos de tratamento para a 'reabilitação' dos meus pacientes, mas ficava imaginando o quanto ser evitado, temido, ser alvo de pena, trancado e medicado a ponto de perder a consciência afetava a saúde mental de uma pessoa, com um impacto muito além de qualquer desafio psiquiátrico que ele ou ela possa ter enfrentado."[143]

A integridade de Maia estava sendo violada pelos valores e condições de seu local de trabalho. Ela sofria de uma angústia moral justificável. Seus pacientes estavam sendo desrespeitados e, do seu ponto de vista, seriamente maltratados. Além disso, ela não era capaz de alterar o sistema em que estava servindo. As condições tóxicas de trabalho eram insustentáveis para ela, tendo como resultado o burnout. Ela deixou o emprego, mas já havia pago um preço pessoal bem duro.

Poder, ambição, competição, vício no trabalho, ressentimento e medo também alimentam o burnout. Essas forças motrizes são venenos do ego que podem se manifestar nos Estados Limite; poder, ambição e ressentimento devido ao desrespeito, bem como indignação moral e apatia moral; vício no altruísmo patológico e no sofrimento moral; e medo no altruísmo patológico, angústia empática, sofrimento moral e desrespeito.

A "cultura de emergência" que produz o burnout tem muitos fatores contributivos, mas existem maneiras de recuperar a confiança e a humanidade. Aprender a transformar o trabalho como prática de atenção plena. Manter nossas vidas abertas não apenas para o mundo externo,

---

[143] Impossible Choices: Thinking about Mental Health Issues from a Buddhist Perspective, Jizo Chronicles, http://jizochronicles.com/writing/impossible-choices-thinking-about-mental-health-issues-from-a-buddhist-perspective/ O artigo original faz parte da antologia Not Turning Away, editada por Susan Moon.

mas também para o mundo interno. Garantir que nossos valores estejam alinhados com o nosso trabalho, além de humor, diversão e descanso! Ovídio, o poeta romano, escreveu em seu Ar Amatoria, II. 351: "Descanse; um campo que descansou dá uma colheita abundante."

E mais uma sugestão: uma vez ouvi Bill George, professor da Harvard Business School, oferecer uma abordagem importante e muitas vezes negligenciada para transformar o burnout relacionado à falta de significado em nosso trabalho. Ele disse que quando vemos o impacto positivo que temos no nosso trabalho, o cinismo, a fadiga e os sentimentos de ineficácia podem se dissolver e podemos nos sentir inspirados a trabalhar de uma maneira que seja mais aberta, dedicada, equilibrada e mutuamente útil. Este pode ser o medicamento que modula o fogo do burnout e o transforma na paixão de se envolver com todo o coração.

IV. PRÁTICAS QUE APOIAM O ENGAJAMENTO

Quando tinha vinte e poucos anos, trabalhei em um ambiente de pesquisa na Universidade de Columbia. Não era pouco o estresse naquele escritório. Era comum trabalhar quatorze horas por dia, sete dias por semana, e eu já consegui executar qui-quadrados (um teste estatístico) manualmente à velocidade da luz. Era fascinada com o que estava fazendo, mas a maneira como estava fazendo não era muito sustentável!

Durante essa minha passagem por Columbia, comecei a praticar o Zen como uma maneira de lidar com o estresse e esperava combinar a prática contemplativa com a ação social. Todos os alunos zen são designados para prestar serviço de cozinha, mais cedo ou mais tarde. Quando comecei a trabalhar em uma cozinha zen, presumi que o objetivo de cortar as cenouras era fazer o trabalho da maneira mais rápida e eficiente possível, como fazer um qui-quadrado em altíssima velocidade. Aos poucos fui percebendo que esse não era exatamente o ponto. De uma perspectiva zen, cortar as cenouras é apenas cortar cenouras. Depois de cortar alguns milhares de cenouras, descobri que a prática de "apenas cortar as cenouras" tem muito a oferecer.

A PRÁTICA DO TRABALHO

Consigo entender facilmente como, olhando de fora, cortar cenouras pode parecer uma tarefa chata. Mas meu colega zen Roshi Zoketsu Norman Fischer descreve esse trabalho comum como um veículo para meditação e como uma oferenda aos outros. Quando tratamos nosso trabalho como uma oferenda, fazemos essa doação livremente para o benefício de outros, diz Norman. Ele escreve que "o trabalho como uma oferenda é uma espécie de extinção do eu na atividade do trabalho... apenas se dedicar àquilo completamente sem guardar nada. Não há nenhuma noção de haver um observador ou de se estar fazendo qualquer prática. Basta fazer o que faz de forma plena, com um bom estado de espírito."[144] Acho que é isso que o irmão David quer dizer quando usa o termo 'com todo o coração' – não guarde nada para si, verdadeiramente. Ser um com o que estamos fazendo. Extinguir o eu. Abandonar o eu. Dessa forma, trabalhamos para a vida em vez de trabalharmos para viver.

A expressão japonesa *mujodo no taigen*, que significa "manifestar o Caminho em nossa vida cotidiana", nos dá uma noção disso. Nós, praticantes zen, aprendemos que o trabalho é um meio para realizar tarefas comuns de maneira atenta e unificadora. Um dia, o dever da cozinha se torna não um dever, mas uma prática, uma maneira de cultivar o coração e a mente enquanto servimos aos outros. A cenoura, a faca e eu somos uma coisa só; estamos totalmente conectados, e essa conexão inclui aqueles que se alimentam daquela comida, o fazendeiro que cultivou a cenoura,

---

[144] Norman Fischer, On Zen Work, Chapel Hill Zen Center, www.chzc.org/Zoketsu.htm

o caminhoneiro que trouxe a cenoura para o mercado, o sol, a chuva, o solo e, de fato, tudo.

Um pouco da história asiática pode dar mais contexto para a compreensão do trabalho como um meio de prática. Na época do Buddha, a palavra sânscrita *bhavana,* que significa cultivar, relacionava-se à agricultura – cultivar o solo, plantar sementes, regar, capinar, colher – para que a família e a aldeia pudessem ser alimentadas. O Buddha expandiu o uso da palavra *bhavana* para incluir o cultivo do campo da mente através da meditação. Essa metáfora está presente no manto que os monásticos usam, que é o desenho de um campo de arroz.

Quando os monges budistas fizeram sua viagem da Índia para a China dois mil anos atrás, os monges indianos não trabalhavam. Em vez disso, eles vagavam de vila em vila pedindo esmolas. Isso não era aceitável na China, onde a ética do trabalho confucionista valorizava o trabalho comum. As metáforas agrárias do Buddha funcionavam bem na China porque se encaixavam na ética de trabalho dos chineses: "cultivar a mente", "plantar as sementes dos ensinamentos do Buddha" e "o campo da liberação".

A prática contemplativa budista combinou com a ética de trabalho chinesa resultando no que hoje conhecemos como *prática de trabalho*, ou usar o trabalho como um meio para cultivar sabedoria e compaixão. Os monásticos nos grandes mosteiros chineses cultivavam a terra para se alimentar. Eles chamavam sua atividade diária de "meditação do cultivar". Cultivar a terra era um trabalho virtuoso, lento e bom, como o trabalho virtuoso, lento e bom de se cultivar a mente.

E o que dizer da nossa vida nos dias de hoje? Gosto do que o professor budista Clark Strand diz sobre "meditar dentro da vida que você tem". Ele não separa a meditação como algo à parte da nossa vida e dos meios de subsistência. "O lugar em que você medita tem tudo a ver com o a utilidade que ela terá. Mas quando digo 'o lugar', não quero dizer necessariamente em qual cômodo da casa, ou se você mora em um local tranquilo ou não. Simplesmente quero dizer que você deve meditar dentro da vida que tem. Se você é contador, medite na vida de um contador. Se você é um policial, medite dentro disso. Medite precisamente nos lugares da sua vida que você quer iluminar."[145]

Portanto, para evitar ou transformar o burnout, talvez a primeira coisa que devemos fazer seja meditar dentro da vida que temos...

PRATICANDO UM MODO DE VIDA CORRETO

Que tipo de vida nós temos? Dentre os fatores no Nobre Caminho Óctuplo do Buddha (Visão, Aspiração, Fala, Ação, Modo de Vida, Esforço, Atenção e Concentração Corretos), o Meio de Vida Correto é o que está mais diretamente conectado ao engajamento e ao burnout. Em sua essência, há várias perguntas. Como podemos fazer um trabalho que seja bom para nós mesmos, nossa família, nossa comunidade, nossa terra e para as gerações futuras? E como nosso trabalho pode se tornar um caminho para despertar dos nossos sofrimentos e delusões?

O Buddha definiu o modo de vida correto como sendo o trabalho que *não* devemos ter. "Um seguidor leigo não deve se envolver em cinco tipos de negócios", escreveu ele no *Vanijja Sutta*. "Negócios de armas, negócios de seres humanos, negócios de carne, negócios de intoxicantes e negócios de veneno." Também gosto da maneira como Thích Nhất Hạnh explica como praticar o modo de vida correto: "Você precisa encontrar uma maneira de ganhar a vida que não transgrida seus ideais de amor e compaixão. O modo como você se sustenta pode ser uma expressão do seu eu mais profundo, ou pode ser uma fonte de sofrimento para você e para os outros."[146]

Thích Nhất Hạnh está dizendo que devemos escolher um trabalho alinhado aos nossos valores, seja o trabalho de ensinar crianças, cuidar

---

[145] Clark Strand, Meditation without Gurus: A Guide to the Heart of Practice (Nueva York: Sky-Light Paths, 2003).
[146] Thich Nhat Hahn, The Heart of the Buddha's Teaching: Transforming Suffering into Peace, Joy, and Liberation (New York: Broadway Books, 1999).

de doentes ou administrar um negócio de maneira compassiva e generosa. O alinhamento com nossos valores inclui não apenas o que fazemos e por que fazemos, mas como fazemos. Temos que garantir que fazemos nosso trabalho com integridade. Mesmo que escolhamos uma profissão que ajuda a eliminar o sofrimento dos outros, ainda poderemos fazer esse trabalho a partir do altruísmo patológico ou da angústia empática, do sofrimento moral ou do desrespeito – e essas expressões tóxicas dos Estados Limite podem facilmente nos levar ao burnout.

Seja qual for o nosso papel, seja como enfermeiro, médico, professor, terapeuta ou diretor de uma empresa, às vezes não percebemos que estamos sofrendo e que não estamos dando tempo suficiente para nos recuperarmos dos efeitos nocivos do nosso trabalho. Quando nos encontramos nesse abismo, precisamos dar um passo atrás e olhar profundamente para a maneira como estamos alimentando nosso próprio sofrimento e o sofrimento dos outros, perdendo o equilíbrio e perdendo o amor pelo que fazemos.

A PRÁTICA DO NÃO TRABALHAR

Durante os anos em que trabalhei com pessoas que estavam morrendo, eu frequentemente meditava dentro da vida que tinha. Andava pelos corredores do hospital, prestando atenção à minha respiração e a cada passo. Sentava-me ao lado da cama, repousando na respiração e na presença da pessoa que estava morrendo. Sentava-me em reuniões de equipe, fazendo contato internamente com o motivo pelo qual estava fazendo aquele trabalho, me enraizando na atenção à respiração e ao corpo. Assim, conseguia oferecer mais atenção e mais cuidado às pessoas na reunião.

E, às vezes, não conseguia encontrar minha compostura; ela se afastava de mim, como uma maré que se afastava rapidamente da costa do momento presente, e me via exausta e desanimada. Não exatamente em burnout, mas chegando perto. Durante esses tempos, eu tinha que me cuidar. Dormia, caminhava nas montanhas, lia um livro, meditava, ou talvez o melhor de tudo, me entregava à preguiça, sem qualquer meta. Basicamente, tinha que pressionar o botão 'Reiniciar', que significava desligar a máquina.

Houve momentos também em que a cascata de eventos se tornava intensa demais para eu lidar. Quando meu pai faleceu, pouco depois um amigo íntimo também faleceu, e eu também trabalhava com várias pessoas que estavam morrendo, tive que me afastar do trabalho por um tempo. Não estava em burnout, mas estava muito sensível às doenças, ao morrer e à morte e precisava de um tempo para lamentar as perdas que havia sofrido. Sinto-me grata por ter tido a oportunidade de tirar esse tempo para mim mesma, ao contrário de muitos médicos que costumam dizer "supere isso" e volte ao trabalho.

O tipo de pausa que dei a mim mesma após a morte de meu pai é essencial para a maioria de nós se quisermos, de fato, assumir um compromisso sustentável de nos engajarmos com o sofrimento dos outros. Precisamos conhecer a perda em nossa própria vida para que possamos conhecer a perda na vida de outras pessoas. Precisamos de tempo para aprender com nossas próprias dificuldades e tempo para renovar nossa energia, nossa motivação, nossa perspectiva. Também devemos ter tempo para não termos nenhum objetivo e para deixar as coisas amadurecerem por si sós.

Às vezes, pausas longas, como a que fiz depois da morte de meu pai, são essenciais; mas outras vezes as micropausas são suficientes para nos ajudar a recuperar o equilíbrio necessário para permanecermos no terreno sólido do engajamento. Com muita frequência, nem percebemos que estamos perdendo o equilíbrio e deslizando para o abismo.

Para fazer uma micropausa, podemos começar percebendo as sensações no corpo. Se interrompermos nossa pressa, desviando a atenção para a inspiração e a expiração, podemos nos sintonizar com os sinais que o corpo está nos enviando de que algo está errado. Apenas levando a atenção para a respiração, já mudamos o contexto neuroquímico da nossa experiência, e parte da ansiedade que aciona os aspectos não saudáveis dos nossos impulsos pode começar a desaparecer. Então, podemos nos lembrar, ainda que brevemente, da nossa intenção de servir sem prejudicar. Essa intenção também se aplica a não nos prejudicar.

Podemos aprender muito através da investigação. Podemos ser curiosos. Por que estou me esforçando tanto? Por que permaneço nesse local de trabalho tão tóxico? Existe algo que eu possa fazer para mudar minha experiência interna ou mudar as condições de trabalho para que haja menos danos? Como posso criar resiliência nessas circunstâncias tão desafiadoras?

Podemos procurar entender e investigar. Queremos observar nossas inclinações e exercer discernimento sem julgar. Podemos ser radicalmente honestos sobre nossas motivações, evitando a obsessão ou o criticismo. Também podemos tomar consciência de que nossa curiosidade serve para nutrirmos as condições para que a sabedoria e a compaixão surjam.

E mesmo quando o excesso de trabalho resulta de uma dependência dos neuroquímicos relacionados à busca e ao prazer, esse comportamento de busca pode nos levar à investigação de nossa experiência física, uma exploração que pode nos dar uma visão valiosa sobre o nosso corpo e a nossa mente e sobre por que somos tão duros com nós mesmos.

Também devemos nos dar um tempo para parar e descansar. Não apenas porque precisamos de tempo para lamentarmos ou nos curarmos – mas apenas porque a falta de objetivo é uma parte natural da vida, e muitos de nós esquecemos como é ficar sem um objetivo e simplesmente se soltar. Em uma sociedade que é tão completamente orientada a objetivos, relaxar pode ser bastante desafiador. Mas, de fato, "desperdiçar" nosso tempo pode ser exatamente o que precisamos. Talvez não estejamos perdendo tempo, mas *sendo* esse tempo.

Um ditado bem conhecido no Zen é: "Nenhum lugar para ir, nada para fazer". Este é um convite para pararmos de correr atrás de todas as coisas, incluindo a iluminação. Dessa forma, eu me convido a deixar ir... e se me solto sentada no zendo do Upaya, ou saio do meu pequeno espaço para escrever ou passeio no prado ao lado do meu eremitério, esse é um tempo bem dado, não bem gasto! Quando consideramos o tempo como um recurso a ser "gasto", a beleza, a surpresa e a nutrição de abandonarmos os objetivos não são tão acessíveis.

Ficar sem nada para alcançar, ignorar o deus da eficiência e se perder por um tempo – essas são lições que Thoreau e minha mãe me ensinaram. "Até que estejamos perdidos", disse Thoreau, "em outras palavras, até que tenhamos perdido o mundo, não começamos a nos encontrar e a perceber onde estamos e a extensão infinita das nossas relações"[147]. Ou, como minha mãe costumava dizer: "Joanie, não precisamos ir a lugar algum. Nós já estamos aqui." A praia perto de nossa casa na Flórida nunca parecia mais bonita do que nesses momentos. Nenhum lugar para ir, nada para fazer... Perdido e encontrado no momento... Apenas pratique isso... Talvez aqui possamos encontrar o nosso coração e a nossa verdadeira liberdade.

V. AS DESCOBERTAS NO LIMITE DO ENGAJAMENTO

Um dos meus alunos me disse recentemente: "Roshi, você parece ter feito muitas coisas em sua vida. Como conseguiu?

Fiz uma pausa, sorri e respondi: "Nos dias bons, descanso muito."

Não quis dizer que cochilo todos os dias, embora, na minha idade, isso esteja acontecendo de vez em quando. Também não estou falando do tipo de descanso que umas boas férias lhe proporcionam. Nem o tipo de descanso que é escapista. Pelo contrário, é o tipo de descanso que se encontra na experiência de estar relativamente à vontade em meio às coisas, mesmo em situações bastante difíceis; ficar à vontade é não resistir ao que está diante de mim e estar presente e firme. Essa combinação de não resistência e firmeza é algo que cultivamos na meditação budista. Em

---

147 Henry David Thoreau, Walden (Londres: George Routledge and Sons, 1904).

minha própria prática de meditação, aprendi que dar total atenção a um objeto (como a respiração) gera estabilidade e conforto, além de poder e descanso. Quando fortalecemos essas qualidades, geralmente conseguimos ir de encontro à vida com "todo o coração" como diz o Irmão David.

No budismo, ficar ocupado e preocupado não é uma fonte de mérito. Não se pode atingir a iluminação estando ocupado. De fato, a ocupação nos distrai do que está acontecendo no momento presente, o que só conseguimos perceber se estivermos quietos. Essa perspectiva se reflete em um maravilhoso diálogo entre dois professores zen durante a dinastia Tang da China, Yunyan e Daowu.

Yunyan está varrendo o chão. Daowu, que é mais velho, diz: "Ocupado demais!"

Yunyan responde: "Você deveria saber que há alguém que não está ocupado."

Daowu pergunta: "Então existem duas luas?"

Yunyan então levanta a vassoura e diz: "Que lua é esta?"[148]

Essa história apareceu pela primeira vez em uma compilação de *koans*[149] do século XIII. Yunyan, o mais novo está varrendo o chão. Talvez tenha um tom de autoimportância e de esforço na forma como ele varre.

Quando Daowu chama sua atenção por estar muito ocupado, Yunyan provavelmente para de varrer. Mas ele, então, dá a Daowu uma resposta Zen clichê: "Há alguém que não está ocupado". Esse é o tipo de resposta que um novo aluno Zen pode dar – extraída diretamente de um livro ruim sobre o Zen.

Daowu vê que essa resposta é a forma zen de mudar o rumo da conversa, e ele não deixa Yunyan escapar. Yunyan, o varredor, dividiu o mundo em dois. "Você quer dizer que existem duas luas?" desafia Daowu. Existe quem faz e quem não faz? Existe a pessoa ocupada e a pessoa quieta?

Yunyan vê seu erro. Ele levanta a vassoura do chão, interrompendo sua

---

148 Thomas Cleary, Book of Serenity: One Hundred Zen Dialogues (Boston: Shambhala, 2005), caso 21.

149 Ibid.

atividade e a segura na frente de Daowu. "Que lua é esta?" ele pergunta.

Nesse momento, Yunyan foi elevado para além das diferenças, da dualidade e de eu/outro. Ele entende que a realidade não é dividida em fazedor e não fazedor, fazer e não fazer. A realidade é exatamente este momento, sem vassouras no chão, sem aquele que faz, sem ações, sem ninguém ocupado, sem nada para se ocupar. E ele desperta.

Encontrei o Zen relativamente cedo na minha vida. Também recebi uma educação protestante. Portanto, estou imersa há muito tempo na noção de trabalho como virtude. Ver o trabalho como uma prática espiritual tem sido importante para mim – um lugar onde aquele que faz, o fazer e o que foi feito não são separados; um lugar onde não estou ocupada; um lugar onde posso despertar.

O falecido professor Zen Katagiri Roshi escreve em '*Each Moment Is the Universe*': "Nós tendemos a ver a prática em termos de tempo – como se estivéssemos subindo uma escada passo a passo. Essa não é a ideia budista de prática. Quando você sobe uma escada, está olhando para o futuro. Com essa abordagem de prática, não há paz, não há segurança espiritual – apenas uma esperança para o futuro... A ação refinada não é assim. Desde o início, ela repousa na paz e na harmonia."[150]

Katagiri Roshi explica que o mestre Zen Dōgen (fundador da escola Sōtō Zen) usava um termo peculiar relacionado ao conceito de santuário. "*Santuário* aqui significa o universo", prossegue Roshi. "Onde quer que você esteja, sua vida é sustentada e apoiada por todo o universo. O principal objetivo da vida humana é manter esse santuário. Não é subir uma escada para desenvolver sua própria vida pessoal."[151]

Katagiri Roshi está descrevendo a unidade do coração, mente, corpo, mundo e este momento como um santuário, um lugar sem resistência, um lugar de refúgio. É aquele momento em que Yunyan segura a vassoura na frente de Daowu. Este exato momento é aquele lugar. Sem buscar, sem

---

[150] Dainin Katagiri, Each Moment Is the Universe: Zen and the Way of Being Time (Boston: Shambhala, 2008).
[151] Ibid.

fugir. Mas repousando no meio... é por isso que praticamos, para que possamos realizar o despertar dentro da vida que temos.

BRINCAR

Talvez possamos aprender mais sobre o burnout com aqueles que caíram no abismo, mas encontraram um caminho de volta à saúde. Como Shonda Rhimes, a criadora e produtora executiva do programa de TV Grey's Anatomy, que deu uma palestra no TED em 2016 sobre seu vício na experiência de *flow* e sobre o burnout[152]. Para produzir setenta horas de TV por temporada, ela trabalhava quinze horas por dia, sete dias por semana – e adorava cada minuto. Ela chama o espaço que entrou de "o sussurro". "Esse sussurro soa como uma estrada livre, e eu poderia dirigir para sempre", disse ela. "O sussurro é música, luz e ar. É o sussurro de Deus, bem no meu ouvido".

Mas um dia, o sussurro parou. "O que fazer quando aquilo que você faz, o trabalho que você ama, começa a ter gosto de poeira? ... Quando o sussurro acaba, quem é você? O que você é? O que eu sou? ... Se a música em meu coração parar de tocar, será que consigo sobreviver no silêncio?

Durante esse período cinzento e silencioso, ela começou a aceitar os convites da filha para brincar. E algo importante aconteceu – quanto mais ela brincava com os filhos, mais o sussurro voltava. O que Rhimes precisava era brincar, o oposto de seu trabalho estressante. E precisava de mais tempo com seus filhos – eles estavam crescendo e ela estava perdendo, de tanto trabalhar.

Ela percebeu que o sussurro não era ligado apenas ao trabalho, mas também à alegria e ao amor. Ela disse: "Agora, não sou aquele sussurro, e aquele sussurro não sou eu – não mais. Sou bolhas de sabão, dedos pegajosos e jantares com amigos. Sou aquele sussurro. O sussurro da vida. O

---

[152] iWILLinspire Shonda Rhimes TED Talks the Year of Yes, YouTube video, 19:11, publicado por Ronald L. Jackson, 18 de febrero de 2016, www.youtube.com/watch?v=XPlZUhf8NCQ

sussurro do amor. O sussurro do trabalho ainda é um pedaço de mim, mas não é tudo de mim. E estou muito agradecida".

Hoje, sempre que seus filhos pedem a ela para brincar, ela diz que sim. Normalmente, eles não sustentam a atenção por mais de quinze minutos, e é fácil encontrar esse tempo, mesmo enquanto gerencia quatro programas de TV. "Meus humanos pequeninos me mostram como viver", diz ela. Ela credita a salvação de sua carreira ao brincar.

CONEXÃO

Como em todos os Estados Limite, ficar preso no pântano do burnout também pode nos servir. Uma crise de valores pode nos fazer refletir sobre o curso que nossa vida seguiu. O burnout é uma aflição que pode nos levar de volta à nossa vida interna e nos encorajar a trabalharmos com os padrões mentais que nos levaram à autodestruição e à desconexão dos outros. Pode nos mostrar o que deu errado e, se ouvirmos as necessidades do coração e do corpo, de nossos entes queridos e do mundo bem atentamente, algo novo e bonito poderá crescer desse lodo. E o poder do engajamento pode nos trazer a alegria pela cura do descanso, da brincadeira e da conexão.

Omid Safi, diretor do Centro de Estudos Islâmicos da Universidade Duke, traz luz a uma dimensão do engajamento que se abre ao coração humano. Ele escreve,

> *Em muitas culturas muçulmanas, quando você deseja perguntar a eles como estão, você pergunta: em árabe,* **Kayf haal-ik?** *ou, em persa, Haal-e shomaa chetoreh? Como está seu haal?*
>
> *O que é esse haal sobre o qual você pergunta? É o estado transitório do coração. Na realidade, perguntamos: "Como está seu coração neste exato momento, nesta respiração?" Quando pergunto: "Como você está?" é exatamente isso o que quero saber.*

> *Não estou perguntando quantos itens estão na sua lista de tarefas, nem quantas mensagens estão na sua caixa de entrada. Quero saber como está o seu coração neste exato momento. Conte-me. Me diga que seu coração está alegre, me diga que seu coração está doendo, me diga que seu coração está triste, me diga que seu coração anseia por um toque humano. Examine seu próprio coração, explore sua alma e depois me conte algo sobre o seu coração e sobre a sua alma.*
>
> *Diga-me que você lembra que ainda é um ser humano, não apenas um fazedor humano. Diga-me que você é mais do que apenas uma máquina, cumprindo a sua lista de tarefas. Tenha essa conversa, esse olhar, esse toque. Que seja uma conversa de cura, cheia de graça e de presença.*
>
> *Coloque a sua mão no meu braço, olhe nos meus olhos e se conecte comigo por um segundo. Diga-me algo sobre o seu coração e desperte meu coração. Ajude-me a lembrar que eu também sou um ser humano pleno e completo, um ser humano que também deseja um toque humano.*[153]

Um dia, no sul da França, parei perto de um jardim em que Thích Nhất Hạnh estava trabalhando. Ele cuidava daquele jardim muito, muito devagar. Quando me aproximei dele, ele ergueu os olhos das plantas, sorriu e disse: "Eu não saberia escrever poesia ou ensinar se não tivesse cuidado das plantas de mostarda". Ele se conectava à terra como uma maneira de se conectar à vida e àquele momento, ao escrever e ao ensinar. E, naquele momento, ele também estava se conectando a mim. Ele estava me mostrando seu *haal*. Me ocorreu que, embora Thây tivesse escrito mais de cem livros, ele nunca parecia ocupado.

Ficar muito ocupado pode nos levar para perto do abismo. Mas mesmo quando nossas vidas são bastante atarefadas, é possível permanecer engajado sem cair no abismo. Precisamos ficar atentos para não nos esforçarmos demais e para recuarmos quando for necessário, para podermos recuperar o equilíbrio. Isso pode ser tão simples quanto uma longa

---

[153] Omid Sofi, The Disease of Being Busy, On Being, 6 de novembro de 2014, www.onbeing.org/blog/the-disease-of-being-busy/7023

inspiração e uma longa expiração entre um paciente e outro ou entre reuniões. Mudar de estado. Ou tão simples quanto cuidar de um pé de mostarda ou rebocar uma parede de adobe.

Talvez, o fato de o burnout nos levar à exaustão e ao colapso vital não seja de todo ruim – porque a ocupação crônica e o vício ao trabalho não são uma maneira saudável de passarmos nossos dias. Toda essa atividade nos distrai do que é real e pode até ser uma maneira de evitarmos a escolha de um meio de vida alinhado com nossos valores. E, muitas vezes, nossa obsessão pelo trabalho e pelo serviço é uma maneira de evitarmos a verdadeira intimidade com nossos entes queridos e com as verdadeiras necessidades do momento presente e do mundo em geral. O burnout e a exaustão vital se tornam um freio de emergência – somos forçados a mudar de marcha, a desacelerar e até mesmo a parar. Exige que renovemos nossas aspirações espirituais mais profundas e olhemos profundamente para aquilo que defendemos, com o que nos preocupamos, quais são nossos valores e qual é o nosso verdadeiro chamado. Encontrar alegria e beleza no caminho do serviço. É isso que acredito que Dōgen quis dizer com as palavras "dar vida à vida".

6. À BEIRA DO ABISMO DA COMPAIXÃO

*Enquanto o espaço permanecer /
E enquanto os seres vivos permanecerem, /
Possa eu também permanecer /
Para dissipar o sofrimento do mundo.*
SHANTIDEVA, Capítulo 3, Versos 21–22
(adaptado de Stephen Batchelor)[154]

Quando estamos bem na beirada, correndo o risco de cair no abismo e sofrer, a compaixão é o meio mais poderoso que conheço para manter nossos pés firmemente plantados na terra e nossos corações bem abertos. Quando ouvi os gritos da menininha nepalesa enquanto limpavam suas queimaduras, a compaixão me ajudou a permanecer enraizada na empatia e a me afastar aos poucos do sofrimento empático. Quando confrontei a violência sistêmica da guerra, do racismo, do sexismo e da degradação ambiental, a compaixão me lembrou de meus valores, ajudando-me a agir a partir de um lugar de integridade, em vez de me afundar na indignação moral crônica. Durante

---

[154] Shantideva, adaptado da tradução de Stephen Batchelor, A Guide to the Bodhisattva Way of Life (Boston: Shambhala, 1997), 144:55.

os anos em que me sentei com pessoas que estavam morrendo e servindo como voluntária em uma prisão de segurança máxima, a compaixão me impediu de entrar em burnout. A compaixão tem sido minha maior aliada nos tempos mais difíceis. Não apenas minha vida foi fortalecida pela compaixão, mas aqueles a quem servi também podem ter se beneficiado.

Eu também recebi compaixão; minha vida foi profundamente afetada por momentos em que outros demonstraram grande bondade. Muitos anos atrás, eu estava deitada em uma cama de hospital, aguardando uma cirurgia, tremendo de medo. Um amigo budista estava sentado comigo. Quando a equipe chegou para me levar para a sala de cirurgia, meu amigo apertou minha mão e, com um olhar firme, disse: "Lembre-se de quem você realmente é". Seu toque e suas palavras enviaram uma onda de alívio que me atravessou por inteiro, e eu entrei em um lugar que era maior que o meu medo de cirurgia, mais vasto que o meu medo da morte. Enquanto era conduzida pelo corredor, as palavras proferidas pelo falecido Roshi Hakuun Yasutani reluziram em minha mente: "Do corpo não-diferenciado não-causal, a compaixão surge ardente."

Quando oferecemos compaixão, como fez meu amigo, ela surge ardente dos nossos corações como um cometa. Esse é o espírito de Avalokiteśvara, o bodhisattva da compaixão, que ouve as dores do mundo e responde com um coração sem limites – que não afunda como uma pedra pesada nas águas do sofrimento, mas se abre como um geodo para o raro espaço interno, irradiando luz para aqueles que estão se debatendo na escuridão.

Durante décadas, viajei pelas geografias da compaixão, explorando sua estrutura e os processos mais profundos em jogo nesse poderoso cenário. Examinei estudos científicos sobre a compaixão, ensinamentos recebidos de grandes praticantes budistas, histórias compartilhadas com os cuidadores, sentando-me com prisioneiros e pessoas morrendo, treinei educadores e empresários em abordagens da compaixão e usei minha prática de meditação como meio de investigação. Além disso, há também os desafios que a vida me deu – os perigos que também amadurecem como possibilidades.

Compaixão é definida como uma preocupação genuína com o sofrimento *do outro e o desejo de melhorar seu bem-estar. A compaixão também nos ajuda a enfrentar nosso próprio sofrimento, e o dos outros, com uma resposta apropriada. E o extraordinário é que a compaixão é o caminho para nos livrarmos dos aspectos tóxicos dos Estados Limite: altruísmo patológico, angústia empática, sofrimento moral, desrespeito e burnout. Por quê? Porque a compaixão desperta nossas melhores capacidades humanas – equilíbrio atencional e o cuidado, a intenção altruísta e o discernimento, e a ação ética – de uma maneira que nenhuma outra resposta seria capaz de fazer.*

I. A SOBREVIVÊNCIA DOS MAIS BONDOSOS

Em uma das conferências de que participei em Dharamsala, Índia, Sua Santidade, o Dalai Lama, disse: "Compaixão não é assunto religioso; é um assunto humano. Não é luxo... é essencial para a sobrevivência humana."[155] Eu realmente assino embaixo das palavras de Sua Santidade – a compaixão é uma necessidade para a sobrevivência humana. E quero levar as palavras dele um passo adiante: estou convencida de que a compaixão apoia a sobrevivência de todas as espécies em nosso planeta.

Sua Santidade mais adiante escreveu: "Por mais capaz e habilidoso que um indivíduo seja, se for deixado sozinho, ele ou ela não sobreviverá. Por mais vigoroso e independente que possa se sentir durante os períodos mais prósperos da vida, quando adoecer, muito jovem ou muito velho, dependerá do apoio de outros... Acredito que em todas as camadas da sociedade – familiar, tribal, nacional e internacional – a chave para um mundo mais feliz e mais bem-sucedido é o desenvolvimento da compaixão."[156]

---

[155] Sua Santidade o Dalai Lama, Dalai Lama Quotes on Compassion, citações do Dalai Lama, www.dalailamaquotes.org/category/dalai-lama-quotes-on-compassion/

[156] Sua Santidade o Dalai Lama, Compassion and the Individual, Dalai Lama website, www.dalai-lama.com/messages/compassion-and-human-values/compassion

O naturalista inglês Charles Darwin concordaria.[157] Darwin escreveu em '*The Descent of Man*' sobre a importância da "piedade" (que hoje chamaríamos de compaixão), explorando a tendência de humanos e animais a ajudar os que estão em perigo. Ele compartilhou a história de um tratador de animais que foi atacado por um babuíno agressivo. "Vários anos atrás, um guarda no Jardim Zoológico me mostrou algumas feridas profundas e mal curadas na nuca, infligidas por um babuíno feroz enquanto estava ajoelhado no chão. O macaquinho americano, que era um amigo caloroso desse tratador, morava no mesmo compartimento e tinha um medo terrível do grande babuíno. No entanto, assim que viu seu amigo em perigo, correu para socorrê-lo e, com gritos e mordidas, distraiu o babuíno para que o homem conseguisse escapar.[158]

Darwin reconheceu que tais atos heroicos são mais prováveis quando o que socorre e o que é socorrido fazem parte do mesmo grupo. Aquele macaquinho era um bom amigo do tratador e, provavelmente, estava disposto a arriscar sua vida para salvar o tratador da morte nas mãos do babuíno. Darwin escreveu: "É evidente, em primeiro lugar, que na espécie humana os impulsos instintivos têm diferentes graus de intensidade; um selvagem arrisca sua própria vida para salvar a de um membro da mesma comunidade, mas permanece completamente indiferente quando se trata de um estranho; uma mãe jovem e tímida, instigada pelo instinto materno, sem nem um instante de hesitação, corre o maior perigo para salvar seu próprio bebê, mas não para salvar uma outra criatura da mesma espécie.[159]

Mas Darwin também reconheceu que circunstâncias extraordinárias inspirarão algumas pessoas (e seres) a manifestar uma grande compaixão por estranhos. "No entanto, muitos homens civilizados... que nunca antes arriscaram suas vidas por outra pessoa, mas cheios de coragem e piedade, desconsideraram o instinto de autopreservação e mergulharam imediatamente

---

157 Line Goguen-Hughes, Survival of the Kindest, *Mindful*, 23 de dezembro de 2010, www.mindful.org/cooperate
158 Charles Darwin, *The Descent of Man* (New York: Penguin Classics, 2004), 126.
159 Ibid.

em uma torrente para salvar um homem que estava se afogando, embora fosse um estranho. Nesse caso, o homem é impelido pelo mesmo motivo instintivo que fez com que o heroico macaquinho americano, mencionado anteriormente, salvasse seu tratador atacando o grande e terrível babuíno."[160]

Darwin levantou a hipótese de que a evolução seleciona esses traços, perpetuando-os nos descendentes. "Por mais complexa que seja a maneira como [a piedade] possa ter sido originada, por ser de grande importância para todos os animais auxiliarem e defenderem uns aos outros, ela será incrementada por meio da seleção natural; aquelas comunidades, que incluíam o maior número de membros mais piedosos, floresciam melhor e a prole era mais numerosa."

Darwin poderia ter chamado esse fenômeno de "sobrevivência dos mais bondosos". É uma teoria que contraria o paradigma da "sobrevivência dos mais fortes", vulgarmente atribuído a ele (que é, na verdade, a simplificação exagerada da seleção natural de Herbert Spencer). Darwin concluiu sua exploração com a ideia de que "piedade" não é apenas essencial para nossa sobrevivência – também forma a base do nosso senso de moralidade pessoal e dos sistemas éticos que orientam o bem-estar social.

Mais recentemente, o etólogo e primatologista holandês Frans de Waal sugeriu que as raízes da compaixão podem ser encontradas na base da nossa história evolutiva. De Waal documentou numerosos atos de bondade e comportamento moral entre não-humanos, incluindo macacos, cães, pássaros e até mesmo ratos. Podemos perguntar, se os ratos fazem isso, por que nós não faríamos?[161]

---

160 Ibid.
161 Compassion-Bridging Practice and Science-page 420, Compassion: Bridging Practice and Science, www.compassion-training.org/en/online/files/assets/basic-html/page420.html

CIÊNCIA E COMPAIXÃO

Seja a compaixão enraizada profundamente em nossa biologia ou brote da nossa consciência, seja ela instintiva, intencional ou socialmente prescrita, o que sabemos pela pesquisa científica é que a compaixão aumenta o bem-estar daqueles que a recebem e também beneficia aqueles que são compassivos. Até mesmo aqueles que simplesmente observam um ato de compaixão são beneficiados. A compaixão é uma daquelas experiências que afetam profundamente o coração humano, seja dando, recebendo ou observando.

A compaixão também parece melhorar a saúde física. As fortes conexões sociais associadas à compaixão parecem reduzir a inflamação, melhorar a função imunológica, acelerar a recuperação de doenças e levar a uma maior longevidade, de acordo com uma metanálise de inúmeros estudos da pesquisadora Julianne Holt-Lunstad e colaboradores[162]. Um estudo conduzido pela Dra. Sara Konrath demonstrou que os voluntários viveram mais do que os colegas que não são voluntários, caso os motivos do trabalho voluntário fossem altruístas em vez de autocentrados.[163]

Em outro estudo, foi demonstrado que a comunicação não verbal da compaixão acalmou o sistema nervoso autônomo dos pacientes, melhorou a regulação da respiração e reduziu a variação da frequência cardíaca.[164] As pesquisas também sugerem que receber compaixão reduz a dor pós-cirúrgica e diminui o tempo de recuperação cirúrgica[165], melhora a

---

162 Julianne Holt-Lunstad, Timothy B. Smith y J. Bradley Layton, Social Relationships and Mortality Risk: A Meta-Analytic Review, PLoS Medicine 7, n.º 7 (2010), https://doi.org/10.1371/journal.pmed.1000316

163 Sara Konrath, Andrea Fuhrel-Forbis, Alina Lou y Stephanie Brown, Motives for Volunteering Are Associated with Mortality Risk in Older Adults, Health Psychology 31, n.º 1.

164 K.J. Kemper e H.A. Shaltout, Non-Verbal Communication of Compassion: Measuring Psychophysiologic Effects, BMC Complementary and Alternative Medicine 11, n.º 1 (2011): 132.

165 Lawrence D. Egbert e Stephen H. Jackson, Therapeutic Benefit of the Anesthesiologist-Patient Relationship, Anesthesiology 119, n.º 6 (2013): 1465-68, doi:0.1097/ALN.0000000000000030.

resposta ao trauma[166], prolonga a vida de pacientes terminais[167], melhora o controle da glicemia[168], reduz a mortalidade em taxas melhores que a cessação do tabagismo[169] e melhora a função imunológica.[170] Ao criar todos esses benefícios para a saúde, as interações compassivas com os pacientes podem até reduzir os custos sistêmicos dos cuidados em saúde e os custos resultantes do estresse de médicos[171].

O que acontece com os praticantes de meditação a longo prazo quando expostos à dor e sofrimento? Os neurocientistas Richard Davidson, Antoine Lutz e colaboradores da Universidade de Wisconsin descobriram que a meditação da consciência aberta parece reduzir a antecipação negativa à dor. Nesse mesmo estudo, os praticantes de meditação experientes também experienciaram a dor de forma menos adversa e se recuperaram mais rapidamente quando receberam estímulos desagradáveis.[172] Em outro estudo, Davidson e colaboradores descobriram que meditantes muito experientes, praticando a geração de compaixão, reagiam mais fortemente a vocalizações humanas carregadas de emoções do que os meditantes iniciantes. Eles também observaram que a capacidade de empatia cognitiva e

---

166 S. Steinhausen, O. Ommen, S. Thum, R. Lefering, T. Koehler, E. Neugebauer, et al., Physician Empathy and Subjective Evaluation of Medical Treatment Outcome in Trauma Surgery Patients, Patient Education and Counseling 95, n.º 1 (2014): 53-60.

167 C.M. Dahlin, J.M. Kelley, V.A. Jackson e J.S. Temel, Early Palliative Care for Lung Cancer: Improving Quality of Life and Increasing Survival, International Journal of Palliative Nursing 16, n.º 9 (Setembro 2010): 420-23, doi:10.12968/ijpn.2010.16.9.78633.

168 S. del Canale, D.Z. Louis, V. Maio, X. Wang, G. Rossi, M. Hojat e J.S. Gonnella, The Relationship between Physician Empathy and Disease Complications: An Empirical Study of Primary Care Physicians and Their Diabetic Patients in Parma, Italy, Academic Medicine 87, n.º 9 (Setembro 2012): 1.243-49, doi:10.1097/ACM.0b013e3182628fbf.

169 J.M. Kelley, G. Kraft-Todd, L. Schapira, J. Kossowsky e H. Riess, The Influence of the Patient-Clinician Relationship on Healthcare Outcomes: A Systematic Review and Meta-Analysis of Randomized Controlled Trials, PLoS ONE 9, n.º 4 (2014): e94207.

170 D. Rakel, B. Barrett, Z. Zhang, T. Hoeft, B. Chewning, L. Marchand L, et al., Perception of Empathy in the Therapeutic Encounter: Effects on the Common Cold, Patient Education and Counseling 85, n.º 3 (2011): 390-97.

171 Top Ten Scientific Reasons Why Compassion Is Great Medicine, Hearts in Healthcare, https://www.scoop.it/topic/empathy-and-healthcare/p/4066201963/2016/07/10/top-ten-scientific-reasons-why-compassion-is-great-medicine

172 A. Lutz, D.R. McFarlin, D.M. Perlman, T.V. Salomons e R.J. Davidson, Altered Anterior Insula Activation During Anticipation and Experience of Painful Stimuli in Expert Meditators, NeuroImage 64 (2013): 538-46, http://doi.org/10.1016/j.neuroimage.2012.09.030

afetiva dos praticantes experientes era maior que dos praticantes iniciantes.[173] Essas são descobertas importantes sobre como o treinamento da mente pode aumentar a resiliência quando se é submetido a um estímulo desagradável, bem como a sintonia com o sofrimento dos outros.

Em um estudo conduzido pela neurocientista Dra. Helen Weng, também no laboratório do Dr. Davidson, jovens adultos treinados para aumentar sua experiência de compaixão se comportaram de maneira mais altruísta ao participarem de um jogo econômico no experimento. Quando evocaram sentimentos de compaixão ao ver imagens de pessoas que estavam sofrendo, também mostraram atividade aumentada nas áreas do cérebro associadas à empatia e à compreensão dos outros, bem como à regulação emocional e a emoções positivas.[174]

Ao longo dos anos em que acompanhei pessoas próximas à morte, vi que a presença compassiva reduz o medo que essas pessoas sentem e serve de apoio quando se aproximam da morte; também tem um efeito profundamente positivo sobre aqueles que cuidam desses doentes, principalmente se o cuidador tem uma prática contemplativa.

Há alguns anos, o Dr. Gary Pasternak, diretor médico do Mission Hospice em San Mateo, Califórnia, e um meditante experiente, me enviou um e-mail do qual nunca esqueci. Ele escreveu,

> *Fico acordado até tarde para admitir pacientes na unidade de internação. Quando penso que estou velho demais para essas madrugadas sem dormir, aparece diante de mim uma pessoa em toda a sua crueza, vulnerabilidade e dor e, enquanto minhas mãos exploram as feridas profundas em seu peito e meus ouvidos se abrem às suas palavras, meu coração se parte mais uma vez... E nesta noite, uma doce mulher de 36 anos com um câncer de mama desastrosamente*

---

173 Lutz A. Brefczynski-Lewis, J. Johnstone, T. Davidson RJ. Regulation of the neural circuitry of emotion by compassion meditation: Effects of meditative expertise. PLoS One.2008; 3(3):e1897.

174 Helen Y. Weng, Andrew S. Fox, Alexander J. Shackman, Diane E. Stodola, Jessica Z.K. Caldwell, Matthew C. Olson, Gregory M. Rogers e Richard J. Davidson, Compassion Training Alters Altruism and Neural Responses to Suffering, PMC, www.ncbi.nlm.nih.gov/pmc/articles/PMC3713090/

catastrófico falou de sua aceitação e da esperança de seus filhos, e falou com muita autenticidade e muita autoridade. E sua aceitação chegou a mim como a mais profunda humildade que uma pessoa pode experienciar e, novamente, lembrei-me do motivo por que fico acordado até tarde da noite e me coloco na companhia dos que estão morrendo.

As palavras de Gary refletem o respeito e a tranquilidade de seu coração, além de humildade e coragem. Ele era capaz de, nesse mundo médico de distrações, pressionado pelo tempo e privado do sono, desacelerar e se abrir para a vida e a morte, ouvir e amar. E, em meio à dor do paciente e da sua própria dor, ele se lembrava de quem ele realmente era. Isso é compaixão – a capacidade de se voltar para a verdade do sofrimento com o desejo de aliviá-lo. E, assim, despertar com humildade para o presente precioso de servir aos outros desinteressadamente.

Experienciar a compaixão também parece diminuir a depressão e a ansiedade porque abre nosso horizonte para além da estreiteza do pequeno eu. Como escreveu a pesquisadora Dra. Emma Seppälä, "as pesquisas mostram que a depressão e a ansiedade estão ligadas a um estado de foco em si mesmo, uma preocupação com 'eu, eu e eu'. Quando você faz algo para outra pessoa, no entanto, esse estado de autocentramento se transforma em um estado de foco no outro."[175]

O cineasta George Lucas, embora não seja um cientista, tem uma opinião semelhante sobre a compaixão. Quando perguntado sobre de que realmente trata seu filme "*Guerra nas Estrelas*", ele disse: "Existem dois tipos de pessoas no mundo – pessoas compassivas e pessoas egoístas. Pessoas egoístas vivem no lado escuro. As pessoas compassivas vivem no lado da luz. Se você for para o lado da luz, ficará feliz porque a compaixão, ajudar outras pessoas sem pensar em si mesmo, pensando nos outros, dá a você uma alegria que não obterá de outra maneira."[176]

---

175 Emma Seppälä, The Science of Compassion, Emma Seppälä's website, 1 de maio de 2017, www.emmaseppala.com/the-science-of-compassion

176 Georges Lucas on Meaningful Life Decisions, Goalcast, 6 de janeiro de 2017, www.goalcast.com/2017/01/06/georges-lucas-choose-your-path

Quando observo os rostos de nossos residentes do Upaya enquanto servem comida para os sem-teto, vejo respeito e carinho em seus olhos e uma ausência de pena, de autoimportância, de medo. Observando os médicos trabalhando na Clínica Nomads do Upaya, vejo a mesma coisa. Recentemente ouvi uma de minhas alunas de capelania, Cathy, uma enfermeira que atende pessoas moribundas na comunidade LGBTQ, falando sobre o profundo benefício que ela mesma sente ao abrir uma porta de segurança e de apoio a essa comunidade.

Outro aspecto poderoso da compaixão está relacionado ao caráter moral. Albert Schweitzer entendia isso quando escreveu: "Só posso ser reverente diante de tudo o que chamamos de vida. Só posso sentir compaixão por tudo o que chamamos de vida. Esse é o princípio e o fundamento de toda a ética."[177] Ele afirmou a perspectiva de Arthur Schopenhauer de que "a compaixão é a base da moralidade". As pesquisas demonstraram que ser compassivo serve de sustentação aos nossos princípios morais e dá sentido às nossas vidas. De acordo com os pesquisadores da psicologia, Daryl Cameron e Keith Payne, quando restringimos a compaixão, sentimos que nossa identidade moral está comprometida.

O psicólogo e especialista em liderança ética Jonathan Haidt conduziu estudos sobre moralidade, cultura e emoção que sugerem que, quando vemos alguém ajudar alguém, é criado um estado de "elevação moral" que nos inspira a fazer o mesmo.[178] O professor da Universidade da Califórnia-San Diego, James Fowler, que estuda mecanismos de contágio, também confirma que a ajuda é contagiosa. A revista *The New Yorker* publicou um artigo sobre a Clínica Nomads do Upaya em Dolpo, Nepal. Esse artigo, escrito por Rebecca Solnit, inspirou médicos de todo o mundo a servirem em nossas clínicas médicas no Nepal, e mais e mais médicos e enfermeiros nepaleses ingressam em

---

177 Marvin Meyer, Reverence for Life: The Ethics of Albert Schweitzer for the Twenty-First Century (Syracuse, NY: Syracuse University Press, 2002).
178 C.D. Cameron e B.K. Payne, Escaping Affect: How Motivated Emotion Regulation Creates Insensitivity to Mass Suffering, Journal of Personality and Social Psychology 100, n.º 1 (2011): 1-15.

nossas clínicas, movidos por serviços prestados a outros. Um jovem advogado americano lava os pés de um paciente nepalês. Outros membros da equipe se comovem e pedem para participar; amor e respeito se tornam contagiosos em questão de segundos. A bondade inspira, eleva e, felizmente, nos arrebata.

Há muito sinto que a compaixão é essencial para que sejamos plenamente humanos. É a chave para reduzir a opressão sistêmica e nutrir uma cultura de respeito, civilidade e pertencimento. É também um elemento de sucesso das culturas, organizações e dos seres humanos. Para nos ajudar a entender a necessidade da compaixão, a ciência está defendendo seus benefícios e validando sua importância para nossa sobrevivência e para a nossa saúde – uma visão que Jesus, Buddha e Maomé tinham milhares de anos atrás, que minha avó tinha um século atrás. Talvez para alguns de nós, a ciência possa nos indicar quem realmente somos.

II. AS TRÊS FACES DA COMPAIXÃO

Por muitos anos, me perguntei se a compaixão poderia ser vista sob outras perspectivas além daquelas com as quais a maioria de nós está familiarizada: o tipo de compaixão que está focada no sofrimento do outro, principalmente dos que fazem parte do nosso círculo mais próximo. Avancei em minha busca nesse entendimento ao ler o livro do mestre zen do século XIV, Muso Soseki – *Dialogues in a Dream* (Diálogos em um Sonho). Soseki discute o tipo de compaixão que nos é mais familiar, em que direcionamos nossa compaixão aos outros. Psicólogos sociais chamam isso de "compaixão referencial". Ele também fala sobre duas outras faces da compaixão: a compaixão baseada no *insight* e a compaixão que não tem objeto, não-referencial e universal.[179]

---

[179] Muso Soseki, Dialogues in a Dream (Somerville, MA: Wisdom Publications, 2015), 111.

COMPAIXÃO REFERENCIAL

A maioria de nós sente compaixão por aqueles com quem compartilhamos conexões próximas – nossos pais, filhos, cônjuges, irmãos e animais de estimação. Também temos a tendência de sentir compaixão mais prontamente por nossos amigos, colegas, vizinhos e membros da nossa própria cultura ou grupo étnico. Pode ser que sintamos uma conexão mais forte com aqueles que sofreram de uma maneira que nós mesmos já tenhamos sofrido. Por ter sido cega quando criança, há muito tempo notei que sinto uma vívida identificação e compaixão pelas pessoas cegas.

A compaixão referencial também pode se estender para além do círculo de nossos familiares e incluir aqueles que não conhecemos, como vítimas de assédio sexual ou violência policial, desabrigados e refugiados. Também pode se estender a outras criaturas e a outros lugares.

Esse tipo de compaixão é encarnada na história das mulheres de La Patrona, uma pequena vila não muito distante da cidade de Veracruz. Certo dia, há mais de vinte anos, duas irmãs, Bernarda e Rosa Romero Vázquez, estavam voltando das compras, levando leite e pão para o café da manhã. Estavam passando por uma ferrovia quando avistaram um trem de carga se aproximando. Ficaram surpresas ao verem tremonhas fixadas às partes superiores e laterais dos vagões e jovens agarrados às barras laterais.

Um homem pendurado em um dos primeiros vagões gritou: "Mamãe, estamos com fome!" E enquanto vagões e mais vagões passavam, mais gritos enchiam seus ouvidos: "Mamãe, estamos com fome!" Antes do último vagão de trem terminar de passar, Bernarda e Rosa jogaram o pão e o leite recém-comprados para quem fosse capaz de agarrá-los.

Quando Bernarda e Rosa chegaram em casa naquela manhã, sentiram medo de ser punidas por terem distribuído o café da manhã da família. Mas, fosse como fosse, elas tiveram que compartilhar o que havia acontecido com sua mãe, Leonila Vázquez Alvizar. Em vez de punir as irmãs, a família se reuniu para ver o que poderia ser feito e surgiu um plano.

Desde 1995, quando as irmãs jogaram alimentos para os imigrantes em trânsito pela primeira vez, quase todos os dias essas irmãs e outros moradores de La Patrona ficam ao lado dos trilhos da ferrovia com comida para aqueles que montam os vagões de trem rumo a uma liberdade esperada.

"La Bestia", a Besta, é um apelido para os trens que transportam milhares de pessoas para o norte, atravessando o México até as fronteiras dos Estados Unidos. Quando La Bestia passa por Veracruz e se aproxima de La Patrona, as mulheres da aldeia, ou "Las Patronas" como são chamadas, correm até os trilhos da ferrovia com sacos plásticos cheios de feijão, arroz e tortilhas recém-preparados. Enquanto o trem passa, elas lançam suas oferendas para os imigrantes famintos.

Disseram-me que, às vezes, o trem diminui a velocidade à noite para que Las Patronas possam distribuir com mais facilidade suas sacolas de comida. Mas durante o dia, os trens passam pela vila e mulheres de todas as idades se mantêm em pé, fortes, resistindo às violentas correntes de vento geradas pelo trem veloz, fazendo chegar os alimentos aos desesperados e famintos. É um ato de pura compaixão.

Ao longo dos anos, dezenas de milhares de refeições foram oferecidas. Até hoje, o fluxo de imigrantes para o norte continua apesar da violência, dos muros da fronteira, dos centros de detenção e dos senhores do tráfico. La Bestia tem transportado sua carga humana para o norte, dia após dia, e Las Patronas esperam por eles com comida nas mãos.

Las Patronas construíram uma clínica e uma pequena casa de repouso para os imigrantes exaustos que saltam do trem. A cozinha se expandiu e o grupo dos que cozinham e jogam sacolas de comida ganhou mais pessoas dispostas a ajudar, incluindo homens da aldeia. Essas pessoas trabalham também com organizações em todo o México, fazendo lobby junto ao governo pleiteando mais proteção aos imigrantes. A Patrona Norma Romero disse: "Enquanto Deus me der vida e a migração continuar a existir, creio que estarei aqui ajudando".[180]

---

[180] C. Daryl Cameron y B. Keith Payne, The Cost of Callousness: Regulating Compassion Influences the Moral Self-Concept, Psychological Science 23, n.º 3 (2012): 225-29, http://journals.sagepub.com/doi/abs/10.1177/0956797611430334

E como Guadalupe Gonzalez disse à BBC: "Nunca imaginamos que isso fosse se transformar em algo tão grande. Acho que foi porque surgiu do nada, veio do pouco que se pode dar."[181] As palavras dela chocam profundamente.

A mesma reportagem da BBC sobre Las Patronas fez uma observação comovente. "O nome Las Patronas veio do nome da vila. "Mas tem também uma conotação religiosa mais ampla – *patrona* significa "santa padroeira" em espanhol. Para os imigrantes que recebem de uma mulher, que talvez nunca mais vejam, uma doação que pode significar a salvação de uma vida, o nome não poderia ser mais adequado."[182]

Ao ouvir essa história sobre Las Patronas dos meus amigos mexicanos em Santa Fé, e depois sobre seu trabalho milagroso e humilde através de relatos da mídia, sinto-me comovida com a grande compaixão e com a determinação ousada dessas mulheres que estão ali dia após dia, cozinhando e entregando feijão, arroz e tortilhas para quem viaja para o norte. Elas representam para mim o melhor do coração humano. Compaixão, altruísmo, coragem, dedicação e engajamento – e o poder de transformar o sofrimento, desafiando todas as probabilidades.

COMPAIXÃO BASEADA NO INSIGHT

A compaixão referencial é profundamente valorizada em nossa sociedade, e isso é uma boa coisa. No entanto, existem formas de compaixão que são menos familiares para a maioria de nós. Soseki escreve sobre a compaixão baseada em insight, um conceito que encontramos também no budismo tibetano. Esse tipo de compaixão é mais conceitual. A discussão de Soseki enfoca a impermanência e a coemergência dependente. Em minha perspectiva, como contemplativa e cuidadora, a compaixão baseada no insight

---

181 Will Grant, Las Patronas: The Mexican Women Helping Migrants, BBC News, 31 de julho de 2014, www.bbc.com/news/world-latin-america-28193230.
182 Ibid.

também abrange a compreensão de que se trata de um imperativo moral – e podemos deduzir que ignorar o sofrimento pode trazer sérias consequências para nós mesmos, para o outro e para a sociedade.

Quando vemos alguém precisando de algo, idealmente, nos sentimos moralmente compelidos a agir. Nós não deixamos pra lá, simplesmente. Não sentimos indiferença ou apatia moral. Responder ao sofrimento com compaixão é a coisa "certa" a fazer, uma afirmação do respeito e da dignidade humana. Quando experienciamos o sofrimento dos outros sob essa perspectiva, e quando esse entendimento é apoiado pela nossa bondade natural e pela nossa aspiração de aliviar o sofrimento, nosso coração é preenchido por uma compaixão sábia.

Não faz muito tempo, estava sentada ao lado da cama de uma mulher que estava morrendo de câncer no fígado. Suas pernas estavam tão edemaciadas que a pele sobre suas canelas estava esgarçando. Esse foi o dia anterior em que daria seu último suspiro, embora eu não soubesse disso no momento. Ela era uma amiga próxima e lutava contra o câncer há anos. Senti grande compaixão por ela, compaixão referencial, por ela estar sendo sacudida por confusão e dor; quando peguei sua mão e falei suavemente com ela, senti o desejo avassalador de aliviar seu sofrimento. No mesmo instante, através das lentes da compaixão baseada no insight, pude ver sua situação em termos da verdade da impermanência, vi que seu sofrimento era um momento delimitado no tempo e era composto de elementos de não-sofrimento. Também senti profundamente em meu coração que responder ao sofrimento dela era uma necessidade moral. Essas perspectivas me impediram de sucumbir à angústia empática e me ajudaram a sustentar o espaço para ela de uma maneira menos reativa – e, finalmente, a estar com ela com mais amor.

COMPAIXÃO NÃO-REFERENCIAL

Soseki também sugere que existe uma terceira forma de compaixão que é imparcial. Podemos chamá-la de compaixão não referencial – isto é, compaixão sem objeto. Esta terceira forma é a verdadeira compaixão, diz Soseki.

Eu mesma tive essa experiência uma vez. Estava dando ensinamentos em Toronto e hospedada em uma casa particular. Ao sair do chuveiro, escorreguei no chão molhado e caí; quebrei o osso da coxa e o trocanter. Percebi que uma coisa muito ruim tinha acontecido quando olhei para o ângulo da minha perna. Alguns batimentos cardíacos depois, fui tomada por uma dor insuportável. Como boa sulista, educadamente gritei: "Socorro! Alguém pode me ajudar?" Minha voz estava fina como uma flauta e eu mal podia respirar. Depois de alguns minutos, meu anfitrião, Andrew, chegou, gentilmente apoiou minhas costas onde eu estava sentada no chão e gritou para a esposa chamar uma ambulância. Eu não conseguia me mexer e mal conseguia falar, mas Andrew sabia o que fazer. Como uma árvore, ele apoiou minha coluna vertebral e permaneceu perfeitamente imóvel para que eu pudesse soltar nos espaços entre os impulsos pulsantes de dor.

Quando os socorristas chegaram, um jovem médico entrou no banheiro e anunciou que ia me transferir para uma maca. Minha mente e meu corpo relutaram ao ouvir as palavras dele – eu já estava prestes a desmaiar e podia sentir minha pressão sanguínea caindo com a intensidade da dor. Olhei bem nos olhos do jovem médico e disse: "Antes que você me mova, preciso de algo para controlar a dor". O médico me disse em voz baixa que não era licenciado para administrar morfina. "Consiga alguém que seja", eu disse. Eu não estava brincando. Ele telefonou e chamou um socorrista licenciado.

Dez longos minutos depois, um médico mais velho chegou. Ajoelhou-se ao meu lado e mediu minha pressão arterial, que estava no fundo do oceano. Ele assentiu e, com uma seringa, retirou um líquido claro de uma pequena garrafa. Estendeu meu braço, mas minhas veias haviam colapsado com o choque e não havia acesso.

Ele tentou o outro braço, depois cada um dos meus pulsos, e depois não me lembro onde. Só me lembro de ter notado o suor escorrer pelo seu rosto enquanto tentava me ajudar, sua boca retorcida e a pele tensa ao redor dos olhos.

O jovem médico continuava em pé, parado ao lado da parede do banheiro, pálido; seus olhos se reviravam como se fosse desmaiar. Ele parecia angustiado me vendo sendo picada seis vezes por uma agulha. Meu coração se abriu para ele e, naquele momento, minhas veias também se abriram, lavando meu corpo com sangue. A agulha por fim entrou e senti alívio suficiente para conseguir me mover.

Enquanto os socorristas carregavam a maca pela longa escada, meu corpo se inclinou em um ângulo perigoso, deslizou alguns centímetros para baixo e ficou imóvel novamente. Finalmente, eu estava na ambulância e estávamos correndo pelas ruas de Toronto em direção ao hospital, com uma sirene berrando. Era sexta-feira 13, uma lua cheia de junho.

O médico mais velho se inclinou para perto de mim e senti que algo o preocupava. Sem pensar, toquei seu joelho e perguntei se ele estava bem. Era uma pergunta estranha, estando eu naquelas circunstâncias, mas surgiu do nada, do tipo do nada que existe durante a meditação profunda, o lugar que está presente quando a dor eclipsa o eu.

Com os olhos cheio d'água, ele disse com uma voz quase inaudível: "Minha esposa está morrendo de câncer de mama". Naquele momento, não existia nada além desse sofrimento humano ao meu lado e do calor inexplicável que senti em meu corpo, em meu coração, na atmosfera entre nós. Naquele momento, minha dor desapareceu completamente. Olhei para dentro dos olhos dele e eles estavam molhados e desprotegidos.

Enquanto escrevo isto, lembro-me das palavras da compositora Lucinda Williams: "Tenha compaixão por todos que encontrar pois você não sabe quais guerras estão acontecendo lá dentro, onde o espírito encontra os ossos". Na ambulância, eu não fazia ideia, era esse o ponto...

No pronto-socorro, recebi uma infusão gota-a-gota de morfina, fui cateterizada, com um pano frio na cabeça e deixada em um corredor externo. Meu novo amigo ficou em silêncio ao lado da maca por algumas horas, até que fui levada para o raio-x. Eu o vi uma vez mais depois da minha cirurgia. Não sei seu nome, nunca perguntei, nem pensei em perguntar; mas lá estávamos nós. Ele veio parar ao lado do meu barco e eu ao lado do dele.

Em retrospecto, percebi que, em meio ao meu próprio estado crítico, abriu-se uma experiência de compaixão universal. A experiência não tinha a ver com ele e nem comigo. O emergir de um interesse sem limites e de amor por outra pessoa dissolveram meu senso de mim mesma e, com isso, minha dor desapareceu. "Do corpo não-diferenciado não-causal, a compaixão surge ardente."[183]

Ao longo dos anos, quando contava a história do tombo que levei no banheiro em Toronto, dezenas de pessoas respondiam com histórias semelhantes nas quais o próprio sofrimento desapareceu ao sentirem compaixão espontânea por outra pessoa. Que tipo de compaixão era essa? Não era premeditada nem intencional. Ela emergiu dos meus ossos, por mais quebrados que estivessem – e me trouxe alívio, um alívio surpreendente. Acredito que tenha tocado o médico também.

Durante uma recente visita ao meu velho amigo Ram Dass, conversávamos sobre compaixão. Ele me lembrou essas palavras do Ramayana, o épico indiano. Ram, que é Deus, pergunta a Hanuman, o Deus dos Macacos, que corporifica o serviço altruísta: "Quem é você, Macaco?" Hanuman responde: "Quando não sei quem sou, eu sirvo você. Quando sei quem sou, eu sou você." Meu velho amigo e eu sorrimos um para o outro. Essa não é a expressão mais profunda da compaixão?

ASANGA E O CÃO VERMELHO

Meses depois, perguntava-me o que havia tornado aquela experiência possível. Uma história do budismo tibetano me dá uma dica de como podemos nutrir a compaixão universal. Asanga, iogue do século IV, passou

---

[183] Atribuído a Yasutani Roshi em *A Zen Wave*, Robert Aitken (Washington, D.C.: Shoemaker & Hoard, 2003).

muitos anos meditando em uma caverna. Ele meditava sobre Maitreya, o Buddha da Bondade Amorosa, esperando receber dele uma visão e ensinamentos. Embora Asanga praticasse ano após ano, Maitreya nunca havia aparecido.

Certo dia, depois de doze anos sentado em sua caverna praticando e esperando Maitreya aparecer, Asanga decidiu que já tinha passado tempo suficiente nas cavernas. Com seu cajado na mão, abandonou seu refúgio de eremita e começou a descer a montanha. Enquanto seguia por aquele caminho estreito, vislumbrou algo à frente que parecia estar do outro lado do caminho. Ao se aproximar, viu um cachorro vermelho deitado na poeira de terra clara. Olhando mais de perto, viu que o quadril do cachorro estava coberto de feridas feias, em carne viva. Examinando com mais atenção, ele descobriu que as feridas estavam cheias de larvas que se contorciam.

Asanga imediatamente quis ajudar o cachorro, mas não queria ferir as larvas. Sua compaixão era tão avassaladora que ele se ajoelhou e esticou a língua para remover delicadamente as larvas sem machucá-las. Antes de sua língua tocar as larvas que se contorciam, o cachorro vermelho se transformou no compassivo Maitreya.

Por que Maitreya não apareceu para Asanga em sua caverna?

Creio que Maitreya só surgiria quando Asanga fosse chamado a se colocar a serviço do outro. E também tenho certeza de que os doze anos que Asanga passou praticando nas cavernas não foram desperdiçados, embora Maitreya não tenha aparecido para ele naquele tempo, ao menos não de uma forma que ele pudesse reconhecer. A abertura e a compaixão de Asanga se tornaram profundas e maravilhosas, graças a seus anos de compromisso e prática dedicada. A prática produziu o fruto de ouro da compaixão não dual e não referencial. Ainda assim, sua compaixão precisava de um motivo para ser ativada, e o cão vermelho deu a Asanga a oportunidade de praticar a compaixão tanto com objeto como sem objeto.

Isso nos fala do profundo valor dos nossos relacionamentos e que nossa própria liberação está ligada à liberação dos outros. Esta história também aponta para o valor de fazer com que nossa aspiração em beneficiar outras pessoas se torne parte integrante da nossa prática, mesmo que estejamos distantes daqueles que precisam de ajuda. E nos lembra de que estar presente com o sofrimento é um caminho de prática, e que é energizado por essa profunda aspiração.

Como o despertar de Asanga, nosso próprio despertar da delusão acontece quando somos maiores que nosso pequeno eu e quando somos, de alguma forma, atraídos pelo nó do sofrimento para o mundo mais amplo que nos rodeia. Assim, o cão ferido e as larvas contorcidas deram ao iogue a preciosa chance de corporificar (não apenas contemplar) seu desejo de beneficiar os outros. Ter compaixão não-referencial é ter um coração e uma mente abertos ao sofrimento de todos os seres e prontos para servir prontamente. É universal, ilimitada, pervasiva e imparcial. À medida que a delusão do pequeno eu desaparece, lembramos de quem realmente somos.

Esse tipo de compaixão é a essência do nosso caráter; permeia todo o nosso ser. Podemos sentir isso por qualquer um e por todos ao mesmo tempo – pela pessoa que sofre de uma dor insuportável, pela criança ensanguentada em Aleppo, pelo elefante em um zoológico mal cuidado, pela mulher intoxicada por metanfetamina – e também pelo traficante, pelo pai abusivo e pelo político agressor. Quando reconhecemos que não existe um eu separado e que todos os seres e coisas estão interconectados, estamos prontos para a compaixão universal. Esta é a experiência de uma pessoa que tem uma prática profunda ou que é naturalmente predisposta a uma grande bondade e preocupação com o bem-estar dos outros.

Como o compassivo Avalokiteśvara, quando experienciamos a compaixão não referencial, respondemos a qualquer necessidade. É como sal na água do grande oceano, como o ar que respiramos, como o sangue que corre no corpo; é o próprio espaço das nossas vidas e das nossas mentes. "Por todo o corpo, mãos e olhos."

III. AS SEIS PERFEIÇÕES

As seis paramitas, ou as seis perfeições, do budismo são as qualidades compassivas que os bodhisattvas como Avalokiteśvara corporificam: generosidade, virtude, paciência, entusiasmo, concentração e sabedoria, que nos dão força e equilíbrio quando estamos à beira do abismo. A palavra *paramita* pode ser traduzida como "perfeição" ou "travessia para a outra margem", para a margem livre do sofrimento. As perfeições são tanto o caminho para nos tornarmos um bodhisattva como as próprias realizações do caminho. Como caminho, as Perfeições são a prática de qualidades iluminadas de nosso caráter. Como realizações, elas são o presente da prática. Cada perfeição é uma expressão do nosso coração ilimitado e um tipo especial de remédio que cura todos os tipos de aflição. Cada uma, em certo sentido, é uma faceta diferente da compaixão.

A primeira Perfeição, a *Generosidade*, é oferecer apoio compassivo, proteção, ensinamentos e atenção àqueles que necessitam. Como disse a filósofa Simone Weil: "A atenção é a forma mais rara e pura de generosidade". Generosidade é oferecer refeições para os sem-teto no abrigo; sentar-se com uma pessoa morrendo que foi abandonada por sua família; proteger uma vítima de abuso conjugal; oferecer nossa casa para um refugiado buscando um local para ficar. A generosidade é dar aos nossos pacientes e alunos a atenção e o espaço para tomarem suas próprias decisões. É manter-se firme em Standing Rock para proteger um rio e uma comunidade; é dizer a verdade ao poder para salvaguardar os direitos das mulheres e das crianças e o nosso futuro.

A Generosidade também é expressa ao compartilhar o tesouro dos ensinamentos espirituais com outras pessoas. Meu professor Roshi Bernie Glassman, apesar de um derrame recente que deixou metade de seu corpo paralisado, voou para a Polônia para o Retiro de Testemunhas de Auschwitz em 2016. Roshi Bernie traz outras pessoas para testemunhar em Auschwitz como parte de seu compromisso compassivo de transformar a alienação e o ódio, para que outro holocausto não consuma nosso planeta. Ele acredita que ao darmos testemunho em Auschwitz e em outros lugares de horror indescritível, podemos lembrar de quem realmente somos e nos lembrarmos de amar.

Junto com o amor, há outra expressão da Perfeição da Generosidade, embora ela não apareça nos textos tradicionais. Aconteceu comigo há muitos anos, quando estava prestando serviços no Nepal. Por estar na altitude e na natureza do Himalaia, me sentia muito vulnerável. Ao me sentar com pacientes das aldeias remotas que servíamos, percebi que era melhor me enraizar. Surgiu para mim a ideia de "não transmitir o medo". Essa era a prática que eu precisava cultivar ao servir nossos pacientes naquelas grandes montanhas.

Não transmitir o medo... É um lugar do qual podemos testemunhar a dor e o sofrimento deste mundo e nos conectar com os outros sem apego ao eu, ao outro ou a um resultado. É uma maneira de percebermos quem realmente somos – de sabermos que somos feitos de amor, coragem e grande compaixão. É uma maneira de vermos o medo do passado na vasta paisagem do coração humano.

A Segunda é a Perfeição da *Virtude*, ou viver de acordo com seus votos. A Perfeição da Virtude diz respeito a dirigir a compaixão de acordo com os princípios para com todos os seres, mesmo aqueles que prejudicam os outros. Quando a compaixão está ausente, vem o sofrimento. Para evitar causar dor aos outros ou a nós mesmos – sendo corajosos, amorosos e confiantes –, vivemos de acordo com os votos. Isso é compaixão e a manifestação do espírito dos bodhisattvas.

Ao longo dos anos, aprendi muito com meus alunos que compaixão e votos inter-são. Eles vivem um dentro do outro. Os votos que recebemos no budismo têm a ver com fazer o bem, não prejudicar e cuidar dos outros. Diariamente, a maioria de nós se depara com desafios morais. No entanto, muitos de nós aprendemos o quanto é importante não violar nossa integridade. Há o médico que diariamente toma decisões de vida ou morte que priorizam o bem-estar de seus pacientes em detrimento das expectativas institucionais. A diretora administrativa que faz o possível para proteger seus funcionários de políticas prejudiciais da empresa. O denunciante que protege nossos direitos de privacidade correndo grande risco. Todas essas pessoas são guiadas por sua integridade. Essa é a perfeição de viver de acordo com os votos.

A terceira Perfeição é a *Paciência* – a paciência revolucionária com os outros e com nós mesmos. Paciência significa estar plenamente presente a cada momento e abandonar a agressividade que experienciamos quando percebemos que não conseguimos controlar os resultados. O voo foi cancelado – e culpamos o responsável pelas reservas. Nosso amigo íntimo está morrendo e a enfermeira demora a checar seus sinais vitais; explodimos com esse médico atormentado que está cuidando de pacientes demais. Queremos que as coisas sigam como planejamos. Queremos um resultado no nosso tempo; queremos resolver as coisas. Não suportarmos esperar, fazer uma pausa, confiar... simplesmente soltar.

Quando penso em paciência, penso em AT Ariyaratne, que lidera o Movimento Sarvodaya Shramadana no Sri Lanka. Passei um tempo com Ari (como seus amigos o chamam) no Japão anos atrás, em uma reunião de budistas de todo o mundo. A maior ONG do Sri Lanka, Sarvodaya, usa os ensinamentos do Buddha como um meio poderoso de mudança social compassiva. Sarvodaya é uma maneira de as pessoas expressarem sua compaixão natural, trabalhando juntas para melhorar as condições de suas comunidades locais para que a cura econômica e social da guerra possa acontecer.

Ari me disse que seu país passou por quinhentos anos de conflito entre hindus, muçulmanos e budistas. Quatrocentos desses anos também foram passados sob opressão colonial. Fiquei impressionada com esses números. Então Ari olhou para mim com os olhos brilhando e disse: "Levará quinhentos anos para transformar essas condições – e eu tenho um plano!" Um plano que levará quinhentos anos. Ari é um homem paciente de fato.

Ari explicou que seu Plano de Paz de 500 anos incluía atividades de paz por todo o país, seguidas por projetos de desenvolvimento econômico nas áreas mais pobres do Sri Lanka. Ele acrescentou que a cada cem anos, um conselho de anciãos precisará avaliar como as coisas estão indo.

Ari não é jovem. Ele tem perto de oitenta anos. É saudável, mas a realidade prevalecerá. No entanto, todas as perfeições são suas aliadas, especialmente a paciência e também o Entusiasmo, a Quarta Perfeição. Ari sabe o que é viver a vida como um imperativo compassivo, sem restrições.

Em minha própria vida, tento praticar o Entusiasmo como um antídoto para o sutil desânimo que ocasionalmente surge. É preciso energia e determinação para continuar aparecendo, seja no hospital, na sala de aula ou na diretoria, no campo de refugiados ou na zona de guerra. Também é preciso zelo, vontade e concentração para viver a sabedoria de não escapar, não se esconder, não negar.

A Quinta Perfeição é a Concentração, ou Atenção que, juntamente com a paciência, é uma maneira de evitar fugir do momento presente. O Buddha usou uma metáfora maravilhosa para a nossa falta de atenção. Assim como "um macaco que balança entre as árvores agarra um galho e o solta só para agarrar outro, também, o que é chamado de pensamento, mente ou consciência surge e desaparece continuamente dia e noite"[184].

O Buddha usou outra metáfora com animais para exemplificar a concentração: seja como um cervo na floresta: alerta, gracioso e presente ao que quer que surja.[185] O cervo da floresta também simboliza a não agressão e a serenidade. Emulando o cervo, podemos transformar a mente do macaco na mente de um bodhisattva e acessar a compaixão e a sabedoria.

A Sexta Perfeição é a Sabedoria, que consiste em experienciar diretamente a natureza da realidade. Essa é outra razão pela qual a Perfeição da Concentração é tão importante – a sabedoria não é acessível se não estivermos completamente abertos, imparciais e atentos.

Mas o que é sabedoria?

---

184 Thanissaro Bhikkhu, trad., Assutavā Sutta (SN 12.61 PTS: S ii 94), Access to Insight, 2005, www.accesstoinsight.org/tipitaka/sn/sn12/sn12.061.than.html.
185 Thanissaro Bhikkhu, trad. Kāḷigodha Sutta: Bhaddiya Kāḷigodha (Ud 2.10), Access to Insight, 2012, www.accesstoinsight.org/tipitaka/kn/ud/ud.2.10.than.html.

Ser inteligente não significa necessariamente ser sábio. Podemos sentir essa distinção ao vermos a diferença entre uma pessoa inteligente e uma pessoa sábia. Uma pessoa inteligente pode ter conhecimento e geralmente se apoia em fatos. Uma pessoa sábia, por outro lado, tem o poder do discernimento e a presença da compaixão.

De uma perspectiva budista, a sabedoria pode ser vista através de duas lentes: a sabedoria que é relativa e a sabedoria que é última. A sabedoria relativa é ver e entender a interconexão entre todos os seres e coisas, a verdade da impermanência, as causas do sofrimento, o caminho para a liberação do sofrimento e viver o imperativo para liberar os outros do sofrimento.

Mesmo não sendo budista, o físico Albert Einstein tinha uma profunda compreensão da "sabedoria relativa". Ele escreveu:

> *Um ser humano é parte de um todo, que nós chamamos de "universo", uma parte limitada no tempo e no espaço. Ele experiencia a si mesmo, seus pensamentos e sentimentos, como algo separado do resto – uma espécie de ilusão óptica da consciência. Essa ilusão é como prisão para nós, restringindo-nos aos nossos desejos pessoais e ao afeto por algumas pessoas próximas a nós. Nossa tarefa deve ser nos libertarmos dessa prisão, ampliando nossos círculos de compaixão para incluir todas as criaturas vivas e toda a natureza em toda a sua beleza.*[186]

De uma perspectiva budista, a "sabedoria última" se baseia em nossa experiência direta de soltar a forma como vemos o que chamamos de realidade; qualquer descrição que elaborarmos sobre a realidade nos separa da experiência direta das "coisas como elas são". A realidade não é um estado; acontece, surge momento a momento. Sobre esse tema, sempre gostei do que Huang Po diz sobre a armadilha da conceituação: "Aqui está – neste exato momento. Comece a pensar e você a terá perdido!"[187]

---

186 Carta de 1950, citada em *The New York Times* (29 de março de 1972) e em *New York Post* (28 de novembro de 1972).
187 Huangbo Xiyuan, The Zen Teachings of Huang Po: On the Transmission of Mind (n.p., Pickle Partners Publishing, 2016).

Sabedoria e compaixão são facetas uma da outra. Shunryū Suzuki Roshi, o estimado monge Sōtō Zen e fundador do San Francisco Zen Center, compartilhou sua grande sabedoria e compaixão nos últimos momentos de sua vida. Pouco antes de morrer no San Francisco Zen Center, em 1971, um de seus alunos próximos entrou em seu quarto. A pele do velho mestre zen estava manchada pela doença; ele parecia magro e pequeno em sua cama estreita, as mãos por cima das cobertas. Seu aluno olhou para ele e perguntou: "Roshi, onde devemos nos encontrar?", como se houvesse um destino específico onde os dois se encontrariam após a morte. Houve uma pausa e, então, o mestre ergueu uma mão e desenhou um círculo no ar, convidando seu aluno a encontrá-lo naquele exato momento.[188] Essa é a perfeição da sabedoria; e é também a compaixão, a grande compaixão.

As Perfeições são diretrizes poderosas para o desenvolvimento de um coração amoroso, corajoso e sábio e para criarmos uma sociedade compassiva. São um caminho para a liberdade.

Costumo usar frases que refletem as Perfeições como uma maneira de evocá-las. Cada perfeição contém todas as outras. É por isso que geralmente pratico com apenas uma frase, absorvendo-a profundamente.

Começamos reunindo nossa atenção na inspiração e soltando-a no corpo na expiração. Em seguida, relembramos nossa intenção de eliminar o sofrimento dos outros. Podemos então deixar o coração e a mente repousarem em uma única frase ou, se desejarmos, podemos prosseguir lentamente passando por todas as frases:

Que eu seja generosa.
Que eu possa cultivar a integridade e o respeito.
Que eu possa ser paciente e ver claramente o sofrimento dos outros.
Que eu possa ser enérgica, firme e dedicada, de todo o

---

[188] Sean Murphy, One Bird, One Stone: 108 Zen Stories (Newburyport, MA: Hampton Roads Publishing, 2013), 133.

CORAÇÃO.

QUE EU POSSA CULTIVAR UMA MENTE E UM CORAÇÃO CALMOS E INCLUSIVOS PARA PODER SERVIR COM COMPAIXÃO A TODOS OS SERES.

QUE EU POSSA NUTRIR A SABEDORIA E COMPARTILHAR COM OS OUTROS O BENEFÍCIO DE QUALQUER INSIGHT QUE EU POSSA OBTER.

E podemos, então, nos perguntar: *Por que não corporificar o espírito dos bodhisattvas, que realizaram a mente e o coração do destemor, da sabedoria e da compaixão? Por que não ficar à beira do abismo e apreciar a vista? Por que não fazer isso agora?*

IV. OS INIMIGOS DA COMPAIXÃO

Apesar do valor e benefícios óbvios da compaixão, nosso mundo hoje parece ter um déficit de compaixão. Esse déficit é alimentado por vários fatores, incluindo nossas ideias sobre o que significa cuidar e a desconexão resultante da nossa dependência cada vez maior da tecnologia. Hoje, muitas vezes, enfatiza-se a conectividade às custas da conexão, o pensamento rápido é mais valorizado do que o pensamento lento, o crescimento ocorre às custas da profundidade, a construção de um portfólio é mais valorizada do que a construção de uma cultura ética, e as percepções da escassez de tempo nos distraem do momento presente. Acredito que o antídoto para todos esses males é fazer da compaixão um valor principal que traz vida à microcomunidade de nossas interações individuais e à macrocomunidade do planeta.

No budismo, as qualidades benéficas da mente têm inimigos distantes e próximos. Os *inimigos distantes* são os opostos; o inimigo mais distante da compaixão é a crueldade. Os *inimigos próximos* são mais difíceis de se detectar; são qualidades inúteis que se disfarçam de úteis. Por exemplo, a piedade é um inimigo próximo da compaixão porque envolve um sentimento de arrependimento, além de uma preocupação enganosa com aquele que está sofrendo. William Blake, por exemplo, chamava a piedade de distração e escreveu que ela[189] divide a alma!

Outros inimigos próximos da compaixão incluem o medo e até mesmo a indignação. Os inimigos próximos facilmente se disfarçam de aliados ou de análogos da compaixão. Mas essas emoções podem nos drenar tanto a ponto de não conseguirmos responder de maneira saudável ao sofrimento dos outros e, na verdade, podemos até causar danos.

Existem outros obstáculos e desafios à compaixão. Temos a tendência de simplificar demais a compaixão e, se não entendermos como a compaixão funciona em nossas vidas e nas sociedades, podemos sentir uma aversão a ela ou até temê-la.

Podemos sentir que a compaixão é exaustiva, que pode nos fazer adoecer e que podemos perder nossos limites e sermos julgados como fracos ou pouco profissionais. É possível acreditarmos que a compaixão prioriza a piedade em lugar da justiça, que pode ser exercida indiscriminadamente e, às vezes, irracionalmente. Para alguns clínicos, cultivar ou não a compaixão pode ser um dilema. Os alunos da escola de medicina aprendem a ser desapaixonados para que possam manter sua objetividade e tomar decisões baseadas em fatos, e não em sentimentos. Muitos médicos também acreditam que o sofrimento pode ser emocionalmente contagioso e pode ser avassalador se se permitirem senti-lo. Eles também são educados para verem a compaixão como algo religioso, não científico e como uma possível indicação de fraqueza.

Em contrapartida, espera-se que enfermeiras, paliativistas e cuidadores familiares ajam com compaixão. Porém, estes também podem ter medo de se envolver emocionalmente devido ao risco de perderem seus limites e de experienciarem sofrimento empático ou burnout.

Desejar ser percebido como compassivo é outra armadilha. Podemos

---

189 The Book of Urizen, The Poetical works, 1908, capítulo 5, verso 7, www.bartleby.com/235/259.html.

sentir que nosso valor é medido pelo quão compassivos somos ou parecemos ser e, portanto, nos apresentamos ao mundo como uma "pessoa compassiva", precisando de aprovação, validação, admiração e até mesmo autorização. Portanto, devemos ter cuidado com pessoas que se anunciam como compassivas. Nem todos fazem o que dizem.

Outro obstáculo à compaixão é a distração. Podemos colocar parte da culpa por isso em nossos dispositivos digitais e em nossos comportamentos viciantes ligados a eles. "Encontrar momentos para se dedicar ao pensamento contemplativo sempre foi um desafio uma vez que somos sujeitos à distração", disse Nicholas Carr, autor de *The Shallows*, ao *The New York Times*.[190] "Mas agora que carregamos esses poderosos dispositivos de mídia o dia todo, essas oportunidades se tornam ainda menos frequentes, pelo simples motivo de termos essa capacidade de nos distrair constantemente".

Um estudo, que mediu o uso de smartphones entre os participantes de dezoito a trinta e três anos, revelou que os participantes usavam seus telefones em média oitenta e cinco vezes por dia![191] Essa distração conveniente preenche momentos em que, de outra forma, poderíamos ter uma maior consciência do ambiente ao redor, incluindo perceber o sofrimento dos outros. E o uso frequente de dispositivos digitais, de acordo com Carr, tem efeitos prejudiciais sobre a cognição, sobre a concentração e sobre a nossa capacidade de sermos introspectivamente saudáveis.

Outro grande desafio à compaixão é o estresse da falta de tempo. Como vimos na seção sobre engajamento e burnout, parece normal estarmos ocupados e "agressivamente apressados", o que Hermann Hesse chamou de "o inimigo da alegria"[192].

Estarmos sempre ocupados e com pressa distorce nossas tentativas de envolvimento compassivo com os outros e, por fim, pode nos levar à

---

190 Teddy Wayne, «The End of Reflection», New York Times, 11 de junho de 2016, www.nytimes.com/2016/06/12/fashion/internet-technology-phones-introspection.html.
191 Ibid.
192 Hermann Hesse, My Belief: Essays on Life and Art (Nueva York: Farrar, Straus & Giroux, junho de 1974).

angústia moral. No estudo "Good Samaritan", um experimento famoso dos pesquisadores de Princeton, John Darley e Daniel Batson, realizado quarenta anos atrás, a pressão do tempo demonstrou inibir a compaixão. Nesse estudo, os pesquisadores encontravam estudantes do seminário em um prédio e os instruíam a atravessar o campus até um outro prédio. Alguns estudantes foram informados de que já estavam atrasados e precisavam se apressar, enquanto outros disseram que tinham tempo de sobra para chegar lá. No caminho, os dois grupos passavam por uma pessoa caída em um beco, gemendo e tossindo, que parecia estar bêbada ou ferida. Essa pessoa era um ator posicionado ali pelos pesquisadores. No grupo que tinha tempo, 63% pararam para ajudar. No grupo que já estava atrasado, apenas 10% pararam. A ação ética, ao que parece, pode estar inversamente correlacionada à pressa. Quando chegaram à sala de aula, muitos estudantes que não pararam para ajudar, pareciam ansiosos – mais ansiosos do que aqueles que haviam parado[193]. Pareciam sentir um sofrimento moral pela escolha que fizeram para atender às expectativas dos pesquisadores, em vez de ajudar a vítima. Como nesse experimento, as distrações e a pressão do tempo influenciam as decisões que tomamos ao enfrentarmos dilemas morais, incluindo a de oferecer ajuda ou não a outras pessoas.

A ARITMÉTICA DA COMPAIXÃO

Outro fator que pode representar um desafio à compaixão é a sensação de que não conseguiremos dar conta. Quando ouvimos sobre problemas de larga escala, como a crise global de refugiados, a extinção de espécies e as mudanças climáticas, nossos cérebros podem se desconectar em uma espécie de entorpecimento psíquico. Não é que não nos importemos – é

---

[193] J.M. Darley y C.D. Batson, From Jerusalem to Jericho: A Study of Situational and Dispositional Variables in Helping Behavior, Journal of Personality and Social Psychology 27, n.º 1 (1973): 100-08, http://faculty.babson.edu/krollag/org_site/soc_psych/darley_samarit.html.

que o problema é grande demais para ser realmente concebido; então deixamos de lado e não agimos.

O fenômeno de que nosso desejo de ajudar diminui exponencialmente à medida que o tamanho do grupo que sofre aumenta – mesmo de um para dois – é bem documentado. O poeta polonês Zbigniew Herbert chamou esse fenômeno de "a aritmética da compaixão"[194]. Em um experimento sobre doações para caridade, o psicólogo Paul Slovic, Ph.D., e seus colegas estudaram a aritmética da compaixão. Slovic escreve: "Descobrimos que as pessoas podem estar inclinadas a enviar dinheiro para uma pessoa necessitada, mas que, se souberem que uma segunda pessoa também precisa de ajuda, mas não pode ser ajudada, estarão menos inclinadas a doar para a primeira pessoa. Atender àquela necessidade não parecia mais tão satisfatório. Da mesma forma, quando a necessidade de ajuda era descrita como parte de um esforço de assistência em larga escala, os doadores em potencial tinham um sentimento desmotivador de ineficácia decorrente do pensamento de que a ajuda que eles poderiam fornecer era apenas 'uma gota no deserto.'"[195]

Esse fenômeno é conhecido como *pseudo-ineficácia* – "pseudo" porque nosso senso de ineficácia é uma percepção, não uma realidade. Mas é uma percepção que serve como um desmotivador poderoso quando sabemos que existem alguns que não podemos ajudar.

Essa desconexão mental não é apenas metafórica, mas literal. Os neurocientistas descobriram que o córtex cingulado anterior (ACC), que eles acreditam controlar a nossa atenção aos estímulos emocionais, se acostuma rapidamente a estímulos perturbadores e deixa de responder.[196] Esse pode ser um tipo de mecanismo de defesa para que não nos sintamos sobrecarregados por informações negativas. Não tenho dúvidas

---

[194] Scott Slovic e Paul Slovic, The Arithmetic of Compassion, *The New York Times*, 4 de dezembro de 2015, www.nytimes.com/2015/12/06/opinion/the-arithmetic-of-compassion.html.

[195] Ibid.

[196] K. Luan Phan, Israel Liberzon, Robert C. Welsh, Jennifer C. Britton e Stephan F. Taylor, Habituation of Rostral Anterior Cingulate Cortex to Repeated Emotionally Salient Pictures, Neuropsychopharmacology 28 (2003): 1344-50, www.nature.com/npp/journal/v28/n7/full/1300186a.html.

de que nosso acesso constante às más notícias hoje, via mídia social e sites de notícias on-line, contribui para o entorpecimento psíquico, para a apatia moral e para o déficit de compaixão.

Quando o terremoto de 2015 aconteceu em Gorkha, no Nepal, foi muito difícil compreender a enormidade do desastre. À medida que o número de mortos aumentava, os números me atordoavam. Não que eu não me importasse – eu me importava – mas não conseguia começar a apreender a realidade humana. No dia seguinte ao terremoto, meu telefone começou a tocar – amigos próximos no Nepal estavam tentando conseguir lonas e suprimentos de comida para as áreas mais afetadas e precisavam de ajuda. Imediatamente apoiei os esforços deles, embora ainda não conseguisse de fato assimilar a magnitude da tragédia.

O que me fez acordar, no entanto, foi uma pequena fotografia no Facebook de um monge jovenzinho que eu havia conhecido alguns meses antes em um mosteiro de uma vila na área de Gorkha. O garoto parecia assustado e exausto. As trilhas para aquela região haviam sido destruídas. As crianças do mosteiro não tinham comida nem abrigo. Sabendo disso, senti que tinha que ajudar aquela criança. Era pessoal, de uma pessoa para outra. Em pouco tempo, conseguimos ajudar meu bom amigo Pasang Lhamu Sherpa Akita a contratar um helicóptero para sobrevoar as montanhas devastadas pelo terremoto, evacuar treze garotinhos das montanhas e abrigá-los em Katmandu.

Quando li a história sobre o resgate deles no *The New York Times*[197], senti um alívio enorme. O rosto de uma criança – e eu não conseguia mais dar as costas à realidade de que todos estavam sofrendo. Foi aquele rosto que me mobilizou. Então outros rostos de homens, mulheres e crianças que conheci na região começaram a aparecer nos meus canais de mídia social, junto com os rostos dos jovens socorristas nepaleses que estavam fazendo um trabalho corajoso, alguns dos quais eram meus ami-

---

197 Donatella Lorch, Red Tape Untangled, Young Nepalese Monks Find Ride to Safety, New York Times, 19 de junho de 2015, www.nytimes.com/2015/06/20/world/asia/red-tape-untangled-young-nepalese-monks-find-ride-to-safety.html?ref=oembed.

gos próximos. Inicialmente, Upaya estava apoiando grandes ONGs que levavam ajuda às vítimas de terremotos. Mas mudamos nossa estratégia para apoiar diretamente as pessoas que trabalhavam no local. Isso nos pareceu mais "real", mais eficiente, mais próximo do coração.

Quando nossa compaixão é bloqueada pelo entorpecimento, pelo medo, pelo julgamento, pela distração ou pelos números que não parecem ser possíveis, podemos ficar presos nas manifestações doentias dos Estados Limite, incluindo a apatia moral. Para encontrarmos a saída, precisamos reconhecer o obstáculo que se apresenta à nossa compaixão. Investigamos, então, como podemos responder adequadamente ao que quer que esteja presente. Precisamos examinar nossa resposta ao sofrimento profundamente enquanto abandonamos o autojulgamento.

DENTRO E FORA DA COMPAIXÃO

Oito meses após o tsunami no Japão, o escritor Pico Iyer viajou com Sua Santidade o Dalai Lama para uma pequena vila de pescadores no Japão que havia sido devastada por aquele terrível desastre natural. Sua Santidade ofereceu amor e apoio aos sobreviventes, mas quando se afastou deles, seus olhos estavam cheios de lágrimas. Iyer não deixou esse momento lhe escapar. Mais tarde, escreveu que "a única coisa pior do que supor que é possível tirar algum proveito do sofrimento, comecei a pensar (embora não seja budista), é imaginar que não se pode fazer nada a respeito. E a lágrima que eu testemunhei me fez pensar que se pode ser forte o suficiente para testemunhar o sofrimento e, no entanto, humano o suficiente para não fingir tê-lo dominado."[198]

"Humano o suficiente para não fingir tê-lo dominado..." Como a maioria de nós, fui vencida pelo sofrimento, pelo meu e pelo dos outros e, como resultado, caí dentro e fora da compaixão. Ao longo do caminho,

---

198 Pico Iyer, The Value of Suffering, New York Times, 7 de setembro de 2013, disponível em 17 de agosto de 2017, em www.nytimes.com/2013/09/08/opinion/sunday/the-value-of-suffering.html.

aprendi algo sobre o que é compaixão e o que não é. Vi que, quando fui aprisionada pelo sofrimento moral ou empático em resposta ao sofrimento de outra pessoa, fiz coisas que serviam mais para aliviar o meu próprio desconforto do que para servir ao outro que sofria. Às vezes, meu "supercuidado", na verdade, inibia a experiência da pessoa, conforme eu deslizava do altruísmo para o altruísmo patológico. Outras vezes respondi com uma demonstração de cuidado a fim de cuidar de mim mesma e não da pessoa a quem eu pretendia servir.

Outras vezes ainda, devido à minha distração, entorpecimento ou negação (todas formas de apatia), não percebi que um aluno ou um colega estava sofrendo. Frequentemente, nesses momentos, estava me sentindo cansada, atormentada, desenraizada ou estressada pelo trabalho ou pela viagem e não conseguia acessar os recursos emocionais para avaliar a situação e responder com compaixão.

Ou caí na futilidade porque sentia que não tinha nada a oferecer ou não tinha os meios para enfrentar o sofrimento de mais uma pessoa. Talvez eu simplesmente evitava a pessoa vulnerável ou negligenciava completamente seu sofrimento. Na melhor das circunstâncias, meu senso de responsabilidade moral se reafirmava e fazia com que me voltasse para o que poderia ser útil.

Ou eu me via presa na indignação moral vendo o tratamento dispensado a um paciente ou a um prisioneiro. No melhor dos casos, esse momento de raiva me alertava para uma situação injusta. Geralmente, via que ficar presa na indignação moral não era saudável; passava a explorar o que poderia ter contribuído para o sofrimento e depois trabalhava para tentar trazer alívio para a pessoa ou para a situação.

Quando fiquei presa nos hiatos entre momentos de gentilezas, às vezes conseguia desviar o olhar para o que estava faltando. Curiosamente, a compaixão se tornava mais visível quando estava ausente. Esses momentos também me mostraram que a compaixão não é uma coisa única, mas um conjunto de processos entrelaçados que emergem da relação entre a mente e o corpo. A compaixão também é influenciada pelos contextos ambientais, sociais, culturais e relacionais nos quais estamos inseridos. Esses trânsitos nas beiras do pântano da minha própria confusão me ajudaram a conhecer a compaixão de maneira mais íntima. Eles me mostraram que, por compaixão, podemos sair do altruísmo patológico, do sofrimento empático, do sofrimento moral, do desrespeito e do burnout.

V. O MAPEAMENTO DA COMPAIXÃO

Quanto mais eu via o sofrimento causado pela falta de compaixão, mais percebia que precisava examiná-la mais profundamente, tentar esmiuçá-la, fazer o melhor possível para mapeá-la e tentar criar caminhos de acesso a ela. Em 2011, fui convidada a passar alguns meses como Erudita Visitante Distinta e bolsista Kluge na Biblioteca do Congresso em Washington, DC. Essa oportunidade especial me permitiu parar de ensinar por uns tempos para que eu pudesse me concentrar na pesquisa em neurociência e psicologia social da compaixão. Meu objetivo era desenvolver um mapa de compaixão para treinar cuidadores e outras pessoas de maneira mais eficaz no cultivo da compaixão enfrentando o sofrimento.

Como exercício de reflexão, me fiz quatro perguntas. A primeira foi: *podemos sentir compaixão se nossa atenção não estiver equilibrada, enraizada, clara e sustentada?* Pensei em como os médicos costumam se distrair com seus dispositivos móveis e *pagers*, na pressão sobre o cumprimento de metas e na necessidade frequente de passar rapidamente de paciente para paciente e muitas outras coisas. Não é fácil estar presente com o sofrimento de um paciente quando nossa atenção é fragmentada dessa maneira. Lembrei-me da neurocientista Amishi Jha que afirmou que aonde quer que nossa atenção vá, nossos cérebros seguem. "A atenção é a chefe do cérebro"[199], disse ela. Como o equilíbrio atencional é desa-

---

[199] Taming Your Wandering Mind | Amishi Jha | TEDxCoconut-Grove, YouTube, 18:46, publicado em TEDx Talks, 7 de abril de 2017, https://m.youtube.com/watch?feature=youtu.be&v=Df2JBnql8lc.

fiador para as pessoas que trabalham em situações clínicas complexas, a compaixão também pode ser desafiadora pois a atenção dos médicos geralmente está dividida, distraída e dispersa (o que chamei de "os três Ds"). Para perceber claramente o sofrimento ou qualquer outra coisa, precisamos do equilíbrio da atenção.

A segunda pergunta que me fiz foi: *podemos ser compassivos sem nos importarmos com os outros?* Mais uma vez, tinha certeza de que a resposta era não. Se estivermos apáticos ou negarmos o sofrimento de uma pessoa – ou se sentirmos aversão a essa pessoa – não será fácil surgir compaixão. O significado de *pró-social* é o oposto de *antissocial*. O comportamento pró-social diz respeito à conexão social positiva, ser afiliativo, ser útil e beneficiar os outros. Se nossa intenção for autocentrada, por exemplo, provavelmente não estamos sendo pró-sociais. Cuidado, preocupação, bondade, ternura, amor, generosidade e até humildade são sentimentos pró-sociais que podem ser expressos por meio da compaixão. Pelo que observei, a compaixão não pode ser acessada na ausência de sentimentos pró-sociais.

A seguir, me fiz uma terceira pergunta. *Será que a compaixão pode surgir dentro de nós se não tivermos uma visão do que poderia servir para aliviar o sofrimento de outra pessoa?* A resposta foi não. Para sentirmos compaixão, precisamos de discernimento sobre o que melhor serviria aos outros. Compaixão também envolve ter uma compreensão mais profunda do porquê é importante nos importarmos com os outros e de quem realmente somos.

E, por fim, me perguntei: *é importante ter o desejo de aliviar o sofrimento de outra pessoa, mesmo que não possamos fazer nada diretamente?* Desta vez, a resposta foi um firme sim. Nem sempre podemos tomar ações corporificadas e diretas capazes de transformar o sofrimento de outra pessoa, mas pelo menos o desejo de melhorar seu bem-estar é essencial para a compaixão.

Lembro-me de ouvir Matthieu Ricard dar o exemplo de um passageiro de avião que vê um homem se debatendo no oceano. O que o homem que está se afogando não pode ver é que uma grande névoa está ocultando uma ilha a menos de cem metros de distância. Embora o passageiro no avião não possa fazer nada para ajudar, ele deseja o melhor para o homem que está na água. Às vezes, somos capazes de agir para servir a alguém que está sofrendo; às vezes a compaixão é simplesmente desejar um resultado positivo para aquela pessoa, mesmo que não possamos ter de fato uma ação.

A COMPAIXÃO É FEITA DE ELEMENTOS DE NÃO-COMPAIXÃO

Nos encontros que tive com psicólogos sociais, neurocientistas, endocrinologistas e praticantes do budismo, e examinando minha própria experiência, tive certeza de que, para a compaixão surgir, quatro condições devem estar presentes: a capacidade de prestar atenção à experiência de outras pessoas, preocupar-se com os outros, perceber o que servirá aos outros e agir para melhorar o bem-estar dos outros (ou pelo menos desejar o melhor para a pessoa, sem se apegar ao resultado).

Atenção, sentimentos pró-sociais, intenção altruísta, insight e corporificação são elementos-chave da não-compaixão que compõem a estrutura da compaixão. Estudando as pesquisas em neurociência, aprendi também que a compaixão não está localizada em um lugar no cérebro, mas está distribuída por todas as partes. Além disso, parece ser algo que emerge, o que significa que surge quando o conjunto de recursos que compõem a compaixão estão conectados.

Como escreve Thích Nhất Hạnh, "a flor é feita de elementos de não-flor. Quando você olha para a flor, vê elementos que são não-flor, como luz do sol, chuva, terra – todos os elementos que se reuniram para ajudar a flor a se manifestar. Se removêssemos qualquer um desses elementos de não flor, não haveria mais uma flor."[200] Assim como a luz do sol, a chuva e a terra compõem a flor, a atenção, a preocupação, a intenção, o insight e a corporificação compõem a compaixão.

---

200 Thich Nhat Hahn, Peace of Mind: Being Fully Present (Berkeley, CA: Parallax Press, 2013).

Dessa perspectiva de interdependência, e com base em minha experiência de meditação e de cuidadora e nos estudos em neurociência, psicologia social e ética, acabei criando uma matriz que identifica os principais recursos que permitem que a compaixão surja; em outras palavras, os elementos de não-compaixão que fazem surgir a compaixão.

Desde então, tenho usado esse modelo para treinar clínicos, estudantes de capelania, educadores, advogados e empresários em como cultivar um campo dentro e ao redor de si onde a compaixão possa se manifestar. Preparamos o campo para o surgimento da compaixão por meio do treinamento de nossas faculdades de atenção, cultivando qualidades pró-sociais e uma intenção altruísta, desenvolvendo nossa capacidade de insight e discernimento e criando as condições para um envolvimento ético e amoroso. O engajamento compassivo é corporificado e eticamente alinhado. Também se caracteriza pelo não-esforço, equanimidade e bondade, gerando uma experiência de bem-estar interna ao servimos aos outros.

Chamei esse modelo de "o Modelo ABIDE da Compaixão". Gosto de mnemônicos porque eles podem facilitar a lembrança de um padrão ou de um processo. O A no ABIDE significa atenção e afeto (isto é, ter um afeto pró-social). Essas duas qualidades levam ao equilíbrio atencional e emocional, o B[201] em ABIDE. O I no ABIDE inclui intenção e insight, que são processos cognitivos que levam ao discernimento, o D no ABIDE. O E no ABIDE aponta-nos para o engajamento, corporificação e ação compassiva.

No final do meu mandato na Biblioteca Nacional, fiz uma apresentação sobre o modelo ABIDE. Comecei então a trabalhar em uma segunda fase do projeto, que era desenvolver uma aplicação do modelo ABIDE que pudesse ser facilmente ensinada e cujo objetivo seria apoiar clínicos e outras pessoas no cultivo da compaixão enquanto interagem com outras pessoas. Um mapa de compaixão é útil, mas é no território de nossa vida cotidiana que a compaixão se torna real e se transforma em experiência vivenciada.

---

201 NT. Infelizmente mnemônicos podem não funcionar quando são traduzidos. Este é um desses casos. O B no ABIDE seria "Balance", que traduzimos como Equilíbrio.

VI. A PRÁTICA DA COMPAIXÃO

Ao longo dos anos, ouvindo pessoas de todas as esferas da vida falarem sobre o estresse que experienciam quando enfrentam o sofrimento de outras pessoas, aprendi muito sobre os desafios de ser professor, enfermeira, médico, advogado, mãe, ativista, político, ambientalista, assistente humanitário e CEO – todos que enfrentam dificuldades e sofrimentos de outras pessoas diariamente. Talvez isso inclua a maioria de nós. No entanto, quando enfrentamos o sofrimento, é muito fácil cairmos nos aspectos tóxicos dos Estados Limite, mas não precisamos fazer deles nosso endereço permanente.

Embora os adeptos religiosos das Índias Orientais soubessem há muito tempo que podemos transformar nossas mentes, nós, no Ocidente, sentimos que as cartas que recebemos eram as cartas que tínhamos para jogar, e estivemos sempre presos a padrões mentais rígidos. No final do século XX, no entanto, a pesquisa em neurociência demonstrou que o cérebro muda constantemente em função da nossa experiência. Os circuitos cerebrais podem ser reforçados ou eliminados através da repetição ou da falta dela. Essa reorganização física e funcional do cérebro em resposta aos estímulos internos e externos é chamada de neuroplasticidade.

Embora nossas propensões e hábitos mentais possam ser profundos, a maneira como percebemos o mundo e nos atentamos à vida pode mudar radicalmente através do treinamento mental ou da meditação – um importante aprimorador da neuroplasticidade. A plasticidade do cérebro nos permite recuperar do trauma, aprender novos padrões mentais, abandonar as maneiras habituais de reagir e aumentar a capacidade de sermos mentalmente flexíveis e ágeis.

Com isso em mente, desenvolvi o GRACE, uma prática contemplativa ativa que se baseia no modelo ABIDE e se concentra no cultivo da compaixão à medida que interagimos com os outros. GRACE é um mnemônico que significa: '*Gather attention*', Concentrar a atenção; '*Re-*

call our intention' Recordar-se da sua intenção; '*Attune to Self and then Other*' Sintonizar-se consigo mesmo e depois com os outros; '*Consider what will serve*', Considerar o que servirá; '*Engage and End*' Envolver-se e Encerrar. O GRACE inclui todos os recursos do modelo ABIDE de compaixão e baseia-se no insight de que a compaixão surge quando esses recursos interagem entre si.

PRATICANDO O GRACE

Como praticamos o GRACE?

Concentrar a atenção (Gather attention): O G do GRACE é um lembrete para fazermos uma pausa e darmos um tempo para nos enraizarmos. Na inspiração, concentramos nossa atenção. Ao expirar, deixamos nossa atenção permear o corpo, encontrando um lugar de estabilidade no corpo. Podemos concentrar nossa atenção na respiração ou em uma área neutra do corpo, como as solas dos pés no chão ou as mãos, enquanto descansam uma sobre a outra. Ou, podemos levar nossa atenção para uma frase ou um objeto. Usamos esse momento para concentrar nossa atenção a fim de interrompermos o diálogo interno sobre nossas suposições e expectativas, nos enraizarmos e ficarmos verdadeiramente presentes.

Recordar-se da sua intenção (Recall the intention): O R no GRACE é lembrar-se de sua intenção. Recordamos nosso compromisso de agir com integridade e respeitar a integridade daqueles que encontramos. Lembramos que nossa intenção é servir aos outros e abrir nosso coração para o mundo. Essa conexão pode se estabelecer em um instante. Nossa motivação nos mantém no caminho, moralmente fundamentados e conectados aos nossos valores mais elevados.

Sintonizar-se consigo e com os outros (Attune to Self and Other): O

A do GRACE se refere ao processo de sintonizar-se – primeiro com a nossa própria experiência física, emocional e cognitiva e depois com a experiência dos outros. No processo de sintonizar-se consigo mesmo, levamos a atenção para as sensações físicas, emoções e pensamentos, que podem moldar nossas atitudes e comportamento em relação aos outros. Se estamos nos sentindo emocionalmente tocados pela pessoa com quem estamos interagindo, a reatividade pode afetar nossa capacidade de perceber a outra pessoa com olhos livres e com consideração. Mas, se estivermos cientes de nossa reatividade e refletirmos sobre a natureza e as fontes do sofrimento da pessoa, teremos chance de reformular a situação de uma maneira sem julgamento e com mais sabedoria. Esse processo de sintonização e reavaliação aciona as redes neurais associadas à empatia e favorece uma resposta compassiva.

A partir dessa base de sintonia interna, nos sintonizamos com os outros, procurando perceber a experiência do outro sem julgamento. Esta é uma forma ativa de Dar Testemunho. É também o momento em que acionamos nossa capacidade de empatia à medida que nos sintonizamos física (empatia somática), emocional (empatia afetiva) e cognitivamente (tomada de perspectiva) com a outra pessoa. Através desse processo de sintonização, abrimos um espaço para o encontro se desdobrar, um espaço onde podemos estar presentes para o que quer que possa surgir. Quanto mais pudermos fazer com que essa troca mútua seja rica, mais profundo será o desenrolar.

Considerar o que servirá (Consider what will serve) é o C do GRACE. Esse é um processo de discernimento baseado no entendimento convencional e apoiado também pela nossa própria intuição e insight. Nós nos perguntamos: Qual é o caminho mais sábio e compassivo? Qual seria a resposta apropriada? Nos mantemos presentes para o outro à medida que percebemos o que poderá servi-lo e deixamos as ideias surgirem, observando o que o outro nos está oferecendo nesse momento. Consideramos os fatores sistêmicos que estão influenciando a situação, incluindo requisitos institucionais e expectativas sociais.

À medida que nos baseamos em nossa própria expertise, conhecimento e experiência e, ao mesmo tempo, permanecemos abertos para ver as coisas de uma maneira nova, podemos descobrir que nossos insights não pertencem a uma categoria previsível. O processo de discernimento pode levar tempo e, portanto, tentamos não tirar conclusões muito apressadas. Considerar o que servirá certamente requer equilíbrio atencional e afetivo, um profundo senso de base moral, reconhecimento de nossos próprios vieses e sintonia com a experiência e as necessidades da pessoa que está sofrendo. A humildade é outro elemento orientador muito importante.

Envolver-se e Encerrar (*Engange and End*): A primeira fase do E no GRACE é se envolver de forma ética e agir, se apropriado. A Ação Compassiva surge do campo que criamos de abertura, conexão e discernimento. Nossa ação pode ser uma recomendação, uma pergunta, uma proposta ou até mesmo nada. Procuramos cocriar com a outra pessoa um momento caracterizado pela mutualidade e pela confiança. Com base em nossa expertise, intuição e insight, buscamos um terreno comum que seja consistente com nossos valores e que apoie a integridade mútua. O que surge é uma compaixão que respeita todas as pessoas envolvidas, é prática e factível.

Quando chegar o momento certo, *encerramos* o tempo despendido a essa interação compassiva para que possamos avançar de maneira limpa para o próximo momento, pessoa ou tarefa. Esta é a segunda parte do E do GRACE. Quer o resultado seja mais do que esperávamos ou decepcionantemente inferior, devemos observar e reconhecer o que aconteceu. Às vezes precisamos perdoar a nós mesmos ou à outra pessoa. Ou esse pode ser um momento para uma profunda apreciação. Sem o reconhecimento do que aconteceu, pode ser difícil se desprender desse encontro e seguir em frente.

VII. A COMPAIXÃO NO TERRENO DE CREMAÇÃO

Recentemente, ministrei um treinamento de GRACE no Japão para pessoas que trabalhavam com cuidados ao fim da vida. Compartilhei com os participantes que a vida e a morte são experiências confusas. Não devemos esperar resultados perfeitos ou esperar que as coisas sejam do nosso jeito. Um dos médicos no treinamento levantou-se e falou sobre a ansiedade que sente todos os dias tentando atender às necessidades de seus pacientes. Quando um de seus pacientes com câncer é transferido do seu andar para a unidade de cuidados paliativos, ele se sente derrotado, como se tivesse falhado com seu paciente. Sua força moral desmorona e ele entra em pânico ao perceber que não tem tempo para lidar com seu medo e com sua dor – e não tem tempo para atender a fila de pacientes que precisam de sua ajuda. Ele se sente preso em um sentimento de falta de sentido que esgotou sua capacidade de compaixão e carinho, levando--o a experimentar um desespero absoluto e a considerar o suicídio – mas ele não queria prejudicar sua família.

Claramente, esse médico está em um terreno de cremação, que é em parte criado por ele mesmo e em parte criado pela sociedade. Burnout, estresse, culpa, moral baixo, pânico, futilidade, desespero, ideação suicida... é uma combinação letal que pode levar à morte. Ele nos disse que estava participando do treinamento do GRACE para ver se conseguia encontrar um caminho para sair dessa situação desesperadora. Ao ouvi--lo, lembrei-me do Tibete e dos terrenos de cremação que visitei por lá.

Toda vez que viajava para o Monte Kailash, no oeste do Tibete, subia até o Dakini Charnel Ground, um planalto árido e rochoso acima da trilha no lado oeste da montanha. Esse é o lugar onde os cadáveres são oferecidos em uma prática conhecida como *enterro no céu* – ou em tibetano, *jhator*, "espalhando-se para os pássaros".

Lá, pratiquei meditação caminhando sobre pilhas de ossos e poças de sangue, gordura e fezes. O fedor é rançoso, mesmo com o vento frio, e eu podia ouvir o bater de asas dos abutres e os uivos de chacais por perto de nós.

Na primeira vez que visitei o terreno de cremação, encontrei dois rostos desprendidos de seus crânios, com os cabelos emaranhados e ensanguentados. Abalada, mal consegui ficar de pé, evitando pisar naquelas máscaras sangrentas da morte. Um homem vestido com um casaco militar esfarrapado se aproximou de mim e fez um sinal para eu me deitar entre os restos mortais. Olhando em volta, vi que os tibetanos estavam sentados aqui e ali em meio aos pedaços de corpo; uma mulher picava a língua e outras picavam os dedos, tirando sangue, fazendo oferendas que simbolizavam a morte e o renascimento.

O homem de casaco militar olhou para mim e novamente apontou para a terra fria e escorregadia. Lentamente, abaixei meu corpo e me deitei naquele chão bagunçado e rochoso. O homem então puxou uma faca longa e enferrujada de uma bainha por baixo do casaco e começou a fingir que partia meu corpo. Uma onda de medo e nojo me atravessou. Mas, então, relaxei e me soltei na percepção de que eu também sou sangue e osso. A aversão desapareceu aos poucos enquanto olhava para o Monte Kailash, coberto de neve, lembrando que, mais cedo ou mais tarde, eu também estarei morta. E o pensamento que passou pela minha cabeça foi: por que não viver plenamente agora? Por que não viver para eliminar o sofrimento dos outros? O que mais eu gostaria de fazer com a minha vida?

De certa forma, essa experiência estranha não é tão estranha assim. Somos feitos de sangue, ossos e tripas, como qualquer passagem por um pronto-socorro nos fará lembrar. No entanto, Kailash é um lugar visivelmente sagrado, e o ritual do desmembramento simbólico é um ritual de passagem que nos abre para a realidade da impermanência e da própria morte. Para mim, aquela experiência foi muito intensa, mas não traumatizante. Na verdade, foi libertadora – porque é mais difícil temer o que se vê com mais clareza.

Não temos que ir ao Tibete ou entrar em uma zona de guerra para praticar em um terreno de cremação. O terreno de cremação é uma metáfora para qualquer ambiente em que o sofrimento esteja presente – um hospital no Japão, uma escola, um lar violento, uma instituição mental, um abrigo para os sem-teto, um campo de refugiados. Até mesmo um espaço de privilégios, como uma sala de reuniões corporativa, o pregão de Wall Street ou o escritório de um magnata da mídia, pode ser um terreno de cremação. Realmente, qualquer lugar contaminado pelo medo, depressão, raiva, desespero, desrespeito ou engano é um terreno de cremação – incluindo nossa própria mente.

Qualquer que seja a nossa profissão ou vocação, a prática do terreno de cremação está disponível; sentamo-nos em meio ao sofrimento sutil ou ao sofrimento óbvio. O lodo em que caímos quando escorregamos para o abismo – também é um terreno de cremação. É um lugar onde temos que enfrentar nossas próprias lutas e onde nossa compaixão pelos outros que estão lutando nas profundezas pode se fortalecer.

Quando sofremos dentro de nosso próprio campo interno, somos vulneráveis ao altruísmo patológico, à angústia empática, ao sofrimento moral, ao desrespeito e ao burnout. Mas quando adotamos uma visão mais ampla e mais profunda, vemos que um terreno de cremação não é apenas um lugar de desolação, mas também um lugar de possibilidades ilimitadas. Meu colega Fleet Maull, que ficou preso por catorze anos por acusações de tráfico de drogas, compara sua experiência de praticar meditação na prisão com a prática em um terreno de cremação.

A prisão é um ambiente onde a prática é difícil, ele observa, onde a ganância, o ódio e a delusão estão na ordem do dia. No entanto, esse terreno de cremação provou algo para ele. Em seu livro *'Dharma in Hell'*, Fleet Maull escreve: "Estou completamente convencido, depois de passar 14 anos na prisão com assassinos, estupradores, ladrões de banco, molestadores de crianças, trapaceiros, traficantes de drogas e todo tipo de criminoso que se possa imaginar, de que a natureza fundamental de todos os seres humanos é boa. Não tenho absolutamente nenhuma dúvida em minha mente."²⁰² Assim como Fleet, eu também acredito que a redenção é possível, e toda situação tem algo que pode nos ensinar, algo que pode nos levar à nossa sabedoria natural.

Em muitas mandalas tibetanas, o círculo de proteção externo mostra oito cemitérios cheios de cadáveres, animais carniceiros, ossos e sangue. Não há lugar melhor para contemplar a natureza impermanente de nossas vidas do que em um cemitério. Esse círculo serve como uma barreira de entrada para os medrosos e despreparados; é também uma zona em que nossa prática de meditação pode florescer. Se encontrarmos equanimidade em meio à morte e a à decrepitude, poderemos nos tornar o Buddha no centro da mandala.²⁰³

RESGATADOS DOS INFERNOS

Esse tipo de coragem, sabedoria e compaixão é exemplificado pela Bodhisattva Jizo, que representa nossa capacidade de mantermos o equilíbrio quando entramos nos reinos infernais do sofrimento dos outros e do nosso próprio sofrimento. Ela prometeu não atingir o estado de Buddha até que todos os infernos sejam esvaziados.²⁰⁴ Ela, muitas vezes, é representada como um monge simples, com roupas de monge e com a cabeça raspada, mas algumas vezes é, de fato, uma figura feminina. Na mão esquerda, ela segura uma joia que realiza desejos para iluminar a escuridão. Na mão direita, ela segura um *shakujo*, um cajado com seis anéis tilintantes que alertam insetos e pequenos animais de que ela está se aproximando, para que ela não os machuque acidentalmente.²⁰⁵ Os seis anéis do *shakujo* simbolizam seis reinos da existência: o reino dos deuses,

---

202 Fleet Maull, Dharma in Hell: The Prison Writings of Fleet Maull (South Deerfield, MA: Prison Dharma Network, 2005).
203 Ibid.
204 Kshitigarbha, Wikipedia, https://en.wikipedia.org/wiki/Kshitigarbha.
205 Ibid.

o reino dos deuses invejosos, o reino dos fantasmas famintos, o reino dos infernos, o reino animal e o reino humano.

Jizo caminha à beira do abismo. Como um bodhisattva e um monge, masculino e feminino, Jizo bate com seu *shakujo* nas portas do inferno. Quando a porta se abre, ela desce ao fosso de fogo, em meio a uma multidão de seres torturados submetidos a todo tipo de sofrimento. Em vez de tentar freneticamente salvá-los, ela abre bem os braços, e aqueles que querem ser salvos pulam e se abrigam nas mangas ondulantes de suas vestes.

Como Jizo, podemos nos aproximar daqueles que sofrem e oferecer uma maneira de serem resgatados do inferno, uma maneira de se refugiarem na segurança e na bondade. Mesmo sofrendo, poderemos oferecer aos outros ou a nós mesmos nossa compaixão. Afinal, os bodhisattvas não buscam situações fáceis. Mas precisamos ter força para entrarmos no reino dos infernos de uma maneira consciente, determinada e, por fim, curiosa e destemida. Precisamos ter o coração de Jizo para nos mantermos firmes na encruzilhada da morte e da vida para que outros possam descobrir o caminho para a liberdade.

O ESPELHO MÁGICO

Durante uma recente viagem ao Japão, tive a chance de ver um "espelho mágico" feito inteiramente de bronze fundido. Esses espelhos são objetos raros e sagrados, produzidos por uma única família japonesa que ainda pratica esse ofício antigo e misterioso. Na parte de trás desse espelho em particular, havia um relevo de um dragão, um símbolo de poder e boa sorte. Em sua superfície frontal perfeitamente polida, vi o reflexo do meu rosto, como em qualquer espelho de vidro. Parecia ser um espelho normal, embora requintadamente trabalhado.

Mas o incrível é que quando o espelho era posicionado de modo que a luz refletisse em sua superfície e em uma parede escura, se via uma imagem da Bodhisattva Jizo projetada na parede. Esta imagem fica oculta dentro do bronze fundido. O contorno escuro da cabeça raspada da monja, com suas vestes sobre o peito, aparece rodeado por uma intensa luz refletida flutuando na parede. Raios de luz emanam de sua cabeça como se ela estivesse em pé em pleno sol, e seu cajado parece tocar a terra para abrir os portões do inferno. Embora pareça metal sólido, o espelho guarda um segredo.

Se somos o espelho refletindo o mundo, então profundamente incrustado dentro de nós está o bodhisattva invisível que liberta os seres em sofrimento. A grande capacidade de compaixão de Jizo permanece oculta até que seja revelada pela luz. Mas há outro elemento que deve estar presente: a escuridão. A imagem só pode ser vista quando projetada em uma superfície escura. Esse casamento entre trevas e luz, sofrimento e redenção, fala das condições que Jizo encontra e que nós encontramos nos reinos dos infernos e nos terrenos de cremação da nossa própria vida.

Alguns sobreviventes de terríveis adversidades tornam-se causadores de danos como uma espécie de vingança contra o mundo. Outros se dedicam a profissões onde podem ajudar pessoas que sofrem da mesma maneira que sofreram. Aqueles que sobreviveram a abusos, vícios, bullying ou opressões sistêmicas podem ser chamados a sair da escuridão do sofrimento e, como Jizo, trazer outros junto com eles. E, como Jizo, eles podem descobrir o grande potencial do espírito humano de se voltar para a bondade em meio à devastação e, dessa maneira, dar vida à sua capacidade de compaixão e de sabedoria. Estes são os que encontraram o caminho de volta à terra firme, à beira do penhasco, de um lugar que lhes dá uma perspectiva ampla sobre a verdade da interconexão entre todos os seres e todas as coisas, sobre o entrelaçamento de medo e coragem.

À beira do abismo, nossa determinação em encontrar o mundo do sofrimento se transforma em um chamado; descobrimos que a compaixão é o grande veículo que nos livra do sofrimento e nos dá poder, equilíbrio e, por fim, a liberdade, não importando o que tenhamos que enfrentar. Desse lugar, vemos que todos nós compartilhamos uma vida comum, um mundo comum, um destino comum.

Como disse uma vez a artista performática Marina Abramović: "Quando estamos no limite, estamos realmente no momento presente. Porque sabemos que podemos cair."[206] Porque o perigo de cair nos lembra que o momento presente é o único momento real, o único lugar autêntico para se habitar. Quando estamos no limite, não podemos nos afastar do sofrimento, seja em nossas vidas internas ou externas. Ali, precisamos encontrar a vida com altruísmo, empatia, integridade, respeito e engajamento. E, se nos dermos conta de que a terra está desmoronando sob nossos pés, quando começamos a nos inclinar para causarmos o mal, a compaixão pode nos manter firmes nos limites mais elevados da nossa humanidade. E se cairmos, a compaixão pode nos afastar dos infernos do sofrimento e nos levar de volta para casa.

---

[206] Marina Abramovic, apresentação realizada no Lensic Performing Arts Center em Santa Fé, 23 de agosto de 2016.

AGRADECIMENTOS

Escrever este livro exigiu a orientação e o apoio de muitos amigos e professores. Quero agradecer especialmente a Kristen Barendsen, minha editora de primeira linha, uma crítica sábia e equilibrada e uma maravilhosa colaboradora a este livro.

Quero agradecer também a Arnold Kotler, que nos trouxe seus conhecimentos editoriais desde o início do livro, e Whitney Frick, Bob Miller e Jasmine Faustino, da Flatiron Books, por seus conhecimentos editoriais e incentivo.

Minha agente Stephanie Tade tem sido uma grande fonte de inspiração, oferecendo um feedback inestimável sobre o manuscrito durante todo o processo de escrita. Sou muito grata a Noah Rossetter por me apoiar durante estes vários anos escrevendo; ele trabalhou nas citações e me manteve sorrindo por todo o tempo.

Sou eternamente grata à minha amiga querida Rebecca Solnit, que escreveu o prefácio, e cujo trabalho como ativista social e defensora da verdade me manteve em uma estreita linha narrativa à medida que esse projeto se desenrolava. E Natalie Goldberg, cujas ideias como escritora me deram a coragem de saltar no ofício de escrever com todo o coração.

Minha vida e este livro foram profundamente influenciados por muitos ativistas sociais corajosos, incluindo Fannie Lou Hamer, Florynce Kennedy, Padre John Dear, Eve Ensler, John Paul Lederach, Jodie Evans, Sensei Alan Senauke e A. T. Ariyaratne. O trabalho e a dedicação deles têm sido um guia para mim.

Agradeço ao jornalista David Halberstam que, na década de 1960, falou de forma tão comovente sobre a morte de Thích Quảng Đức. Suas palavras me transmitiram um mundo que eu não poderia ter entendido sem aquele momento no apartamento de Alan Lomax nos anos 1960, quando ele compartilhou conosco sua experiência de estar presente quando Thích Quảng Đức se imolou.

Sou eternamente grata aos grandes antropólogos Alan Lomax, Mary Catherine Bateson, Gregory Bateson e Margaret Mead por me apresentarem perspectivas transculturais sobre o comportamento e a cultura humana. E a Stanislav Grof, cujo trabalho com "desintegração positiva" abriu as "portas da percepção" para mim.

Também sou profundamente grata a colaboradores e colegas no campo de cuidados ao fim da vida, especialmente à Dra. Cynda Rushton e ao Dr. Tony Back por tudo o que aportaram aos nossos programas de treinamento e às nossas colaborações intelectuais ao longo dos anos. Também ofereço profunda gratidão a Frank Ostaseski, Jan Jahner, Rachel Naomi Remen, Gary Pasternak e Cathy Campbell por suas contribuições inestimáveis.

Quero agradecer ao neurocientista Alfred Kasmiak, que foi meu consultor nas seções científicas do livro. Agradeço também à comunidade do *Mind and Life Institute*, seu co-fundador, Francisco Varela, e aos membros Evan Thompson, Richard Davidson, Daniel Goleman, Antoine Lutz, Paul Ekman, Helen Weng, Nancy Eisenberg, Daniel Eisson, Daniel Batson, Amishi Jha, Susan Bauer-Wu e John Dunne, cujo trabalho contribuiu para minha compreensão da neurociência e da psicologia social dos estados e traços. Também sou grata a Christina Maslach e Laurie Leitch; seu trabalho sobre burnout e trauma contribuiu para minha compreensão do sofrimento encontrado em nosso mundo hoje.

Também tenho que agradecer aos grandes professores budistas cujas luzes brilham ao longo do livro. Gratidão a Sua Santidade o Dalai Lama, Thích Nhất Hạnh, Roshi Bernie Glassman, Roshi Eve Marko, Roshi Jishu Angyo Holmes, Roshi Enkyo O'Hara, Roshi Fleet Maull, Roshi Norman Fischer, Matthieu Ricard, Chagdud Tulku Rinpoche, Sharon Salzberg e ao artista, tradutor e ativista social Kazuaki Tanahashi.

Quero agradecer por tudo que aprendi com os ambientalistas William DeBuys e Marty Peale sobre sistemas vivos e agradecer ao biólogo marinho, Dr. Jerome Wodinsky, da Universidade Brandeis, que há muitos anos me convidou para a vida do *Octopus vulgaris* no Laboratório Marítimo Lerner, em Bimini. Também quero agradecer ao biólogo marinho e neurofisiologista, Edward (Ned) Hodgson, da Universidade Tufts que me apresentou o mundo dos tubarões e despertou meu amor pelo mar.

Meus colaboradores da Clínica Nômades do Upaya me ensinaram muito. Agradeço a Tenzin Norbu, Prem Dorchi Lama, Buddhi Lama, Tsering Lama, Pasang Lhamu Sherpa Akita, Tora Akita, Dolpo Rinpoche, Charles MacDonald, Wendy Lau, entre muitos outros médicos e amigos que serviram em nossas clínicas nos Himalaias e cuja dedicação e coragem estão refletidas em várias histórias deste livro.

Agradeço ao Sensei Joshin Brian Byrnes, Kosho Durel e Cassie Moore por seus insights inestimáveis sobre os sem-teto. E ao Sensei Genzan Quennell, ao Sensei Irene Bakker e ao Sensei Shinzan Palma por sustentarem o Dharma em seu trabalho de servir aos outros.

Meus amigos queridos, o Irmão David Steindl-Rast e Ram Dass, estão ao meu lado como guias e inspiradores há muitos anos. A sabedoria deles está refletida neste livro.

Meus profundos agradecimentos aos corajosos alunos de capelania do Upaya que me ensinaram muito, incluindo William Guild, Michele Rudy e Angela Caruso-Yahne, cujas histórias podem ser encontradas no livro.

Profunda gratidão à psicóloga Laurel Carraher que me convidou para o poderoso trabalho de voluntariado na Penitenciária do Novo México.

A arte também é uma fonte importante de aprendizado e inspiração para mim. Agradeço aos artistas Joe David e Mayumi Oda, e Sachiko Matsuyama e Mitsue Nagase por me apresentarem à fabricante de espelhos mágicos Akihisa Yamamoto. Também sou grata pelas palavras e obras dos escritores Pico Iyer, Clark Strand, Jane Hirschfield, David Whyte, Wendell Berry e Joseph Bruchac.

Meu amor pela minha família biológica pode ser revelada em vários capítulos.

Agradeço aos meus pais John e Eunice Halifax, minha irmã Verona Fonte e seus filhos, John e Dana, e Lila Robinson, que cuidaram de mim quando estive gravemente doente quando criança.

Quero agradecer a um grupo especial de pessoas que apoiaram meu trabalho ao longo dos anos: Barry e Connie Hershey, John e Tussi Kluge, Tom e Nancy Driscoll, Laurance Rockefeller, Pierre e Pam Omidyar e Ann Down. Seu apoio generoso aos meus muitos projetos tornou possível expandir meus horizontes e assumir os riscos que me levaram ao limite onde aprendi e me esforcei para beneficiar outras pessoas.

Ao compartilhar minha grande gratidão àqueles que contribuíram para o livro, quero me desculpar pelos possíveis erros na minha compreensão e, ao mesmo tempo, assumir a responsabilidade por tudo o que escrevi nas páginas que você lê. Escrevi o livro com base em minha experiência direta e o que aprendi pode nem sempre estar de acordo com a ciência convencional ou com o budismo tradicional.

Este livro foi diagramado por Mariana Erthal (www.eehdesign.com), com as fontes Garamond Premier Pro e Acumin Pro Condensed, e impresso na gráfica da Editora Vozes, em janeiro de 2022.